Katiuscia da Silva Santos
Eduardo José Fernandes Nunes
Paulo José Pereira dos Santos
(Organizadores)

EDUCAÇÃO NA CONTEMPORANEIDADE: globalização, novas aprendizagens e emancipação

Editora CRV
Curitiba – Brasil
2019

Editor-chefe: Railson Moura
Diagramação e Capa: Editora CRV
Imagens da Capa: Travel Stock/Shutterstock.com e Freepik
Revisão: Os Autores

DADOS INTERNACIONAIS DE CATALOGAÇÃO NA PUBLICAÇÃO (CIP)
CATALOGAÇÃO NA FONTE

S237

Santos, Katiuscia da Silva.
Educação na contemporaneidade: globalização, novas aprendizagens e emancipação / Katiuscia da Silva Santos, Eduardo José Fernandes Nunes, Paulo José Pereira dos Santos (organizadores) – Curitiba : CRV, 2019.
288 p.

Bibliografia
ISBN 978-85-444-3450-5
DOI 10.24824/978854443450.5

1. Educação 2. Educação na contemporaneidade 3. Novas aprendizagens – emancipação I. Nunes, Eduardo José Fernandes. org. II. Santos, Paulo José Pereira dos. org. III. Título IV. Série.

CDU 37 CDD 370

Índice para catálogo sistemático
1. Educação 370

2019
Foi feito o depósito legal conf. Lei 10.994 de 14/12/2004

Tel.: (41) 3039-6418 – E-mail: sac@editoracrv.com.br
Conheça os nossos lançamentos: **www.editoracrv.com.br**

Este livro foi avaliado e aprovado por pareceristas *ad hoc*.

Organizadores:
Katiuscia da Silva Santos
Eduardo José Fernandes Nunes
Paulo José Pereira dos Santos

EDUCAÇÃO NA CONTEMPORANEIDADE:

globalização, novas aprendizagens e emancipação

Prefácio Giovanna Del Gobbo

Editora CRV

SUMÁRIO

PREFÁCIO

A EDUCAÇÃO NA CONTEMPORANEIDADE É UM DESAFIO[1]

Giovanna Del Gobbo[2]

Os fenômenos de modernização da experiência humana iniciados na idade moderna ativaram em modo progressivamente maior e exponencialmente rápido os contatos entre homens, grupos, sociedade e culturas. Nos últimos 30 anos consolidaram-se "redes" que interligam, em vários níveis, em uma dimensão planetária fenômenos diferentes: as comunicações, a economia, os fluxos migratórios, o imaginário que progressivamente se define como globalizado. As modernas tecnologias da informação e da comunicação viraram parte integrante da vida das pessoas e intermediam o aprendizado, o conhecimento e a comunicação. Modificaram o modo através do qual as pessoas e as instituições se relacionam umas com as outras.

Orientar-se no patrimônio dos conhecimentos do qual a sociedade moderna pode dispor é, sem dúvida, uma operação complexa e é claro que as dinâmicas do processo de socialização e dos processos de educação pedem uma revisão mais aprofundada.

Para as jovens gerações, os processos de socialização virtual em escala global criaram uma profunda descontinuidade com as experiências na vida cotidiana e escolar, ao mesmo tempo em que aumenta a proximidade, no mesmo espaço de vida real, de códigos, símbolos, ritos, culturas. Assim, enquanto vêm anuladas as distâncias físicas de acesso a um potencial infinito de conhecimento, não pode ser anulada a diversificação das experiências dos sujeitos com respeito às aprendizagens que estão na base das categorias culturais e atuais.

Diante de um aumento do potencial de conhecimento acessível, o sujeito-objeto percebido da globalização, ameaça representar, ao contrário, uma ameaça de fragmentação: é possível, portanto, perder o sentido da dimensão

1 Título original: "Educare nella contemporaneità è una sfida". Tradução: Gilberta Matos da Silva. Revisão: Prof. Dr. Gianni Boscolo, docente de Filosofia do Estado da Bahia – UNEB e coordenador do Núcleo de Estudos Italianos – Nesti/UNEB.

2 Professora Titular da Universidade de Florença – Itália. Delegada para a formação de professores. Formada em antropologia cultural na Universidade La Sapeinza, em Roma. Doutora em Qualidade da Educação na Universidade de Florença. Atualmente é professora do doutorado em Aprendizagem e Inovação em Contextos Sociais e de Trabalho na Universidade de Siena.

subjetiva, identitária, única e irrepetível que cada experiência individual acarreta, mas também o sentido das experiências coletivas que encontraram na cultura sua própria forma de expressão mostrando ambientes locais de vida que tendem a tornarem-se marginais e assim desaparecer.

Os conhecimentos que explodem na vida de cada um de nós podem se tornar responsáveis por uma desordem que desloca interpretações consolidadas e demandam a atribuição de novos significados até mesmo para os códigos mais familiares. A desestabilização que deriva dessa desordem pode ser reconduzida a uma insegurança ontológica, uma insegurança que surge como êxito da globalização, e é característica daquela "modernidade líquida" que requer diferentes formas de organização, aprofundadas também em algumas contribuições do presente volume.

Portanto, em um contexto complexo e globalizado a reflexão pedagógica sofre múltiplos estresses e é chamada a fornecer novos significados à ação educativa para intervir e oferecer ao sujeito instrumentos de aprendizagem que possam enfrentar os novos desafios que a realidade impõe. Novas fronteiras se abrem para a pesquisa educativa obrigada a assumir, necessariamente, uma perspectiva ecológica.

De fato, a pesquisa educacional também não pode ficar de fora das profundas transformações que envolvem o debate epistemológico nas diversas disciplinas das últimas décadas. Uma mudança progressiva de paradigmas nasceu a partir de um pensamento "forte", normativo, caracterizado por modelos de conhecimentos unívocos e totalizantes, em direção a um pensamento "fraco" ou um pensamento pós-moderno, relativista e contingente, que subverteu os modelos interpretativos anteriores. Com abordagens que foram marcados pelo caráter da provisoriedade e historicidade. Afirmou-se a ideia de que o conhecimento científico não pode ser definitivo e independente da análise do contexto, mas é provisório e incompleto, vinculado a precisas coordenadas espaços-temporais, sociais e políticas. Essas mudanças de uma abordagem científica mecanicista e hierárquica para uma abordagem probabilística e reticular foi acompanhada pela formulação do paradigma da complexidade, ou o pleno reconhecimento da correlação dos vários elementos que compõem a realidade e sua inevitável multidimensionalidade.

A perspectiva da pesquisa começou a mudar a partir das análises dos objetos para a consideração das relações que interligam tais objetos sujeitos a análise; da pesquisa objetiva e conceitual à individualização das configurações e a construção de mapas, da síntese definitiva e contextual à consideração da contingência e imprevisibilidade dos fatores que habitualmente caracterizam os contextos.

Tudo isso determinou uma mudança até mesmo no modo de conceber o conhecimento, sempre mais entendido como narrativa interligada de conceitos e modelos no qual a coexistência e a relação surgem como indispensáveis para interpretar a realidade e fornecer a cada vez uma interpretação. O novo pensamento científico, definido ecológico, e, a fundamental importância das inter-relações entre os elementos que a ecologia remete, se encontra para dar pleno reconhecimento e valor à pluralidade e à diferença, a pensar juntos a diversidade, a compreender a complementaridade, mas também a divergência dos pontos de vista. Muda, portanto, a natureza do objeto de estudo, e muda também a consideração do sujeito que conhece e seu posicionamento epistémico. Morin (1993, p. 28), que dos anos oitenta até hoje ofereceu uma enorme contribuição sobre a relação entre as teorias da complexidade e as teorias da educação e da aprendizagem, explica claramente essa fundamental mudança afirmando que:

> Enquanto as ciências normais, incluindo as ciências cognitivas, se baseiam sobre o princípio disjuntivo que exclui o sujeito (aqui o conhecedor) do objeto (aqui o conhecimento), isto e o sujeito que conhece do seu próprio conhecimento, o conhecimento do conhecimento deve enfrentar o paradoxo de um conhecimento que forma o próprio objeto somente porque provem de um sujeito. Como afirmou Von Foester, temos necessidade ''não somente de uma epistemologia dos sistemas observados, como também de uma epistemologia dos sistemas que observam.''. Portanto os sistemas observadores são os sistemas humanos que devem ser concebidos e compreendidos como sujeitos [...]. Podemos assim introduzir o sujeito que conhece como objeto do conhecimento e considerar objetivamente o caráter subjetivo do conhecimento [...]. O sujeito aqui reintegrado não é o ego metafísico [...] é o sujeito vivente (MORIN, 1993, p. 28).[3]

Também no seio das ciências cognitivas a atenção ao contexto e ao papel ativo do sujeito se reforçou. O construtivismo ficou também definido como o desenvolvimento "ecológico" do cognitivismo pela importância de uma perspectiva holístico/global para o estudo dos processos cognitivos não mais como produto de um sistema puro de elaboração dos símbolos independentemente de um contexto, mas profundamente imerso e inter-relacionado com

3 «Mentre le scienze normali, comprese le scienze cognitive, si fondano sul principio disgiuntivo che esclude il soggetto (qui il conoscente) dall'oggetto (qui la conoscenza), cioè il conoscente dalla propria conoscenza, la conoscenza della conoscenza deve affrontare il paradosso di una conoscenza che costituisce il proprio oggetto solo perché emana da un soggetto. Come dice von Foerster, abbiamo bisogno "non soltanto di una epistemologia dei sistemi osservati, ma anche di una epistemologia dei sistemi osservatori". Ora i sistemi osservatori sono i sistemi umani, che devono essere concepiti e compresi come soggetti [...] Possiamo così introdurre il soggetto conoscente come oggetto di conoscenza e considerare oggettivamente il carattere soggettivo della conoscenza [...] Il soggetto qui reintegrato non è l'Ego metafisico [...] è il soggetto vivente.»

os contextos biológicos, evolutivos, sociais, culturais e tecnológicos nos quais vivem e operam as pessoas. O relacionamento entre indivíduo e contexto se torna o foco de interesse e a atribuição de significados a coisas, fatos e eventos identificam o ato cognitivo, socialmente negociado e dividido.

A reflexão pedagógica, como mencionada, com certeza não permaneceu estranha a tal solicitação, pelo contrário, ficou envolvida seja pelo lado epistemológico como pelo lado projetual e operativo. De um lado, sempre mais forte, surgiu a necessidade de uma educação à complexidade, como implícito reconhecimento da pluralidade, da diversidade e da relatividade dos pontos de vista que caracterizam a contemporaneidade. Uma educação à complexidade que se torna também educação à sustentabilidade como garantia de uma aproximação global/holística para a superação de um reducionismo separatista, como forma de sustentar uma lógica interpretativa fundada sobre a integração e a relação.

De outro lado, o macro paradigma da complexidade interessou a pedagogia também como ciência comprometida a perceber e definir as condições de educabilidade dos indivíduos e dos grupos sociais através do estudo dos processos de formação na respectiva contextualização histórica, cultural e social. Enquanto ciência que investiga criticamente os processos de formação humana para responder à exigência de conhecer as condições que rendem possível ação educativa no meio de uma determinada sociedade em um momento particular histórico-cultural, a pedagogia reforçou a procura rigorosa da dimensão empírica-factual em que se relacionam os processos de formação. A pesquisa pedagógica assumiu uma prospectiva global de investigação e os conceitos espaços-temporais, sociais e culturais assumiram uma importância fundamental.

O quadro paradigmático a que são conduzidas estas considerações implica na impossibilidade de enfrentar a pesquisa sobre a ação educativa independentemente da consideração e dos hábitos em que esta se determina, se escreve através relações socioculturais que a constituem.

Nesse contexto, a pedagogia se define necessariamente como ciência que opera sobre objetos complexos: a correlação entre processos formativos, agir educativo, transformações sociais e culturais é indagável somente fazendo referência a uma abordagem de tipo sistêmico e ecológico com capacidade para analisar as relações, as interligações, as retroações que caracterizam tais relações.

Esta abordagem constitui uma reconsideração do valor heurístico e da validade teórica da pesquisa no campo da educação, entendida como revelação, descoberta e exploração dos contextos da formação a fim de perceber elementos que possam esclarecer e oferecer respostas a perguntas explícitas e implícitas da pesquisa educativa e ao mesmo tempo produzir um saber útil à prática.

A pesquisa educativa tem assim o próprio significado a partir dos contextos de vida e de experiência com um objetivo de transformação e de emancipação.

Entre as metodologias ou as estratégias de pesquisa orientadas não só à produção de conhecimento, mas, sobretudo, à definição e produção de ações de mudança e transformação, dos mesmos contextos educativos investigados, uma relevância particular é assumida pelas metodologias capazes de conjugar a pesquisa com a ação educativa, garantindo o protagonismo dos sujeitos por meio do envolvimento e da participação direta. Nesse sentido se evidencia como a pesquisa pedagógica seja também a busca por agir, não somente busca por conhecer; não desenvolve somente a compreensão de um problema, mas também tem como finalidade a resolução do problema, em termos de interpretação de fatos que de projetação e atuação das intervenções.

A pesquisa participativa se constitui, então, como uma metodologia exploratória, que contém potenciais exigências formativas e emancipatórias, que permite explorar com profundidade determinada realidade cultural e social, realizando experiências de formação e de transformação em diversos níveis, determinando e ativando novos processos de aprendizagem.

A realidade educativa representa o cristalizado e sedimentado dos processos educativos precedentes. Tais produtos consistem, antes de tudo, em conhecimentos, habilidades, como, também, nas características socioculturais do ambiente educativo no seu complexo. Esta definição da realidade educativa remete à consideração de uma pluralidade de contextos, não necessariamente e não exclusivamente ligados ao âmbito da educação formal. Torna-se possível, nestas circunstâncias, considerar e recuperar inclusive a importância de contextos não formais e informais, ou de contextos não intencionalmente utilizados para desenvolver uma ação educativa ou de qualquer modo não utilizados na pesquisa educativa.

Nesse contexto adquirem particular importância as experiências da pesquisa e de ação educativa, como aquelas apresentadas neste volume, que apontam sua atenção sobre uma pluralidade de contextos e de problemas: a escola, a educação, a democracia, a formação profissional, os distúrbios específicos de aprendizagem, a formação a distância, a educação de adultos e dos trabalhadores, a educação informal no ambiente virtual, a identidade cultural e a educação familiar, o multiculturalismo e a recuperação da importância educativa das favelas como espaços de resistência e de afirmação de culturas marginais, a educação nas áreas rurais, os problemas de gêneros e de discriminação das mulheres nas comunidades tradicionais das áreas rurais.

Adquire importância enfrentar o tema da formação dos educadores dentro da reflexão sobre a ecologia do conhecimento, recordando a necessidade de práticas profissionais capazes de promover o diálogo e de valorizar os diversos conhecimentos – científicos e práticos – para a criação de comunidades epistemológicas mais amplas, que apontam além dos contextos institucionais de construção de interpretações para melhor responder as novas exigências sociais de modo a garantir o desenvolvimento das competências necessárias ao exercício da democracia. Nessa visão a escola tem grande responsabilidade de colocar-se em continuidade com os ambientes de aprendizagem informais, além de ter a coragem para enfrentar a família quando a mesma tende a construir identidades fechadas e excludentes.

A prospectiva da matriz ecológica é implícita até mesmo na dimensão integrada ao estudo de ambientes de aprendizagem a distância capazes de suportar processos autônomos de formação e de *self direct learning* ou o estudo de ambientes inclusivos para estudantes de ADHD: ambientes capazes de valorizar a sensibilidade e as experiências dos educadores, seu conhecimento das experiências individuais dos estudantes através de uma diferente organização da classe, promovendo a colaboração entre os mesmos e garantindo o controle sobre aqueles fatores que possam influenciar o desenvolvimento social e cognitivo dos estudantes.

Uma leitura sistêmica da ação educativa tem que estar sempre na base da análise dos contextos da formação profissional, coligados ao desenvolvimento do território e interpretados no contexto das políticas nacionais como ações que permitem uma prática educativa comprometida territorialmente, localizada e ativa.

O mesmo compromisso que se encontra no estudo daqueles movimentos sociais que desempenharam, desempenham e exercem um papel de primeira linha na reivindicação de uma educação para classe trabalhadora, isto é, uma educação chamada a compensar aquilo que historicamente lhe foi negado, através da experiência da educação para Jovens e Adultos em uma zona particular como aquela do Sisal. Uma área geográfica complexa e interessante à qual são dedicadas várias contribuições no interior desse volume: aprofundamentos das relações entre educação popular e desenvolvimento local sustentável, capaz de valorizar os recursos locais através de um turismo de base comunitária; análises dos valores da educação popular no sentido de enfrentar os problemas de gênero nas comunidades tradicionais de tipo patriarcal que excluíram as mulheres de vários espaços sociais e ao acesso à instrução formal. Áreas rurais e desenvolvimento sustentável são também o centro de duas contribuições especificas que exprimem uma leitura integrada e sistêmica do significado da educação nessas áreas. Em um estudo se evidenciam as potencialidades das ações educativas realizadas diariamente nas zonas rurais e o significado que assume o melhoramento das possibilidades de acesso também à formação superior. Em outro estudo é apresentado um modelo de aprendizagem que se desenvolve em dois espaços/tempos – o da família e o da escola – oferecendo um ensinamento que visa à formação integral do indivíduo e consente a formação no território também com a finalidade de conter o despovoamento da zona rural.

Se a educação em base territorial parece colocar-se como contraposição aos desafios da globalização, o desafio da contemporaneidade, outra contribuição bem clara, é também da desterritorialização. A multiplicidade das inteligências individuais, se reconhecidas, apreciadas e mobilizadas, pode favorecer o surgimento de formas de inteligência coletiva nas quais as potencialidades sociais e cognitivas de cada um possam desenvolver-se reciprocamente e aumentar a potencialidade de soluções de problemas comuns.

Existem outros espaços de aprendizagem e construção da consciência através dos quais a reflexão pedagógica não pode prescindir e que podem gerar interessantes perspectivas de comparação também entre mundos locais.

O olhar do livro sobre os problemas da contemporaneidade e dos novos desafios da aprendizagem é vasto e mostra realmente uma universidade que produz conhecimentos inovativos e os coloca à disposição e ao confronto com a comunidade internacional.

REFERÊNCIA

MORIN, Edgar. **La methode**: la conoscenza della conoscenza. Milano: Feltrinelli, 1993.

EDUCAÇÃO, APRENDIZAGEM DA DOCÊNCIA E METODOLOGIAS PARTICIPATIVAS DE PESQUISA/FORMAÇÃO

Anaie Leite
Maria do Socorro da Costa e Almeida

Introdução

O presente estudo científico relaciona os aportes da pesquisa qualitativa socialmente implicada e suas expressões por meio das metodologias participativas de pesquisa/formação. Para isso, apresenta-se uma breve discussão sobre as concepções que sustentam a investigação, acrescidas da explicitação do campo, percursos e evidências provenientes do estudo.

Nessa perspectiva, compreende-se o processo de educação como um duplo caminho de aprofundamento, tanto da experiência pessoal, quanto da vida social, que se traduzem na participação efetiva, ativa e responsável de cada sujeito envolvido nas construções socio-históricas de aprendizagens ao longo da vida.

Nos processos educativos (DOWBOR, 2006) há a construção de estudos de forma científica, reverberando nos conteúdos do currículo escolar e na compreensão da realidade conhecida pelos estudantes em suas práticas sociais, tensionando a assimilação dos conceitos científicos e sua relação com os contextos.

Para isso, surge como um dispositivo potente, a ecologia de saberes (SANTOS, 2011), caracterizada por conjuntos de práticas que promovem uma nova convivência ativa de saberes enriquecidos pelo diálogo, implicando ações de valorização dos diversos conhecimentos – científicos e práticos, considerados relevantes e que subsidiam a criação de comunidades epistêmicas mais amplas, convertendo a universidade num espaço público de interconhecimento, onde através da formação acadêmica, extensão universitária e pesquisa-ação os interesses sociais e científicos são articulados para atendimento de demandas da sociedade, permitindo que pesquisadores, estudantes e grupos de cidadãos convertam a universidade em um espaço de capilaridade de produções com implicação social.

Na ecologia de saberes há um aprofundamento na pesquisa-ação, em uma revolução epistemológica no seio da universidade, pela forma de extensão ao contrário, de fora da universidade para dentro, estimulando diálogos entre o saber científico que a universidade produz e saberes potentes, populares, tradicionais, urbanos, além dos legados de culturas indígena e africana que circulam e constituem a sociedade brasileira.

A pesquisa-ação e a ecologia de saberes são espaços de legitimação da universidade e transcendem a extensão por atuarem na pesquisa e na formação (SANTOS, 2011). A pesquisa-ação consiste na definição e execução participativa de projetos de pesquisa envolvendo as comunidades e organizações sociais populares que podem ser beneficiadas com os resultados da pesquisa onde os interesses sociais são articulados com os interesses científicos dos pesquisadores e a produção do conhecimento científico ocorre de forma ligada à satisfação de necessidades de grupos socialmente vulneráveis quanto ao acesso ao conhecimento sistematizado.

A Universidade Pública por meio de ações criativas, democráticas e emancipatórias empreende e enfrenta os desafios da inclusão social e de sua inserção em contextos cada vez mais transnacionalizados, visando responder positivamente às demandas sociais pela democratização do acesso aos cursos de nível superior e à produção do conhecimento.

A construção de processos de transnacionalização solidária (SANTOS, 2011) baseada em novas tecnologias da informação e da comunicação possibilita a constituição de redes nacionais e globais onde circulam novas pedagogias, novos processos de construção e de difusão de conhecimento e novos compromissos sociais, locais, nacionais e globais tão necessários e emergentes.

Nessa perspectiva, Morin (2000) propõe que a sociedade, a Escola e a Universidade articulem saberes indispensáveis para o alcance do desenvolvimento da humanidade, da cidadania planetária e da ética, indispensáveis ao enfrentamento das crises sociais e preservação da vida na Terra, desejáveis à educação do futuro para que seja reflexiva, pertinente e emancipatória, constituindo-se como um projeto educativo paradigmático, com atores preparados, críticos e que tenham uma formação sólida para sua viabilização em um novo e solidário projeto social.

Metodologias participativas de pesquisa/formação

No campo da Formação de Professores há o desafio de inovar e ampliar o uso de metodologias participativas, especialmente, em pesquisa/formação. Aqui compreendidas como dispositivos e práticas articulados com o compromisso social de transformação das condições de atuação e de aprendizagem dos sujeitos, assim como, com a produção rigorosa de novos aportes interpretativos da realidade com propósito de contribuir para o desenvolvimento humano de forma integral, fortalecendo relações interpessoais, boas práticas na utilização de estratégias de gestão de tecnologias sociais, além da promoção da vivência da cidadania e do desenvolvimento local e regional de forma sustentável.

Vale destacar que as metodologias participativas visam a articulação entre conhecimento localizado e contextualizado, ademais, o estabelecimento de condições políticas e estratégicas para o desenvolvimento da cultura de pesquisa, criação de espaços propícios para a gestão inovadora do conhecimento e sua vinculação com a produção de tecnologias, promoção de relações investigativas entre grupos de pesquisa de distintos campos e projetos (FRANCO; LONGHI; AFONSO, 2010).

Vale ressaltar a importância da Universidade assumir o compromisso de programas estruturais/administrativos e acadêmico/científicos que abarquem docentes, discentes e gestores da/na Educação Superior para tensionarem as questões estratégicas das políticas educacionais, dos programas de ensino/pesquisa/extensão e, sobretudo, envolvam os princípios da sustentabilidade da cultura organizacional e atendam às exigências do investimento na qualificação docente, compromisso com os estudantes em profissionalização e desenvolvimento de competências para o atendimento às necessidades e expectativas da comunidade na qual está inserida e da sociedade em geral (FRANCO; LONGHI; AFONSO, 2010).

Percursos inovadores em avaliação da aprendizagem em um curso de pedagogia UNEB/ PARFOR[4]: vivências de pesquisa/formação

As experiências abordadas nesta seção tratam de sujeitos, arranjos metodológicos, procedimentos e práticas de uma Pesquisa/Formação vivenciada por estudantes egressos do Curso de Licenciatura em Pedagogia da UNEB/ DEDC-I/PARFOR, no ano de 2016. No entanto, o recorte do estudo selecionado para esta publicação trata do período em que os estudantes vivenciaram o Componente Curricular: 'Fundamentos da Práxis Pedagógica I', ofertado no semestre 2011.2, no noturno, na capital baiana, no Departamento de Educação/UNEB.

Os estudantes, sujeitos do processo, formaram uma classe de trinta e cinco profissionais que atuavam em escolas e creches comunitárias e como voluntários em projetos sociais. A turma era constituída de estudantes que se auto reconheciam como afrodescendentes, oriundos do meio social popular e de escola pública. Quanto ao gênero eram trinta e quatro mulheres e um

4 O Plano Nacional de Formação dos Professores da Educação Básica (PARFOR) é resultado da ação conjunta do Ministério da Educação (MEC), de Instituições Públicas de Educação Superior (IPES) e das Secretarias de Educação dos Estados e Municípios, no âmbito do Plano de Metas Compromisso Todos pela Educação (PDE). Ver: BRASIL. Plano Nacional de Formação de Professores da Educação Básica – PARFOR. Disponível em: <https://www.capes.gov.br/educacao-basica/parfor>. Acesso em: 12 out. 2018.

homem. Ele, em especial, relatava ser participante em ações comunitárias em bairros populares, assessoria de vereadores e de lideranças em comunidades.

A natureza da Pesquisa/Formação permitiu que os sujeitos na centralidade da investigação narrassem suas histórias e compartilhassem suas subjetividades. Assim, a classe, majoritariamente feminina e socialmente com evidências de vulnerabilidade, contava sobre as dificuldades para acessar a Universidade e as estratégias construídas para a superação dos obstáculos. Dentre os desafios elencados, narravam sobre a precária mobilidade urbana, tendo em vista que residiam em bairros distantes da Universidade e com frágeis serviços de transporte públicos. Além disso, algumas licenciandas revelavam possuir poucos recursos para comprar livros, produção de xerox/cópias de textos, acesso a internet, dentre outras condições necessárias para favorecer a aprendizagem no contexto da Licenciatura. Havia, inclusive, uma estudante que levava seu filho, de oito anos, todas as noites para as aulas, pois, era a única solução para atingir seu objetivo de realizar um curso universitário, pois, não tinha ninguém para cuidar dele, enquanto ela estudava.

Contudo, esse é um cenário já muito retratado nas pesquisas educacionais contemporâneas que apontam as características dos estudantes das Licenciaturas (GATTI, 2009), sobretudo do noturno, pois, eles são trabalhadores do diurno, oriundos de escolas públicas de frágil consistência didática, com inserção social marcada por acesso precário aos bens culturais e com pouco tempo para uma dedicação sistemática aos estudos durante o curso universitário.

A despeito desse quadro, a dimensão acadêmica do referido componente curricular se expressou no texto da ementa a seguir:

> Discute teorias e conceitos de educação. Contextualiza a prática pedagógica em creches na Educação Infantil, anos iniciais do Ensino Fundamental e EJA. Reflete sobre a cientificidade da Pedagogia, a identidade profissional do pedagogo e as Diretrizes Curriculares do Curso de Pedagogia. Orienta e acompanha a prática pedagógica do professor-aluno.

Para desdobrar essa ementa foram destacados conteúdos que se entrelaçaram de forma interdisciplinar para relacionar os fundamentos teóricos/metodológicos necessários à sustentação das práticas pedagógicas na Educação Básica e em suas modalidades. Foram estudados, especialmente: concepções de Educação, Pedagogia, Didática e sala de aula; relações entre escola, aula e atuação docente; aproximações entre escola e sociedade, nuances e construções; dimensões da *práxis* no contexto da sala de aula.

Para desenvolver as sequências didáticas que integravam as 70 horas teórico/práticas inerentes ao referido componente curricular, optou-se por uma abordagem metodológica com ênfase na participação discente, contextualização e problematização dos conteúdos, em consonância com a opção investigativa de pesquisa/formação. Neste texto, no entanto, estão destacados os percursos de acompanhamento e avaliação da aprendizagem que orientaram as produções e elaborações que culminaram com a construção de portfólios individuais de aprendizagem, tensionando suas emergências, dificuldades e avanços nos modos de produzir, sistematizar e fazer circular o conhecimento, a partir dos estudos no Curso de Licenciatura em Pedagogia da PARFOR.

Metodologias participativas de pesquisa/formação: implicações de práticas avaliativas na 'aprendizagem da docência'

Na Licenciatura em Pedagogia, os estudantes vivem experiências curriculares que visam prepará-los para uma condução sistematizada e científica de situações de ensino/aprendizagem com vistas a favorecer a construção do conhecimento em suas classes, na Educação Básica. A despeito disso, as características e atributos da 'aprendizagem da docência' têm sido estudadas em várias pesquisas contemporâneas e debatidas por diversos educadores como Mizukami (2004) e Almeida (2013). Esses estudos tematizam os saberes necessários ao trabalho docente do licenciado, especialmente para sua atuação profissional no contexto escolar em classes populares.

Nessa perspectiva, emerge a necessidade de mais atenção quanto à formação profissional, nas dimensões: epistemológica, política, técnica e social, além de aspectos que transversalizam o trabalho docente na contemporaneidade, como as relações professor/estudante/tecnologias; políticas de acesso e permanência à/na escola; vivências de valores em diversidade de gênero e etnia; dentre outras emergências e necessárias problematizações que alcançam os currículos das Escolas e das Licenciaturas.

Por considerar essas emergências, o recorte privilegiado nesta publicação toma como centralidade os percursos didáticos realizados e suas implicações, destacando uma principal questão norteadora: **como as práticas avaliativas podem afetar as dimensões da 'aprendizagem da docência', no contexto da Licenciatura em Pedagogia?**

Portanto, para contemplar as nuances sugeridas pela indagação acima, de forma crítica e contextualizada, faz-se necessário resgatar três noções importantes – **verificação; avaliação** e '**organização do ensino por projeto de aprendizagem**' – já bastante exploradas em estudos acadêmicos de autores como Hoffmann (1991); (Hernandez, 1998), Hadji (2001; 2011); Luckesi (2011), dentre outros. Nesta abordagem, **verificação** é compreendida como ato de averiguar, constatar, testar ou inspecionar; enquanto, **avaliação** abrange ações de qualificação de um processo; reconhecimento, interpretação, análise de dados e evidências de uma determinada experiência. Ademais, a concepção de '**organização do ensino por projeto de aprendizagem**' (HERNANDEZ, 1998) se expressa no trabalho educativo no qual o estudante é considerado o centro do processo, com história, memórias, saberes e expressões que merecem valorização e ampliações. Em todas as etapas: planejamento, execução, acompanhamento e avaliação dos processos e das aprendizagens construídas no projeto, a opção pela pesquisa, pela indagação e pela relevância das inquietações são consideradas, sobretudo, quando se entrelaçam na história de vida de cada estudante, propiciando visibilidade às suas estratégias próprias de conhecer, participar e compartilhar suas apropriações.

Notadamente a articulação das ideias das três categorias acima afetam a qualidade do trabalho docente, tendo em vista que pode sustentar escolhas determinantes para a eficácia didática das aulas e, sobretudo, para a promoção de novas aprendizagens. Assim, considerando esses pressupostos, convém indagar no Curso de Licenciatura em Pedagogia: "Por que avaliar?"

E, pode-se responder provisoriamente: **avaliar para melhorar, para qualificar, para dar sentido às experiências**. Ao avaliar, o sujeito opta por ultrapassar os limites da verificação e, dessa forma, atrai a aprendizagem, suas contradições e processos para o foco da organização do ensino.

Assim, por meio da pesquisa/formação, a aprendizagem da docência considera os dispositivos que permitem pensar, realizar antecipações e acompanhar as evidências que os sujeitos constróem a partir de suas prática e elaborações, especialmente, compartilhadas ao vivenciar a entrada na profissão docente, durante o Curso de Licenciatura.

No entanto, vale, também, destacar que as concepções de currículo e de aprendizagem da IES[5] estão diretamente relacionadas com os modelos dos sistemas de avaliação e com suas práticas desenvolvidas, pois, o Projeto de Desenvolvimento Institucional – PDI; os Projetos dos Cursos e os Planos de Ensino reverberam os pressupostos a eles subjacentes e que se manifestam nas tramas das propostas acadêmicas, no cotidiano das aulas.

Com a breve caracterização deste cenário, podemos considerar que as práticas avaliativas expressam nuances das propostas pedagógicas que norteiam a filosofia da IES. Contudo, despertos por um processo formativo, os docentes universitários podem fazer escolhas de caráter mais construtivo, considerando a importância de um trabalho que melhore as condições de aprendizagem dos estudantes e, consequentemente, eleve a qualidade do perfil do egresso dos Cursos, especialmente das Licenciaturas.

Em convergência com esses parâmetros, o trabalho desenvolvido no componente curricular 'Fundamentos da Práxis Pedagógica I' foi constituído por momentos articulados como os elencados a seguir:

5 Instituição de Ensino Superior.

a. Preparação do Plano de Curso, considerando o conteúdo da ementa, as características socioeducacionais dos estudantes matriculados e o perfil de egresso que se pretende contribuir para formar.
b. Escolha de conteúdos e referências teórico/metodológicas para ampliação de possibilidades de estudo.
c. Organização de procedimentos didáticos que suscitam aprendizagens em oportunidades individuais, em parcerias e em trocas coletivas.
d. **Planejamento de práticas avaliativas coerentes com os tempos formativos propostos no Plano de Curso e com as necessidades dos estudantes.**

E, operando por metodologias participativas de pesquisa/formação se considerou que para impulsionar o desenvolvimento de práticas avaliativas construtivas e implicadas com os percursos de aprendizagem dos estudantes, era necessário, algumas responsáveis indagações, tais como:

- o que é relevante conhecer sobre os processos individuais e coletivos dos estudantes enquanto ocorre a avaliação?
- o que se aprende no processo de avaliação, em ambos os papéis, docente e discente?

Ao se questionar e compartilhar as indagações com os sujeitos da pesquisa, portanto, o educador possibilitou a problematização acerca das dimensões pedagógica, social e política de seu trabalho, pois, passou a dar atenção aos atributos individuais e coletivos dos estudantes, valorizando seus conhecimentos prévios, suas experiências culturais e científicas, além de suas práticas produtivas na sociedade.

Nessa perspectiva, os sujeitos da pesquisa/formação são atores do processo de conhecer. Eles possuem singularidades, interesses e repertórios próprios, por isso, há relevância na responsabilidade docente em promover ações formativas, emancipatórias e criativas, superando uma 'cultura punitiva e meramente classificatória do exame' que ainda atravessa discursos e práticas em avaliação (HOFFMANN, 1991; LUCKESI, 2011).

Ao considerar o que se aprende quando se avalia, o processo ensino/aprendizagem é atraído para um cenário próprio à humanização, reconhecendo as grandes possibilidades de narrativas de seus sujeitos, docente e discentes, em aliança, em papéis complementares. Em face disso, o percurso requer valorização dos atores do processo, de suas particularidades cognitivas e da cultura de estudo da qual deriva a produção do conhecimento e evidências de compreensão da realidade que eles ajudam a construir, (des)construir e expressar.

Assim, o foco do processo avaliativo é deslocado do que 'falta', da 'não conformidade' ou do 'erro para exclusão', e sim, é direcionado para a vitalidade

'do que e como se aprende' para as superações, para a mudança na qualidade dos novos conteúdos e estratégias que o sujeito vai manifestando no contexto acadêmico e em suas práticas sociais.

Sobre a construção de Portfólios de Aprendizagem no Curso de Licenciatura em Pedagogia da UNEB/PARFOR

O trabalho desenvolvido durante a pesquisa/formação foi conduzido em dezesseis encontros de quatro horas, uma noite a cada semana. O percurso foi constituído partir da escuta das expectativas dos participantes quanto à realização de um Curso Superior, pois, eles vivenciavam o primeiro semestre acadêmico da Licenciatura em Pedagogia/UNEB/PARFOR, ou seja, uma experiência de iniciação ao mundo e aos ritos acadêmicos.

No percurso de pesquisa/formação, os participantes contaram que a passagem pelo Ensino Fundamental foi marcada por poucas experiências de leitura ou regularidade na produção escrita. Algumas universitárias revelaram que a trajetória de escolarização sofreu muitas interrupções ou atrasos por reprovações. Outras com mais de quarenta anos de idade informaram que tinham mais dez anos de afastamento da vida de estudante ou das rotinas de estudo.

Assim, para atender a heterogeneidade do grupo, apostando no potencial de cada participante optou-se por desenvolver um trabalho de Pesquisa/Formação no qual a construção de Portfólios de Aprendizagem (HERNANDEZ; VENTURA, 1988) se desenvolveu como metodologia participativa de produção do conhecimento, considerando sua ampla potência na formação de professores. A seguir, estão compartilhadas concepção, norteadores, orientações e principais aspectos que compuseram o desenvolvimento da proposta. A concepção se expressou por meio de Projeto de Aprendizagem com a produção de Portfólios sobre a iniciação acadêmica à docência, considerando os seguintes norteadores:

Minhas memórias:	Minhas escolhas:
a. entrada na escola	a. profissão
b. experiência de escolarização	b. etapas da formação
c. professor/professora marcante	c. atuação na docência
d. como vivi situações leitoras	d. Curso de Pedagogia

Para contemplar os pressupostos inerentes às metodologias participativas de pesquisa que investigam a docência, cada um dos trinta e cinco licenciandos foram orientados a reunir em uma pasta/caderno individual personalizado as evidências de aprendizagens colhidas nas leituras, aulas, mediações, discussões, além de suas dúvidas, inquietações, imagens, mapas conceituais.

Assim, cada encontro era desenvolvido em três momentos. O primeiro momento de interações didáticas, pautas com estudos inerentes à prática pedagógica, seus atores, políticas e formas de atuação. No segundo momento, cada sujeito ampliava seus registros com esquemas, colagens, desenhos, anotações em um contínuo no portfólio. No terceiro momento ou culminância participativa de cada encontro ocorria a partilha dos achados, trocas de experiências e construções de novas narrativas sobre o percurso de aprender a profissão, do ponto de vista científico, mesmo para os sujeitos que já atuavam como docentes sem a formação em Licenciatura.

Sobre o acompanhamento dos processos de aprendizagem e dos resultados da pesquisa/formação

Todo o percurso de pesquisa/formação foi orientado com o foco na aprendizagem dos sujeitos, considerando suas narrativas, descobertas, singularidades e estratégias de imersão reflexiva na profissão docente. Quanto aos resultados, nas rodas de partilha da produção contínua, intrincada e metamorfoseada dos sentidos sobre as etapas do portfólio, os participantes destacaram como aspectos e construções significativas, as vivências: – indagar para aprender; – memórias de aprendizagem; estudo das concepções da obra: – "O que sabe quem erra?" (ESTEBAN, 2002). Ademais, as discussões e descobertas sobre as convergências entre os caminhos inovadores de aprender a profissão e os modos de aprender dos estudantes na Escola Básica.

Vale destacar, também, outro achado relevante que consiste em reconhecer por meio dos relatos dos participantes que a construção de portfólio de aprendizagem pode ser um dispositivo de pesquisa/formação, pois, possibilita aos sujeitos participação intencional, implicada e analítica, ativando sentidos, confrontando os estudos universitários com a realidade vivida na Escola e evidenciando novas autorias em uma construção não linear e rica em contribuições.

Os sujeitos ainda salientam que nesta experiência de pesquisa/formação descobriram "razões para investir na formação que atravessam o autoconhecimento, o reconhecimento e a transformação" tão necessários ao fortalecimento da profissão docente.

Considerações críticas: principais aprendizagens e construções

Para responder à questão: como as práticas avaliativas podem afetar as dimensões da 'aprendizagem da docência', no contexto da Licenciatura em Pedagogia? todo percurso vivido foi documentado nos portfólios individuais citados, com vistas à promoção de condições efetivas para a exploração de situações favoráveis ao desenvolvimento profissional docente dos participantes. Assim, muitas aprendizagens foram construídas. Para muitas participantes, o voltar a escrever, por exemplo, depois de muitos anos fora dos processos de escolarização foi uma grande conquista formativa. Ademais, salientaram a importância de discutir o direito à educação, quando muitas das universitárias, como já foi sinalizado, fizeram o percurso de escolarização muito fragmentado, marcado por várias interrupções.

Desse modo, analisar a sala de aula, seus agentes, desafios e intencionalidades a partir de uma abordagem científica, dentre outros aspectos, se constituíram em momentos muito marcantes e desafiadores, pois, propiciaram reflexões sobre a **escola real** e sobre as demandas socioafetivas dos participantes, universitários da PARFOR, muitas vezes bem semelhantes àquelas manifestadas por seus alunos do Ensino Fundamental.

Dessa forma, pode-se considerar que a contribuição das políticas vinculadas à PARFOR não podem ignorar a realidade concreta ao pensar a *práxis* e investir na formação docente numa perspectiva de ecologia de saberes (SANTOS, 2011), unindo Universidade e Escola Pública por meio de metodologias que reconheçam as autorias dos diversos sujeitos da comunidade em cenários conhecidos e emergentes (MORIN, 2000).

O trabalho realizado buscou, portanto, articular as demandas sociais e acadêmicas dos participantes que já evidenciaram inteligência, sensibilidade e resiliência ao ingressarem nesta trajetória de formação profissional.

A presente experiência traduz, por conseguinte, angústias e pistas para superação dos modos excludentes de formação docente que reverberam em práticas que limitam a criatividade dos estudantes e desconsideram suas estratégias de aprender e de expressar suas narrativas sobre seus percursos na Escola e para além de seus muros, logo, a avaliação com uso de portfólio de aprendizagem, neste estudo, se evidenciou como uma oportunidade de construir novas trilhas de auto descoberta e pesquisa na construção profissional a partir da docência implicada.

Há que se pensar em uma agenda que transforme os saberes da comunidade em um componente a favor da construção de uma educação transformadora, dialogando com o contexto social para melhorar interpretações e novas formas de pensar e fazer formação de professores. Assim sendo, as interfaces entre educação, aprendizagem da docência e metodologias participativas em pesquisa/formação apontaram nesta investigação para resultados profícuos quanto à profissionalização do professor desde a iniciação, sua imersão na Escola e ressignificação das contribuições da Universidade para o delineamento de práticas sociais assentadas em valores formativos pautados na ética e na transformação social, nos quais os processos avaliativos se constituam em oportunidade de partilha, qualificação, revisões e (re)criações individuais e coletivas, superando os modelos excludentes de educação que impactam na formação de professores.

REFERÊNCIAS

ALMEIDA, M. do S. da C. e. Aprendendo o Trabalho Docente. In: II ENCONTRO LUSO-BRASILEIRO SOBRE O TRABALHO DOCENTE E FORMAÇÃO. TRABALHO DOCENTE E FORMAÇÃO: POLÍTICAS, PRÁTICAS E INVESTIGAÇÃO: PONTES PARA A MUDANÇA. CIIE: Centro de Investigação e Intervenção Educativas, Porto: Portugal, 2013. p. 5393-5401. v. 1.

DOWBOR, Ladislau. **Educação e Desenvolvimento**. Disponível: <http://www.apodesc.org/sites/documentos_estudos/arquivos/DesenvolvimentoEDUCACAO_E_DESENVOLVIMENTO_LOCAL_Ladislau%20Dowbor.pdf>. Publicado em 2006. Acesso em: 23 mar. 2011.

ESTEBAN, Maria Teresa. **O que sabe quem erra? Reflexões sobre avaliação e fracasso escolar**. 3. ed. Rio de Janeiro: DP&A, 2002.

FRANCO, Maria Stela Dal Pai; AFONSO, Mariangela Rosa; BORDIGNON, Luciane Spanhol. Gestão universitária: qualidade, investigação científica e inovação educacional. **Revista Gestão Universitária na América Latina – GUAL**, Florianópolis, v. 5, n. 1, p. 83-103, jan./fev./mar./abr. 2012. Disponível em: <http://www.ufrgs.br/geu/userfiles/revista gualartigogestouniversitria.pdf>.

GATTI, B. A.; NUNES, M. M. R. (Orgs.). **Formação de professores para o ensino fundamental**: estudo de currículos das Licenciaturas em pedagogia, língua portuguesa, matemática e ciências biológicas. São Paulo: Fundação Carlos Chagas/DPE, 2009.

HADJI, Charles. **Avaliação Desmistificada**. Porto Alegre: Artmed Editora, 2011.

______. **Pensar e agir a Educação**: da inteligência do desenvolvimento ao desenvolvimento da inteligência. Porto Alegre: Artmed Editora, 2001. 159 p.

HERNANDEZ, F.; VENTURA, M. **A organização do currículo por projetos**. Porto Alegre: Artes Médicas, 1988.

HOFFMANN, Jussara M. L. **Avaliação**: mito e desafio: uma perspectiva construtivista. 20. ed. Porto Alegre: Mediação, 1991.

LUCKESI, Cipriano Carlos. **Avaliação da Aprendizagem**: componente do ato pedagógico. São Paulo: Cortez, 2011.

MORIN, Edgar. **Os sete saberes necessários à Educação do Futuro**. São Paulo/Brasília: Cortez/UNESCO, 2000.

MIZUKAMI, Maria da Graça Nicoletti. **Aprendizagem da Docência**: algumas contribuições de L .S. Shulman. v. 29, n. 2, p. 33-49, 2004. Santa Maria – Rio Grande do Sul. Disponível em: <http://www.ufsm.br/ce/revista>. Acesso em: 15 jan. 2018.

SANTOS, Boaventura de Sousa. **A Universidade no Século XXI**: para uma reforma democrática e emancipatória da Universidade. 3 ed. São Paulo: Cortez, 2011. p. 55-114. v. 11. (Coleção Questões da Nossa Época).

TEACHING STUDENTS WITH ADHD – INTERVIEW STUDY OF TEACHERS' EXPERIENCES WITH TEACHING ADHD STUDENTS

Fernanda Costa Steen

The aim of this study is to investigate how teachers are teaching ADHD students in their regular classrooms. An interview based study related to teachers' personal experiences and perspectives about teaching ADHD students. Using the purposive sampling four teachers from elementary schools, located east in Norway, were chosen for the research. Teachers interviewed were chosen with criteria that they have been teaching ADHD students in their classes in the last years. This study concerns to reflect how teacher's practices interfere in the learning process, the cognitive and social development of students with ADHD. As basic theoretical framework for this study, it was used learning theories as cognitive theory and social learning theory. As qualitative phenomenological study seemed to be the most suitable approach to this study, and it was used for investigate the teachers' lived experiences. And for data collection it was used semi-structured interviews, and thematic analysis was used as main tool to data analyze. This study aim to investigate how teachers experiences teaching students with ADHD, how teachers experiences their knowledge teaching ADHD students, how teachers meet the learning needs, how they teach ADHD students and as well how teachers facilitate social inclusion for ADHD students.

The results of the study have shown that teachers' ADHD knowledge is based on their teaching experiences with ADHD students over the years. Despite the long experience, there is still a great need for more improvement regarding to the adequacy of teaching strategies to the individual needs of ADHD students. They had a lack of formal education in the field and needed more knowledge and skills This study also showed that despite the difficulties faced by students with ADHD, they can learn satisfactorily, and their levels of learning do not differ from others students in their classrooms. Social interaction can still be considered a challenge for some students with ADHD, but through a collaborative work between ADHD students, peers and teachers, their social development has occurred without major problems. Additionally this study provides suggestions for further research on the topic, and possible ways of implementing the findings.

Informants background and knowledge about ADHD

All informants are teachers with teaching experiences from 6th to 9th class in a regular school located east in Norway and they have all been teaching ADHD students in their classrooms. Their knowledge is based in their experiences from the years they have been working with ADHD students in their classrooms. As we see in the summary below:

Teachers background, knowledge and experiences about ADHD				
Background and experien-ces	Teacher education with postgraduate studies in mathematics. 32 years experience as teacher. Many years experience with ADHD students.	Teacher education. Almost 13 years experience as teacher and working with special students.	Master's degree in biology. 16 years experience. Have been working with ADHD students in the last three years.	Bachelor student in psychology. 6 years experience as teacher and assistant. 2 years experience with ADHD students.
Knowledge	Knowledge through experience from working with ADHD students	Know the main characteristics of ADHD.	Very little knowledge about ADHD.	Knowledge about ADHD characteristics in ADHD students.
Need for more knowledge	Need more information about all the possible types of ADHD	Needs more information about ADHD student's situations and teaching adaptations.	Need knowledge about how to teach ADHD students.	Feel as don't have enough information to practical situations, and how to help them better.

Educational background and experience with ADHD students

The first informant has teacher education with postgraduate studies in mathematics and 32 years experience as teacher and she has also experience from working as assistant. The second informant also have teacher education background, and approximately 13 years experience as teacher. The third informant has a Master's degree in biology and 16 years experience as teacher. And the fourth informant is a Bachelor student in psychology, with 6 years experience as teacher and class assistant.

All the informants have experiences with teaching ADHD students in their classrooms, which leads us to understand that they have a experience based knowledge related to the field of this study. Regard to years of experience as teacher, all informants has long experience, ranging from 6 to 32 years experience. The first, the second and the third informant have been working with ADHD students in several years. The last one has been teaching in the last 6 years, and she also told that she has a family member diagnosed with ADHD. From her experience, a daily contact with a person diagnosed with ADHD helps to get a better understanding of ADHD and how to deal with it in everyday situations.

Teacher education level and years of experience can help teachers when facilitating the class environment and adapting the teaching strategies to the students' individual needs, as more experience they have, more information and knowledge they can get from those experiences. Long teaching experience may influence the acquisition of more knowledge about ADHD as more years working with different students, may make it possible for teachers to experience situations in their classes in which they can identify the individual needs of these students, as well as recognize the main characteristics and difficulties caused by ADHD to students in the classroom.

However, there is no certainty that the more years of experience the teacher has, the better the teaching will be, since many teachers can accommodate themselves and do not seek improvements in their teaching. A possible cause of the negative effect of long experience is that older teachers might not always continue to improve their performances over the years (SCHWAB, 1983). Schwab also pointed out that teachers with a long experience might get tired, burned out, and lose self-motivation in their jobs, which would influence the class management. Therefore, it is possible that teacher education level and experience do not directly influence student achievement, but it can influence the student's learning when teachers use their experiences to reflect on their teaching practices and then, seeks improvements in their teaching process (SCHWAB, 1983).

Related to teaching experience, the first informant is the one with the longer experience and she pointed out that when working with ADHD students it is important to:

> [...] know each student, who they are, personal interests, what is happening with them, how they interact in the school and in other settings. I worry about them, and we like to talk about different things together.

The third informant with 13 years experiences, focused in ADHD characteristics when describing his experience with ADHD students:

> The symptoms intensity may differ ADHD students from the other students, and they have shorter attention; Class control is important when working with ADHD students, for them to follow the teacher and instructions. *ADHD symptoms are not always visible*, and they may have some normal variations; It is important to allow ADHD students to run out a round of five minutes.

The fourth informant also focuses on the ADHD characteristics when she said "*sometimes they can forget themselves, and have concentration difficulties*". But she also highlighted that ADHD students can do well "*when they sit and work with the exercises*".

The informants emphasized that when working with ADHD students, teachers have to know the students, their interests, care about them, have class control, give them time and opportunity to take a little break outside. One of the informants also underline that many ADHD students may have concentration problems, but they can also do well at school.

As we see, ADHD students can differ from each other when related to their individual needs, as other students also do. But teachers argued that the use of positive interaction might help these students.

Teachers Knowledge and need for more knowledge about ADHD students

Teacher knowledge levels appear to greatly increase with their experience working with ADHD students in their classroom (ANDERSON et al., 2012; KOS; RICHDALE; HAY, 2006; KOS; RICHDALE; JACKSON, 2004). The informants demonstrated a more general knowledge about ADHD, with the focus on ADHD characteristics. The third informant reported having little knowledge about ADHD, even tough the informant have been teaching in more than 16 years and have been working with a ADHD students the last three years. Years of experience may not mean that teachers have enough knowledge, as the example from the third informant, which emphasized his need of more knowledge about how to adapt his methodology to the students' individual needs. The same participant related that he had not had much initiative in the search for more information about ADHD, and he would like to know more about it to improve his teaching situation. He has also highlighter that attention deficit is possible to see quite early in ADHD students.

Regarding to knowledge about ADHD, all participants pointed out some ADHD characteristics, as ADHD variation between people with the diagnose, ADHD seen as a gender problem, as related by the first informant:

> ADHD varies from person to person; it has many different varieties. See ADHD as boys' problem, maybe because of puberty. I sometimes read about it.

While the fourth informant said that

> ADHD can be very frequent, and that ADHD students can be pretty sour, they have little concentration, and sometimes they do not understand things or don't remember well, and also that they have difficulties to sit still and be quiet.

Related to specific training in the field of ADHD, only the second informant have been in a specific course, but he emphasized that the course was more about medications and stability during the day. The three other informants related that they never have been in a specific course, but the first informant said that teachers could get specific courses through the school if they were interested in participate. The first participant also related the pedagogy support they can get in the school when they are working with a special student. However the third informant emphasized that:

> I have not been on any specific course. *I have never been asked about it at school, I think it is possible to get it through school*, but I don't remember to have been asked about it. *I think that it would be useful to get more knowledge to implement the practices.*

As was related by the third informant, "*knowledge is important when it is applicable in practical situation to improve teachers' practice*". Based in the informants, courses would be essential if used to improve their practices.

As we see, teachers' experiences may help them to understand and adapt their teaching practices to the student's need. However, as the concepts are always changing, and cultural and environmental aspects influence students' development, it is a need for teachers to have more actualized theoretical information related to their practices, in a way that facilitate their classes management. Glass and Wegar (2001) found that teachers believed ADHD was more prevalent than the actual rate of incidence, and that a large portion of teachers was unable to correctly identify ADHD origin as biological. This show that teachers' knowledge based only on practical experiences may over time become outdated. Teachers need to be aware about how their students learn, what needs to be done to have a really inclusive classroom where all students are accepted and have their individual needs met. All the informants expressed the need of more knowledge related to teach ADHD students. Two of them, the first and second informant, pointed out the need for more information about ADHD types and the differences between ADHD students. As when they know the students better, it will be easier to adapt the teaching situations to their needs. The second informant said that he needs more information about the differences between ADHD students, as well about student's situations, and how to adapt the teaching to their needs. And he emphasized that he did not need more information about general ADHD concepts.

The fourth informant emphasized that with more knowledge would be easier to teach them, as quoted below:

> I don't feel to have enough knowledge about ADHD. Would be easier to teach them if I had more knowledge about ADHD. I feel not having enough information to practical situations, as how to help them better.

Despite the long time experience of some teachers, many of them claim to lack of knowledge regarding to the adaptation of teaching strategies to the individual needs of ADHD students. All the informants related the need for knowledge regarding to teaching adaptation for ADHD students to facilitate their learning process. And the third informant also relates not having enough knowledge to teach students with special needs: "*I wish I could know more about teaching special students*".

Kos et al. (2006) identified professional development and in-service training as a critical component in increasing teacher knowledge of ADHD, as unfortunately, that knowledge does not appear to translate into classroom behavioral management techniques for the general education teachers (JONES; CHRONIS-TUSCANO, 2008).

Teachers need to be updated about their students and about new theoretical concepts related to their practices, especially regarding to the ADHD students' individual needs. By getting to know the student, by seeking new information about how ADHD students can develop a more meaningful learning, helps the teacher to adapt their teaching methods to the students' individual needs and so develop a more inclusive classroom. The search for knowledge must be constant in a teacher's life, since the more prepared teachers are, easier will be to meet these students and adapt their teaching to the students' individual needs.

How teachers are meeting the learning needs to students with ADHD

To facilitate the learning situation to ADHD students, some factors have to be taken in consideration to help teachers identify and meet student's individual needs, to motivate and develop self-esteem, to adapt their methodologies and strategies based on the individual needs, the variation in the learning resources materials, make the teaching strategies effectives, develop the student's active participation. Also the way instructions are delivered and how teachers give feedback will influence directly in the learning process. Above we can see what the informants think to be important when meeting the learning needs of ADHD students:

Meeting the learning needs to ADHD Students				
Identifying	Know the students	Worry and care about them	Use positive dialogues	Listen their mea-nings
Meeting	Recognize the differences	Give individual assistance	Give extra time when needed	Give individualized instructions
Motivation and self-esteem	Mastery	Praise	Positive feed-back	Long-term self-este-em development

Students learn in different ways, and for some of them may be necessary to make some adaptations in the classroom to improve their performance. It is also a need for adapting the teaching strategies based in the students' individual needs. To be able to identify the students' needs, teachers have to know the students, try different strategies to stimulate the participation of all students in the class, and have a cooperation between all those involved in the learning process, as for example teachers, special pedagogic educator, students, classmates, and parents. By a collaborative work, students will get the support they need to develop in the cognitive aspects, as well socially.

Identifying the individual needs

When teaching ADHD students, teachers may select appropriate instructional practices, that may be integrated with a individualized educational plan. Many factors have to be taken in consideration, and one of them would be teaching strategies and class adaptations. To facilitate the learning process, teachers need to be focused on the students' individual needs, as ADHD students may vary in the level of their needs for special attention. Many students can develop learning without problems, but in many situations for ADHD students it is essential that they get the individual support and teaching adaptations to learn in the same way as the other students. To identify the individual needs, the first informant related that is important to *know the students*, and as well, teachers should *care about them*, showing that they *worry and listen to them*. While the second informant argued that:

Most of the students with ADHD have an individual plan (99%) prepared by a special educational teacher together with the student's teacher, with individual learning plan and methods to use with them. *Teachers have to help the student to start, get the books, to start the exercises. Help with what they need, help to organize things* and make sure that they get things right.

To facilitate the learning process it is important that teachers identify the students' individual needs. The first step is to know the student, as knowing the student it will be easier to adapt the teaching strategies. A good relation between teachers and students will generate more confidence from the student and get to know their individual needs better as well. And the third informant related that they get information about the ADHD students before they start in the class. The informants two and four pointed out that ADHD students need individualized support, specially when they are going to start the class activities, that they have to help them to get the books, that ADHD students need a person to sit together with them when they are going to start with the exercises.

Meeting the individual needs

To meet ADHD students' individual needs, it is necessary that teachers give them individualized support, planning the classes' lectures and activities by taking in consideration the adaptations that may be needed, as well by using strategies that motivate students during the learning process. The second and fourth informant pointed out that give individualized assistance and help them when they need would help teachers to meet students' individual needs. For Frederickson and Cline (2002) learning individual preferences are mainly important when it comes to making an individual curriculum for ADHD students. For the first informant to meet the individual need, it will depend of the student "*It's different from student to student as ADHD diagnoses are not alike*". For the second informant to meet the individual needs "*teacher should help the students when they need help*". The third informant said that "*some students with or without ADHD are restless, and teachers can not force students to sit or to learn*". And the fourth informant said: "*when they need extra time, she has to sit and work together with them*".

Students with ADHD are so smart as any other student, but they may have a different time when doing things, needing more time to understand or do the same exercise as the other students. As they often have difficulty organizing thoughts and objects around, may have difficulty to concentrate, remember and follow directions, they may require more time to start, continue and finish daily activities or school work than other students. Moreover, they are easily distracted by the environmental stimuli as sights, sounds, and movements. Teachers need to plan the classes based in a curriculum able to meet the students' individual needs, by planning classes that recognizes the students capacity and using contextualized content, teaching methods and evaluation system that provides an interactive environment that meets the needs of students, resulting in a satisfactory learning. It is necessary that the school be autonomous and open to all students without distinction, with an adapted, flexible, broad and balanced curriculum with detailed and precise objectives, encouraging the active participation of all students (FREDERICSON; CLINE, 2002).

Motivating and developing self-esteem

For the first informant, it is not all students that need to be motivated, but when teachers have time to sit and talk with them, they will be more motivated. The second informant:

> Teachers have to focus in the individual needs, see them. *There is no standard motivation, and some of them do not need to be motivated, others are often high and low*. Teachers have to calm them to get them to work in a class situation. The motivation varies if they take medication or not on medication, as they may be calmer when taking medications, and become more aware about themself.

The third informant said that he did not have a good answer about how to motivate ADHD students. From his experiences, when things go well then students be motivated. But if they don't master things, then he has to go back and see what students did not learn, and teach them again. The fourth informant said that to motivate students teachers can *praise them*; they have a "enjoying time" on Fridays and some of them get a diploma if they do well during the week. And she also use plus and minus with their names on the board to motivate them.

To motivate students, teachers need to keep the curriculum interesting, vary presentation formats and task materials through the use of different modalities to increase and maintain student interest and motivation, as they may get bored if teachers not innovate in their classes (BARKLEY, 1998; GARDILL et al., 1996; RAZZ, 1997; ZENTALL, 1993).

To develop students' self-esteem, the first and fourth informant argued that mastery is important, as they develop self-esteem when they see that they can do things well. The first informant said:

> *Mastery feeling increases motivation and confidence*. Grades can make difficult for ADHD students with low self-esteem, have to be careful with evaluations. *Development of long-term self-esteem, think about their progress as long-term*. Respect the student emotional situations.

Another thing that may make it difficult to develop student's self-esteem is when they get grades (Informants 1 and Informants 2), a suggestion should be that they do not get grades in the beginning and teachers have to be careful with evaluations (Informants 1). The second informant suggested that:

> Depending on how weak the student is, it may be a good idea that the student does not get the same evaluation in the subjects they may have difficulties with, because they can get a low self-esteem. It is a challenge when students receive grades.

However the third informant told that is not always easy to develop students' self-esteem as "*many of ADHD students get self-esteem problems, and may not experience mastery when they are compared with others students*". Teachers should think about student's progress as long-term and then develop a long-term self-esteem; as well teachers should respect the students emotional situations (Informant 1).

Teacher teaching ADHD students

A classroom considered ideal for an ADHD student combines consistency and predicable setting that provides structure, limited distractions and flexibility in addressing student's individual learning style, by utilizing students preferred style of engagement with learning tasks and remediating areas of weakness (DETWEILER; HICKS; HICKS apud COOPER; BILTON, 1999). The informants have pointed out some factors considered important when teaching ADHD students in their classrooms. It is summarized below:

Teaching ADHD Students				
Teaching methodologies and strategies	Use new and varied strategies	Based in positive interactions. Talk with them.	Avoid distraction	Activities based in their strengths
Learning resources materials	Textbook	Computers/tablets	Videos, film	Games, competitions
Effectiveness of teaching strategies	Strategies are effective, but should always try new strategies.	They are effective when based in a more practical teaching.	Strategies based in positive interactions.	By using strategies, students be more calm.
Active participation	Motivated communication	Clear expectation and instruction	Group works, peer cooperation	Motivational strategies
Delivered and individualized instructions	Early, adapted, individualized	Verbal and written, visual exposed instructions	Repeat information's, use few notes	Check the instruction understanding
Feedback	Frequent feedback	True and realist feedback	Individualized feedback	What they have done based in previous expectations
Evaluating the teaching of ADHD students	Everything should be practical	Assignments based in mastery and progression	They learn in the same way as other students.	They need much more guidance.

Methodologies and strategies

The methodology and strategies used by teachers have to be based on the student's individual learning style. As students learn in different ways, would not be appropriate the use of a general teaching methodology when working ADHD students. Classes have to be planned by taking in consideration the adaptations that are needed for the development of attention and concentration of these students. The informants use different strategies and methodologies when teaching ADHD students in their classes. The first informant related that it is important to talk with students and listen to their opinions:

> Always go directly to the students that need help, and help them. *Give individualized instructions and give few notes*. Repeat the information if they did not get the right information. Talk with them and listen their meanings. Worry and *care about them*.

As was related by the first informant, care is essential when working with ADHD students. When students feel cared about, they may cooperate, and by using positive discipline methods, teachers can provide a format in which students can gain attention and feel significant and productive (NELSEN et al., 1997). Nelsen also emphasized that positive discipline methods provide an opportunity for teachers to discover what students actually think and feel. When teaching ADHD student's teachers should believe in their potentials, and that students believe that the teacher care when his or her uniqueness are recognized. When teaching ADHD students, it is essential that teachers are aware about how class-planning is need to be done based on the students individual needs. While the second informant pointed out that:

> I use different strategies depending on the students need. It is much more facilitation, by making what is expected of them to do *predicable* and what is going to happen in the class; and then make them feel ready to follow the level of the class. There are more ADHD students who manage to follow the class level than those who need additional academic support. *Practice the things they need more by working with more practical things.* Have a good relationship with them.

The third informant use more general methods with a class management that make them follow what is being taught:

> They get early instructions. To send them out to run for a little while around the school, and then come back and participate in the class has worked. Students like to do this. Give students assignments with mastery and at the same time progression.

The fourth informant use some strategies to keep their attention:

> I use plus and minus strategy, by writing names on the board and giving them plus or minus based in their participations during the class. I also draw stars or happy faces at their desks and when they get a lot of them during the week, they can get a diploma. They can sit alone to work with the exercises, if they need.

Some strategies that may be used when working with ADHD students were described, as give them early and individualized instructions (informants 3 and 1); work with practical things in the class (Informants 2); give them assignments that develop mastery and at the same time progression (Informants 3); use motivational strategies as draw stars or happy faces at their desks and when they get a lot of them during the week, they can get a diploma (Informants 4); help when they need help by going directly to the students that need help and help them (Informants 1); repeat the information delivered if they did not get the right information (Informants 1); Give the possibility to sit alone to work with the exercises, if they need (Informants 4); give them a run out time, as it can help to send them out to run a little around the school, and then come back and participate in the class, many students like to do this (Informants 3); have a good relationship with them, worry and care about them (Informants 1 and 2); make predicable classes where they know what is expected to them to do and what is going to happen during the class (Informants 2); make them feel ready to follow the level of the class (Informants 2).

Learning resource materials

The use of attractive learning resources materials may help to keep the students' attention during the lectures and class activities. Related to learning resource materials all informants related the use of audiovisual materials together with theoretical classes, such as computers, tablets, films, games, competitions, and as well the use of textbooks. The first informant said that she uses:

> "*common textbooks, and varied teaching methods as lectures, use of computer", and the second informant said that he* uses "*normal lectures, and the goal is that they will manage to do things in writing, by adapting from what they already can*".

The third informant uses "*some normal variation in teaching, games or competitions as repetition to what they have learned*", and he also emphasized the importance of using concrete objects in the class that can facilitate the learning process. For the fourth informant "*would be nice to use more videos in the classes*", but sometimes she uses tablet and video in her classes.

Effectiveness of teaching strategies

All the informants said that the teaching strategies have been effective, as the first informant said: "*I think that strategies are effective*", and the fourth informant: "*sometimes the strategies are effective, as students can become calmer*". While for the second informant is not always that teaching strategies are effective:

> "*Teachers have to find and try different strategies that work when the one used is not working anymore. Try new things and have to learn to know the students, as they know what works or not for them. Get a better relationship with the students. Teachers cannot manage everything, but must try*".

The third informant also talked about the importance of improving the teaching strategies, but did not have specific information about how it could be done:

The strategies used have worked very well with ADHD students. We can always improve, as we are not perfect. There are many things that can be improved, but I don't have a specific suggestion about it.

Active participations of ADHD students

When working with ADHD students, teachers can develop good communication with them by talking about things that are interesting for the students, this interaction between teachers and students may create motivation to the students during the classes. By listening to their opinions, and showing that they care about them, teachers can develop a good relation that will influence the student performance in the class. By creating positive interaction, students can come out with their strengths and weaknesses, and this will give the possibility for the teacher to adapt the teaching procedures and instructional materials according to the students' ability level (BATEMAN; BATEMAN, 2002; HITCHCOCK et al., 2002). When developing the active participation of ADHD students, the first informant said that by using group works "*students can share tasks, but it can be difficult for some ADHD students to work in groups*". While the second informant suggest the use of some strategies as:

> "*Talk with the students at the beginning of the class. Make students to do what they are expected to do, and walk around to see if they are doing well. Have the same expectations for all students*".

The third informant said:

> "*I don't always get them to be active in the class, and sometimes I just have to talk with them. Talk with them out of teaching situation, by talking with them occasionally to have a deal. We can set a goal together*".

For the fourth informant the use of plus and minus strategy can be used to make the students active, as when they get plus at their names they have a better participation.

Delivered individualized instructions

ADHD students benefit from concise, early and clear instructions with few subparts, and they should be encouraged to repeat task requirements back to the teacher orally, preferentially using their own words (COOPER, 1999). Instructions should be presented in a form that allow the student to easily check if they forgot it, it can, for example, be delivered in a written form, can be presented on the board or at the student's desk.

The informants when questioned about how the instructions were individualized and delivered answered that first the in instructions are delivered to the whole class (Informants 1), and then go to the special needs students and talk direct with them, ask direct and see if they understood (Informants 1, Informants 4 and Informants 3). If they are not following the class, teachers should get their attention, help them with books, etc (Informants 2). As emphasized by the first informant:

> "*First are instructions delivered to the whole class, then I go to the special needs students and talk directly with then, and also write in their books what they are expected to do. I often go directly to them to see if they have understood*".

And the third informant suggest that is important to:

> "*Give written advises, that can be divided into three levels by varying on how complicated instructions are. If you know the student, you can go and ask them if they understood the instructions and see if they know what they are expected to do*".

The fourth informant writes information on the board and the students follow it, but sometimes she has to give them direct instructions.

The second informant said that "*for many ADHD students may not be a problem to get the information that are delivered to the hole class, as they can take notes without problems*". ADHD students need to know what they are expected to do in the class and home activities (Informants 2 and Informants 3). And teacher can also cooperate with parents by sending them an email about what will happen, what should be done before the class, as related by the second informant. So a collaborative work between teachers and parents may help these students.

Giving feedback

Teachers can use positive feedback by praising. Based in DuPaul (2001) praising frequently also promotes duration and continuation of desired behaviors (DUPAUL et al., 2001). This also make it possible to develop a long-term self-esteem, by building a strong confidence based in positive interaction. All informants related that students get constant feedback as the other students. When giving feedback it is important that teachers be realistic with them, as highlighted by the first informant:

> "They get feedback all the time. Have to be realistic with them, complain and praise according to their progresses. If they get bad grades, suggest alternatives to improve learning as extra lesson time, and then possibility to take the exam again. Make a little more effort, as they can give up easy".

And by the second informant:

> "*Give constant feedback, confirm that they are doing things right. Must have very much focus on what they can do, focus on few goals in what they are working with. If they are very good, get the regular feedback, as all the other students*".

The student with ADHD requires frequent and intermittent feedback while working on assignments (GARDILL et al., 1996). While walking around the room, make it a habit to comment on something they are working on (RAZZ, 1997). According with the third informant:

> "*teachers can go around and see what they are doing, if they are answering the tasks right, and when they do well should tell them*". And for the fourth informant it is important to "*talk with them about what they have done or what they were expected to do may also help them to get positive feedback*".

When students don't do well and get bad grades, teachers may help them by working together with them, explain again, suggest alternatives to improve learning, as for example extra lesson time and then possibility to take the exam again (Informants 1 and Informants 3). Make a little more effort, as they can give up easy (Informants 1).

When they have exams and get grades, teachers can give feedback by using comments about what they can do better and not focusing in the grade, giving little bit numerical grades in the classroom (Informants 3).

Evaluating the teaching compered to ADHD students learning

The evaluation of ADHD students learning made by informants shows that they can learn as the other students without ADHD in the class, as said by the first informant:

> "*Not so much difference between ADHD students and others students, they learn in the same level. They have equal qualifications as other students to do well in school*".

The fourth informant said:

> "*They can do well as the other students in the class, but they may need extra help. Sometimes they get tired*".

The two others informants (informants 2 and 3) related that ADHD students may need extra help and more guidance during the classes, as well they need to know what is happening in the class and what they are expected to do, and which materials they are going to need during the class. The third informant also related that:

> "*A good class management and small portioned activities at the time may help them. Sometimes they don't participate, sit and do something else, as drawing on the wall. For some students, the school time may be too long, they become more restless with the attention in a different place*".

Related to the classes' activities, one informant said that ADHD students need to move the body, walk around. However two informants (informants 3 and 4) pointed out that they can get tired easy, that they are physically anxious, they can become more restless with the attention in a different place. Related to diagnose, the first informant argued that ADHD diagnose should not be a family secret as it may be easy for them if people around know about their ADHD diagnose, and that the use of medication may also influence their learning, as they may go often to toilet during the classes. The second informant also related the importance of teachers' collaborative work with parents.

When informants were asked about the teaching, the learning process and outcome of their ADHD students, the first informant answered that:

> "*ADHD students are not handicapped, and they can do the same as the other students. Early diagnose helps them, but can become a challenge when they have additional diagnoses. To teach ADHD students can be heavy and tiring. They are not different from the other students, but if they do well at school, they will be more happy than the other students*".

While for the second informant:

> "*They often work very well, but an ADHD student who needs or have needed special education is more challenging. Everything should be most practical. It can be a difficult challenge for the teacher to work with a special group* of students with different needs. Should have the same expectations as the other students".

For the third informant, schools are now having focus in large projects and work plans, and from his experiences it may fit ADHD students pretty bad. Related to previous information about the ADHD students, the fourth informant said that she did not get previous information about the students diagnosed with ADHD in her class.

Related to assessment, the third informant said not having specific assessment tools for those with ADHD, and the fourth informant said that "*students have tests every week, and they do well in the week tests*".

Facilitating social inclusive learning environment

ADHD students may have difficulties related to social interactions, and they can feel a rejection from classmates. Thus, teachers need to develop a classroom based on respect and accepting the differences to make the students able to interact and share their learning. For classmates, may not be so easy to deal with a ADHD student if it presents a disruptive behavior during the classes. They can be characterized as "a problem" in the classroom, but this may not happen with all ADHD students. Some may not have problems to interact with classmates, but for others can be a challenging. Related to how the informants facilitate social inclusion for ADHD students in their classrooms, the follow summary have been done:

Facilitating Social Inclusion of ADHD students				
Class routine and rules	Fixed and predicable routine	Exposed day plan	Early and clear rules; use of behaviors rules	Clear expectations
Peers collaboration	Learning partner: sit two and two	Friends group: meet and do thin-gs together out from the school setting.	Group works	Sit next to a student who behaves well.
Reducing ADHD students' distractions	Sit location: in front/ back of the class, away from doors and windows.	Talk direct with them, have eye contact	Individual educa-tional plan based in the individual needs	Alone room, quite and free of distraction

Class routine and rules

Clear rules have been related as essential when teaching ADHD students, and it is important that these students understand the rules and agree with them. The teacher can create and discuss the rules with the students, this make easier for them to follow. As ADHD students can forget easy, writing rules in a easily visible place may help them to remember, and rules can be exposed on the student's desk, or on the board as well. The important thing is that students know what they are expected to do during the classes, and the importance for the whole group that the rules be followed. For Cooper (1999) students with ADHD are likely to benefit from having rules expressed graphically, with visual exemplars which allow students to relate the rule to their immediate experience. The general daily routine should be simple and broadly predicable, and the educational content should be as varied and stimulating as possible.

To facilitate the social inclusive learning environment, the first and fourth informants use **class rules,** as a step by step ladder with increasing consequences: **behavior rules** (informants 1), and by writing some **rules** in the board (Informants 4), as ADHD students forget easy, it helps them to remember and know what is going to happen during the class (Informants 4).

It is not only the physical classroom structure that has to be focused, the class schedule should also be taken into consideration. The procedures used during the guided lesson times, transition of activities, and behavior management should also be previously planned to avoid disruptive behavior during the classes. For Yehle and Wambold (1998) some procedures should be done to provide a better class environment for all students. Establish and post simple and clear classroom rules, that should be at the front of the room and posted in an eye- catching manner. The rules need to be simple but complete. If there is a desired behavior or conduct expected in an activity, teachers should let the students know before starting the activities, and also establish and post clear consequences that follow rule infractions. These consequences should logically apply to the infraction (YEHLE; WAMBOLD, 1998).

All informants emphasized the importance of fixed class routine when working with ADHD students. The first informant said:

> "*Fixed routines are perfect for ADHD students. In the start of the class: by the door, I look at them and greet, I am always positive as they can be inspired by me. They need a very predictable class routine with clear rules presented early*".

It is important to find a routine where students can do things well and make the students independent as they know what they are expected to do in the class. The second informant highlighted that the use of fixed rules that are easy to follow for the whole class (Informant 3), and then a day plan with what they need to know about what is going to happen during the classes, and so new messages be written in the board, and they can look at the board and see what they are expected to do (Informant 4). All informants related that students go inside the class together with the teacher.

A predicable class routine with early and clear rules may help these students to be constantly ready (Informants 1 and Informants 2). The second informant also said that:

> "Must *help them to find a day routine* where they can do things well. We have to think *what kind of students we have when we are planning*, how the plan is going to work, *where in the class the students may sit*, what they are going to do. Be sure that they have the right books with them, and see if the students came back to the classroom after the free time. Have conversation with the student about how things should be and *listen to the students' ideas. Everything may be very predictable*, to make them constantly ready. *They should become independent*".

The informants 3 said that when making the class plan, he thinks about the whole class and not in particular need of ADHD students. The fourth informant emphasized that:

> "*Students have to know what will happen during the day, because of this they get a day plan. I normally be in front of the door, and then they be in two lines in front of me, then we go inside the class together. I don't have as routine to greet them in the start of the class. New messages be written in the board, and they can look at the board and see what they are expected to do*".

Classroom management includes efficient handling of classroom routines, dealing with student behavior problems, and as well minimizes classroom interruptions (ANDERSON; EVERTSON; BROPHY, 1979; EMMER; EVERTSON; ANDERSON, 1980; EVERTSON et al., 1983). Class management have to be done in a way that help students to cooperate and concentrate during the lectures and learning tasks, by developing a positive classroom atmosphere and a creative working environment. Many studies have showed that classroom management is positively related to student achievement (MARZANO, 2003). Greet the students at the beginning of class is a routine for the first and third informant, but not for the fourth. In the beginning of the class, they greet each student, by the door, and then they go inside (Informants 1 and 3). So they find the fixed place to sit. I look at them and greet, I am always positive as they can be inspired by me (Informant 1). This routine is nothing that is done only for those students with ADHD (Informant 3). The Informants 4 related not have as routine to greet them in the start of the class.

ADHD students can also be distracted by they own thoughts, so it is important that teachers ensure that they are stimulated by the required task. The tasks should be sharply delineated and highly focused (COOPER, 1999).

When planning the classes, teachers have to think about what kind of students they have, how the plan is going to work, and what they are going to do (Informants 2). It is also important to have conversation with the student about how things should be and listen to the students' ideas (Informants 2).

Peers collaboration

A rewarding aspect of schooling for many students is the enjoyment of positive relationships with peers and teachers. By positive interaction between teachers and students, through warmth, friendliness, humor and the showing of empathy; teachers' behaviour can help to shape a positive atmosphere and at the same time students will imitate the teacher model (COOPER, 1993, 1999). In this way we perceive the importance of positive interaction between teacher and student, and as was stated by most of the informants, to greet students positively at the beginning of class may favor a greater interaction between teacher and student during the classes.

Peer collaboration may be very important as they learn from each other, the first informant related the use of some strategies as:

> *"Friends groups: five class groups who they find things to do together in the school time and free time. Use of consequence ladder: rules of behavior. Learning partner: two and two sit side by side and help each other. Often changing the partners, always someone new, everybody is going to work*

> *with everybody. They sit at a fixed place with the friends group. It can be a challenge to sit by side of a restless ADHD student*".

ADHD students can often become overwhelmed by the massive overstimulation that they may experience in a group situation. This can lead to disruption, and therefore sometimes it might be advisable to place the ADHD student in a pair situation, rather than a group (DUPAUL, 1994; COOPER; BILTON, 1999). Group work is a powerful instructional activity, however for a cooperative learning to produce positive results, it must be set up rules and procedures based on movement in and out of the group, clear expected behavior, group communication with the teacher and peers (EVERTSON et al., 1983).

The first and third informants pointed out that group works can be used both inside and outside the classrooms, as they can have friends groups (Informants 1), use group work to develop them socially, by teacher choosing the groups where they have the opportunity to cooperate with different classmates (Informants 3). According to Cooper and Bilton, teachers should not ignore the importance of developing group work skills, and it is important that teachers place the ADHD student in a group with children that are skilled in collaboration and co-operation.

Related to seating accommodations, all informants related that students sit two and two together, in a way they can learn from each other. But for the first informant it can be a challenge to sit by side of a restless ADHD student. For the second informant: sometimes it's important that they sit on a chair near the front, because of the problem concentrating.

For the third informant:

> "*Some students are extremely concerned about what is happening around them, so for some might make sense to put then to sit in the back of the class, for another so it is better if they are sitting in the front to not get distracted. I do not think as everyday class location specific on ADHD. As general they sit two and two together, or three and three*".

The fourth informant prefers that

> "*students sit together with a classmate that does not talk a lot, but they also have the opportunity to sit alone if they want. I prefer that they sit in front of me, not in the back of the class*".

To eliminate distraction and allow teachers to have a closer contact with the ADHD students during the classes, ADHD student should be placed in the front/middle of the classroom, close to the teacher (CARBONE, 2001; GARDILL et al., 1996; PURVIS; JONES; AUTHEMENT, 1992). Surround ADHD students with well-behaved and attentive classmates (HAAKE, 1991). When appropriate, a calm and quiet place may also help students to concentrate. However, a quiet classroom is not always a good classroom (WEAVER, 1994). When the student needs a quite place to concentrate, is recommended to have a designated quiet place where the student can go to work with the tasks. Thus, class accommodations need to be done in a way to help the students to concentrate and as well to develop social skills. Lerner e Johns (2012) highlighted that class accommodations can increase attention, manage impulsivity, and reduce hyperactivity.

Reducing ADHD students' distractions

When teaching ADHD students, teachers have to organize the classroom in a way that the distractions be reduced. Distractions can take the students attention and may be difficult for them to concentrate. A room free from distractions, as visual distraction, and as well reduced noise, may help ADHD students when they feel easily distracted. To meet the distractions, all informants said that is important to get students' attention, and therefore placement is important when teaching ADHD students (Informants 1). The first informant also said:

> "*Placement is important. ADHD students sit in the front of the class, without control about what happen in the rest of the class, and it may be possible for me to have close contact with them*".

The first and third informant agreed that when ADHD students sit in the front of the class, it may be possible for the teacher to have close contact with them, and they can look at the teacher all the time, without be distracted with what is happening with the rest of the class.

Class organization is important for student's attention, and the informants pointed out the students sit location in the class, as for most of them would be better to sit in the front as the teacher may have better control to take the students attention. Students with ADHD are often hypersensitive to distraction; therefore it is important that teachers organize classes' environments in order to reduce possible distractions (COOPER, 1999). Cooper also suggests that ADHD students should sit way from doors and windows, sit in a place where teachers can readily detect if the student is not paying attention, and so intervene without embarrassing the student or disrupting the lesson. Increasing attention can be done by having preferential seating at the front of the room, maintain direct, simple routines, visual aides noting key points to instruction or procedure, and increase the novelty appeal of the activity (LERNER; JOHNS, 2012).

For the second informant it is important that teachers:

> "*Tell them when they have to follow; have to talk directly with them. If they are sitting and working on things it is very fine, and then I go to them and talk with them how many times it is necessary, it must be consequently. The most important is that the student does not disturb the class. It is very important that the individual education plan always cover the students' needs. Our goal is to always make ADHD students to do the same kind of task as the other students. The goal is that they will be able to work when they get older*".

The second and third informant quoted that teachers have to tell them when they have to follow, getting their attention. And for the fourth informant "*the best is to go directly to them and tell them what they are expected to do*".

Conclusions

From this small scale study it is possible to conclude that when teaching ADHD students many factors may influence the learning process, as teachers experiences and knowledge about the individual needs of ADHD students, class organization, peers collaboration, class plan based in the students needs, as well how instructions are individualized and delivered. Teachers attitudes related to ADHD students may influence student's social and cognitive development. Teacher perceptions and teacher experiences are critical to developing inclusive learning environments.

REFERENCES

ANDERSON, D. L. et al. Knowledge of attention deficit hyperactivity disorder (ADHD) and attitudes towards teaching children with ADHD: The role of teaching experience. **Psychology in the Schools**, v. 49, n. 6, p. 511-525, 2012.

ANDERSON, L. M.; EVERTSON, C. M.; BROPHY, J. E. An experimental study of effective teaching in first-grade reading groups. **The Elementary School Journal**, n. 79, p. 193-222, 1979.

BARKLEY, R. A. **ADHD and the Nature of Self-Control**. New York: Guilford, 1997.

______. **Attention Deficit Hyperactivity Disorder**: A Handbook for Diagnosis and Treatment. New York: Guilford, 1998.

BARKLEY, R. A.; MURPHY, K. R. **Attention-Deficit Hyperactivity Disorder**: a Clinical Workbook. 2. ed. New York: Guilford Press, 1998.

BATEMAN, D.; BATEMAN, C. F. **What does a principal need to know about inclusion?** ERIC, 2002.

BEFRING, E. The Enrichment Perspective: A Special Educational Approach to and Inclusive School. In: JOHNSEN, B. H.; SKJØRTEN, M. D. (Eds.). **Education – Special Needs Education**: An Introduction. Oslo: Unipub, 2001. p. 54 -64.

CARBONE, E. Arranging the classroom with an eye (and ear) to students with ADHD. **Teaching Exceptional Children**, v. 34, n. 2, p. 72-81, 2001.

COOPER, D. R.; SCHINDLER, P. S. **Methods Research Administration**. 7. ed. Porto Alegre: Bookman, 2003.

COOPER, P.; BILTON, K. **ADHD Research, practice and opinion**. London: Whurr Publishing, 1999. p. 182-183.

DUPAUL, G. J.; ECKERT, T. L. **Academic interventions for students with Attention Deficit/Hyperactivity Disorder**: A review of the literature. Reading and Writing Quarterly: Overcoming Learning Difficulties, 1998. p. 59-75.

DUPAUL, G. J.; WEYANDT, L. L.; JANUSIS, G. M. ADHD in the classroom: Effective intervention strategies. **Theories into Practice**, n. 50, p. 35-42, 2011.

EMMER, E. T.; EVERTSON, C. M.; ANDERSON, L. M. Effectiveness classroom management at the beginning of the school year. **The Elementary School Journal**, n. 80, p. 219-231, 1980.

EVERTSON, C. M. et al. Improving classroom management: An experiment in elementary classrooms. **The Elementary School Journal**, n. 84, p. 173-188, 1983.

FREDERICKSON, N.; CLINE, T. **Special Educational Needs Inclusion and Diversity**. Maidenhead: McGraw-Hill Open University Press, 2009. p. 113. Ch. 1-9.

GARDILL, M. C.; DUPAUL, G. J.; KYLE, K. E. Classroom strategies for managing students with attention-deficit/hyperactivity disorder. **Interventions in School and Clinic**, n. 32, p. 89-94, 1996.

GLASS, C. S.; WEGAR, K. Teacher perception of the incidence and management of attention deficit hyperactivity disorder. **Education**, v. 121, n. 2, p. 412-420, 2001.

HAAKE, C. A. Behavioral markers and intervention strategies for regular and special education instructors. In: ACCARDO, P. J.; BLONDIS, T. A.; WHITMAN, B. Y. (Eds.). **Attention deficit disorders and hyperactivity in children**. New York: Marcel Dekker, Inc., 1991. p. 251-285.

HITCHCOCK, C. et al. Providing new access to the general curriculum: universal design for learning. **Teaching Exceptional Children**, v. 35, n. 2, p. 8-17, 2002.

KOS, J. M.; RICHDALE, A. L.; HAY, D. A. Children with attention deficit hyperactivity disorder and their teachers: A review of the literature. **International Journal of Disability, Development and Education**, v. 53, n. 2, p. 147-160, 2006.

KOS, J. M.; RICHDALE, A. L.; JACKSON, M. S. Knowledge about attention deficit/ hyperactivity disorder: A comparison of in-service and preservice teachers. **Psychology in the Schools**, v. 41, n. 5, p. 517-526, 2004.

LERNER, Janet W.; JOHNS, Beverley H. **Learning Disabilities and Related Mild Disabilities**: Teaching Strategies and New Directions. Belmont: Wadsworth Cengage Learning, 2012.

MARZANO, R. J.; MARZANO, J. S.; PICKERING, D. J. **Classroom management that works**: Research-based strategies for every teacher. Alexandria, VA: Association for Supervision and Curriculum Development, 2003.

NELSEN, J.; LOTT, L.; GLENN, S. **Positive discipline in the classroom**. United States: Prima Publishing, 1997.

NORVILITIS, J.; FANG, P. Perceptions of ADHD in China and the United States: a preliminary study. **Journal of Attention Disorders**, n. 9, p. 413-424, 2005.

PURVIS, J. R.; JONES, C. H.; AUTHEMENT, C. Attention deficit hyperactivity disorder: Strategies for the classroom. B. C. **Journal of Special Education**, n. 16, p. 112-118, 1992.

RAZZ, S. Y. Enhance your chances for success with students with attention-deficit/hyperactivity disorder (ADHD). **Intervention in School and Clinic**, n. 33, p. 56-57, 1997.

EDUCAÇÃO PROFISSIONAL E TECNOLÓGICA E DIÁLOGOS TERRITORIAIS: problematizações, experienciações e desafios[6]

Heron Ferreira Souza

Introdução

A trajetória da educação profissional no Brasil seguiu o discurso de sua articulação com as demandas de crescimento econômico (atendimentos aos interesses do mercado de trabalho) em que se observaram momentos de maior articulação entre a proposta de política e o projeto de desenvolvimento econômico do país, com momentos de envergaduras no processo e maior relação com as racionalidades externas, a exemplo do ocorrido durante a ditadura miliar e com o ensino agrícola sob a lógica da Revolução Verde. Porém, o ponto crítico esteve na década de 1990, com o processo de reestruturação produtiva e emergência de novos parâmetros à formação para o trabalho, sobretudo no âmbito da flexibilidade do trabalhador e da formação e sob a égide do discurso da empregabilidade, mais centrada na formação generalista e polivalente.

A maior contradição percebida nessa época foi o discurso da modernização e inserção competitiva na economia globalizada com a desestruturação das bases nacionais necessárias para a autogestão do desenvolvimento nacional. No tocante a educação profissional e tecnológica, equivale dizer que se deixou de conceber essa modalidade como estruturante do desenvolvimento, tornando-a uma mera condição de empregabilidade.

Os elementos considerados importantes dessa problematização para a análise da política de educação profissional e tecnológica no século XXI, no Brasil, referem-se a construção da concepção de educação profissional e tecnológica como estruturante do desenvolvimento e reflexo deste, a função social da produção científica e tecnológica, a importância das instituições de educação profissional e tecnológica à dinamização dos territórios e à

6 Este artigo apresenta algumas partes do texto que constitui a tese doutoral "Política de Educação Profissional e Tecnológica e Desenvolvimento Territorial: uma análise do Instituto Federal Baiano no contexto do Semiárido da Bahia, Brasil", defendida em dezembro de 2015.

inovação social enquanto elemento para se pensar as táticas e estratégias de des-envolvimento no contexto brasileiro.

Considerando as contradições do Brasil no final do Século XX e início do Século XXI, cuja dualidade estrutural representada pela forte desigualdade socioeconômica ainda coloca como imperativo a formação profissional dos filhos dos trabalhadores, a educação foi vista de modo amplo e em sua relação com o desenvolvimento do país, segundo um projeto social mais igualitário e justo a todos, especialmente àqueles historicamente excluídos ou marginalizados dos processos de escolarização. Por isso, no campo educacional, a política pública foi vista como garantia de direito básico, em que dentre os principais pressupostos destacam-se aqui a "democratização do aceso e a garantia de permanência" e a "qualidade social da educação" (PROGRAMA DE GOVERNO 2002 – UMA ESCOLA DO TAMANHO DO BRASIL, 2002). Portanto, pode-se dizer que ao invés do "cidadão produtivo", o foco seria a formação do cidadão autêntico – formação humana, científica e tecnológica.

Esses fundamentos políticos refletem as lutas sociais engendradas ao longo da década de 1990 e foram importantes para o debate público entre 2003 a 2010 sobre a educação profissional e tecnológica, que também contou com a mobilização dos setores educacionais – sindicatos e pesquisadores atrelados ao campo trabalho e educação (PACHECO, 2012). Nesse sentido, as políticas postas em curso representaram as condições objetivas e subjetivas do momento histórico. Destaca-se aqui a criação dos Institutos Federais a partir da Lei 11.982, de dezembro de 2008, devido a sua importância estratégica para o encadeamento das ações incrementais referentes ou tangenciáveis a política de educação profissional e tecnológica (Ensino Médio Integrado – Decreto 5.154/08 e Lei 11.741/08; PROEJA – Decreto 5.840/2006; Núcleo de Estudos Afro-Brasileiros e Indígenas – NEABI; Núcleo de Estudos em Agroecologia – NEA; Núcleo de Educação do Campo, dentre outros).

Embora não seja o foco desse trabalho discutir o cenário educacional recente do Brasil, principalmente a partir de 2016, faz-se necessário sinalizar dois pontos importantes que serão desenvolvidos nesse texto e suas nuances com as lutas de classes no movimento histórico contemporâneo com a reascensão dos ideais neoliberais.

O primeiro refere-se as conquistas no campo educacional para as populações historicamente alijadas do direito à escolarização e à profissionalização, através das experiências de ampliação das garantias de oportunidades e de condições pelo Estado brasileiro entre o período de 2003 a 2014, mesmo com os desafios de implementação concreta do ensino médio integrado (superação da justaposição ensino médio e ensino profissional). Tais conquistas têm sido colocadas em xeque diante dos avanços da visão mercadológica, instrumental e fragmentária da educação e, por consequência, da educação profissional, com o retorno e acentuação das perspectivas de flexibilização da formação do trabalhador, polivalência, empreendedorismo, empregabilidade e cidadão produtivo, circunscritos pelo discurso radical da acumulação flexível e do neoliberalismo.

A tendência de mudança de valores e princípios que orienta a política educacional nacional e consequentemente seus reflexos à função social das instituições federais de Educação Profissional e Tecnológica, evidencia como segundo ponto o risco de fragilização das ações didático-pedagógicas e educativas (ensino, pesquisa, extensão) dessas instituições no tocante a dinâmica territorial – diversidade social, cultural, fortalecimento dos arranjos produtivos locais, desenvolvimento técnico e tecnológico articulado aos problemas locais e ambientais.

Diante do exposto, torna-se crucial recuperar o potencial prático-analítico dos pressupostos relacionais entre educação, territorialidade e desenvolvimento a fim de ressignificar e retroalimentar as reflexões teóricas no campo Trabalho e Educação, ao passo que nos defrontamos com outras (velhas) questões emergentes na Política Nacional de Educação (Profissional), cujas experiências (vividas) podem apontar pistas ao fortalecimento da práxis educativa para formação humana e pelo trabalho enquanto resistência e re-existência dos sujeitos oprimidos, além da garantia do fomento das sinergias territoriais por um outro projeto social de **des-envolvimento**[7].

Deste modo, a partir dos pressupostos teórico-metodológicos de Lefebvre (1991) para a análise espacial e rediscutidas por David Harvey (2005) – o concebido: "invenções mentais" capazes de atribuir novos direcionamentos às práticas espaciais. Referem-se ao planejar e conceber os espaços; o percebido: compreendem os "signos e significações, códigos e conhecimentos que permitem falar sobre essas práticas"; e o vivido: "os fluxos, transferências e interações físicos e materiais que ocorrem no e ao longo do espaço de maneira a garantir a produção e a reprodução social" (HARVEY, 2005, p. 201) – toma-se de empréstimos tais categorias a fim de analisar a dinâmica relacional entre o Instituto Federal – IF (pressupostos fundantes e ações, projetos, planejamento, práticas) e o território (sujeitos, organizações, comunidades).

Como recorte dessa análise, tomou-se o contexto territorial do Semiárido baiano e o Instituto Federal Baiano – IF Baiano, uma vez que os territórios de

7 O sentido atribuído ao termo remete as contribuições teóricas de Celso Furtado. Nesse sentido, tenciona-se a compreensão do desenvolvimento não como modelo a ser perseguido no contexto imposto pelo sistema capitalista global, mas enquanto projeto social construído desde baixo, de forma democrática, participativa, pela mobilização da criatividade humana, pela valorização e potencialização da riqueza cultural em sua sociobiodiversidade, além da busca pela superação da dependência em suas diversas facetas. Sinteticamente, des-envolvimento significa o desafio de constituir autenticamente com e pelos sujeitos sociais um projeto social justo, includente e sustentável.

identidade[8] situados no Semiárido baiano, além de apresentarem baixos índices de desenvolvimento humano, apresentam o desafio de se pensar à relação entre ciência, tecnologia, cultura e trabalho. Deste modo, foram considerados dois campi antigos e outros dois do processo de expansão da Rede Federal – um implantado em 2010 e outro em 2015. No entanto, para os fins delineados neste trabalho, serão apresentadas de forma sintética e geral algumas experiências consideradas mais relevantes para a discussão.

Por uma "territorialidade ativa" dos Institutos Federais: entre os processos pedagógicos e os diálogos territoriais

Durante os Governos Lula, a Educação Profissional e Tecnológica – EPT foi recolocada enquanto uma das prioridades na agenda de governo, pensando-a em certa medida no bojo de um projeto de desenvolvimento nacional. Porém, a operacionalização da política em si dependeu da reformulação do marco legal produzido no governo anterior.

Nesse contexto, emergiu o Plano de Desenvolvimento da Educação – PDE, lançado em 2007 pelo Governo Federal. Apesar das críticas em certa medida serem contundentes em alguns aspectos do PDE, não se pode negar que, mesmo constituindo um programa de ações (SAVIANI, 2009) desarticulado do Plano Nacional de Educação – PNE (2001-2010), no que concerne à EPT representou um avanço pois rompeu com a visão reducionista e fragmentária da formação técnica e com a lógica de priorização dos investimentos públicos na rede privada, em detrimento da Rede Federal.

No PDE, reforçava-se a concepção de EPT como processo educativo e investigativo, calcado na rearticulação entre os conhecimentos propedêuticos e os de caráter profissionalizante, vendo nisto uma possibilidade de situar o debate sobre a politecnia em novas bases. Portanto, no contexto da educação integrada. Os avanços empreendidos nesse sentido, durante os Governos Lula, foram resultados de mudanças nas regulamentações da EPT.

Dentre os pontos apresentados nas ações do PDE para a EPT (normatização e educação de jovens e adultos), destaca-se a proposta de criação dos chamados Institutos Federais de Educação, Ciência e Tecnologia, enquanto modelo de reorganização das Instituições Federais de EPT, cujo caráter inovador advinha da oferta de educação profissional prioritariamente articulada

8 No ano de 2003, foi criada a Secretaria de Desenvolvimento Territorial – SDT, no âmbito do Ministério de Desenvolvimento Agrário – MDA, e colocou-se em curso uma política de "promoção de desenvolvimento dos territórios rurais", sendo estes "espaços de integração, articulação e concertação da diversidade de atores sociais, identidades culturais, interesses políticos e políticas públicas que nele se manifestam" (MDA, 2006). Na Bahia, tais territórios são chamados de territórios de identidade.

ao ensino médio (50% das vagas), articulação com os arranjos produtivos locais, desenvolvimento de pesquisa e extensão, oferta de cursos de formação de professores nas áreas de ciências naturais e matemática.

Sinteticamente, segundo os formuladores da política,

> Esse novo desenho constituído [para os IF's] traz como principal função a intervenção na realidade, na perspectiva de um país soberano e inclusivo, tendo como núcleo para irradiação das ações o desenvolvimento local e regional. O papel que está previsto para os Institutos Federais é o de garantir a perenidade das ações que visem a incorporar, antes de tudo, setores sociais que historicamente foram alijados dos processos de desenvolvimento e modernização do Brasil, o que legitima e justifica a importância de sua natureza pública e afirma uma educação profissional e tecnológica como instrumento realmente vigoroso na construção e resgate da cidadania e da transformação social (PACHECO, 2010, p. 18).

A EPT representava o ponto forte para a compreensão dos enlaces entre educação sistêmica, territorialidade e desenvolvimento. Foi o caráter inovador desse novo arranjo institucional baseado na verticalização do ensino e na pesquisa e extensão que permitiriam estabelecer as relações entre educação, território e desenvolvimento.

No tocante ao território e a ordenação territorial, o PDE destaca que:

> O enlace entre educação e ordenação territorial é essencial na medida em que é no território que as clivagens culturais e sociais, dadas pela geografia e pela história, se estabelecem e se reproduzem. Toda discrepância de oportunidades educacionais pode ser territorialmente demarcada: centro e periferia, cidade e campo, capital e interior. [...] A razão de ser do PDE está precisamente na necessidade de enfrentar estruturalmente a desigualdade de oportunidades educacionais. Reduzir desigualdades sociais e regionais, na educação, exige pensá-la no plano do País. O PDE pretende responder a esse desafio através de um acoplamento entre as dimensões educacional e territorial operado pelo conceito de arranjo educativo. Não é possível perseguir a equidade sem promover esse enlace (HADDAD, 2008, p. 5-6).

Pressupõe-se que a concepção de articulação entre educação, território e desenvolvimento coloca-se primeiramente no plano do planejamento da distribuição de unidades de ensino segundo níveis e modalidades em áreas historicamente não atendidas. Visto desta forma, a ideia de territorialidade na EPT não foi de fato explicitada no PDE, sendo mais representativa a concepção explicita de territorialização ou espacialização. Neste caso, relacionada à distribuição de unidades de ensino de forma ordenada no espaço ou território determinado, de modo a ajustar a oferta de acordo com as demandas reprimidas. Apesar de a territorialidade ser considerada um dos pilares de sustentação do

PDE, seus fundamentos epistemológicos só foram implicitamente sinalizados na descrição da missão e objetivos dos Institutos Federais.

Os textos de Pacheco (2010) e Silva et al. (2009) sobre os Institutos Federais demonstram outra duplicidade de entendimento da territorialidade institucional dos IF"s que, para não ser reducionista diante dos delineamentos dados pela Lei 11.892, devem ser vistos como complementares ou de forma integrada.

Para Pacheco (2010) é na territorialidade e no modelo pedagógico que os Institutos Federais podem encontrar os elementos de definição de sua identidade. Essa é uma questão complexa e precisa ser entendida como tal. Portanto, há diferenças entre a identidade institucional definida no âmbito de algum eixo tecnológico, ou mais comumente como ocorreu no Brasil na definição dos IF"s, entre a tradição agrária (escolas agrotécnicas) e a tradição industrial e dos serviços (CEFET), e a identidade institucional construída na teia das relações territoriais. Assim, no primeiro caso se teria uma territorialidade definida por delimitação de área de atuação (geográfica e tecnológica). No segundo caso, acrescenta-se a dimensão do impulso criador e criativo, das relações e dinâmicas dos processos, tem-se intrinsecamente o caráter do acontecer, do ativo, da sinergia.

Duas questões nos faz crer que Pacheco (2010) orienta-se pela segunda opção:

a. A articulação da territorialidade com o modelo pedagógico. Essa articulação é indicativa de que é preciso transcender da territorialidade enquanto delimitação de espaço de alcance da atuação do IF para o palco da atuação do IF. Portanto, é na concepção do território como palco de atuação dos atores territoriais (dentre eles os IF"s), que as territorialidades se des-re-constroem e precisam ser compreendidas.
b. A outra questão se refere a uma citação de Milton Santos utilizada por Pacheco (2010) que evidencia essa ambiguidade entre área de influência e relações territoriais, mas cuja defesa em torno da construção de uma rede de saberes com foco nos interesses da coletividade (inclusão social), define a "territorialidade ativa" dos IF"s:

> A palavra *territorialidade* é utilizada como sinônimo de "pertencer àquilo que nos pertence. [...] sentimento de exclusividade e limite [que] ultrapassa a raça humana e prescinde da existência de Estado. [...] Estende-se aos animais, como sinônimo de área de vivência e de reprodução. Mas a territorialidade humana pressupõe também a preocupação com o destino, a construção do futuro, o que, entre os seres vivos, é privilégio do homem (SANTOS; SILVEIRA apud PACHECO, 2010, p. 16).

Porém, do ponto de vista do agir institucional, os autores são enfáticos na delimitação do entendimento de territorialidade em sua relação com o desenvolvimento na criação dos Institutos Federais:

> Esse cenário exige que se supere a dimensão apenas geográfica de território e passe a percebê-lo como espaço de rede de relações sociais em permanente movimento e, consequentemente, em constante mutação. É no território que se materializa o desenvolvimento local e regional na perspectiva da sustentabilidade – um dos preceitos que fundamenta o trabalho dos institutos federais. Ouvir e articular as demandas do território nos quais essas instituições estão inseridas, com suas possibilidades científicas e tecnológicas, tendo como foco a melhoria da qualidade de vida, a inclusão social e a construção da cidadania, é imprescindível (SILVA et al., 2009, p. 36).

De acordo com a visão de Silva et al., a territorialidade precisa ser entendida na complexidade dos territórios em que os Institutos Federais estão inseridos, representa mais do que relações sociais, históricas e culturais, é também relações de poder, campos de lutas. Ao sinalizar o ato de escutar e articular, os autores reforçam a concepção aqui defendida de escuta sensível e diálogo para um agir institucional calcado na "racionalidade situada". Portanto, isso também pressupõe planejamento e gestão para além dos muros, assim como ensino, pesquisa e extensão para além dos muros. Do contrário, os Institutos F ederais serão instituições dotadas de capacidade internamente paralisada e paralisante, devido ao seu efeito meramente mecânico no território.

Comparando os pressupostos de Raffestin e Sack, Dematteis afirma que:

> É possível, assim, distinguir-se uma territorialidade passiva e "negativa" que, com estratégias de controle e com o sistema normativo associado, objetiva excluir sujeitos e recursos, e uma territorialidade ativa e "positiva", que deriva das ações coletivas territorializadas e territorializantes dos sujeitos locais e objetiva a construção de estratégias de inclusão (DEMATTEIS, 2008, p. 35).

Portanto, a territorialidade passiva relaciona-se também as concepções tecnicistas de planejamento territorial, em que o direcionamento dos interesses e necessidades da coletividade são determinados pelos dominadores, enquanto os dominados são tolhidos de sua capacidade de decidir, refletindo um processo de "regulação autoritária das decisões e como estruturação hierárquica dos conflitos" (DEMATTEIS, 2008, p. 35).

Por outro lado, adaptando os pressupostos de Dematteis (2008), entende-se aqui a territorialidade ativa como representação dos processos de mediação dos/entre os atores (simbólica, cognitiva e práticas), em que o território (ambiente social e natureza) é visto como o palco (da ação e da transformação) e o espetáculo corresponde a ação dos movimentos sociais, organizações e instituições em direção ao **des-envolvimento.**

De modo geral, para Saquet (2011), a territorialidade se configura na correlação de quatro níveis:

> a) como **relações** sociais, identidades, diferenças, redes, malhas, nós, desigualdades e conflitualidades; b) como **apropriações** do espaço geográfico, concreta e simbolicamente, implicando dominações e delimitações precisas ou não; c) como comportamentos, **intencionalidades**, desejos e necessidades e, por fim; d) como **práticas** espaço-temporais, multidimensionais, efetivadas nas relações sociedade-natureza, ou seja, relações sociais dos homens entre si (de poder) e com a natureza exterior por meio de mediadores materiais (técnicas, tecnológias, instrumentos, máquinas...) e imateriais (conhecimentos, saberes, ideologias…) (SAQUET, 2011, p. 78, grifos meus).

O que aqui se pressupõe considerar como territorialidade institucional ou do IF, em certa medida, abarcará esses quatro níveis. No nível das **relações,** à medida que o IF estabelece sua relação com o território evidencia-se o nível de envolvimento e/ou distanciamento, principalmente, a partir das redes construídas. O que também é reflexo da identidade ou identificação dos sujeitos da instituição (gestores / professores / pesquisadores / extensionistas). Nesse sentido, a **apropriação** dar-se-ia muito mais em função das relações estabelecidas ao nível do território, não deixando também de expressar as intencionalidades desses sujeitos (porém, no âmbito paradigmático). As **intencionalidades**, propriamente ditas, ensejam-se nos conflitos paradigmáticos, assim como no ato de fazer ou não fazer. Também incidindo sobre as **práticas**. Estas, por sua vez, são reflexo e condicionante dos outros níveis. De modo geral, são esses níveis da territorialidade que tipificam seu caráter ativo, positivo, dialógico, horizontalizado, situado ou, o seu contrário, o caráter passivo, negativo, dominador, verticalizado, desconexo.

Educação Profissional e Tecnológica no semiárido baiano e territorialidade ativa: algumas pistas a partir do IF Baiano

Essa dinâmica que representa o movimento do concebido ao percebido e deste ao vivido faz deste (isto é, das práticas e vivências) um campo de lutas, possibilidades e aprendizagens. Esse vivido também é representado no aspecto mais formal como sendo as diretrizes institucionais delineadas a partir de estratégias de caráter conservador ou inovador (este entendido como processo pedagógico e/ou indutor de novos processos e práticas), em geral, representado pelos documentos oficiais da instituição ou pensamentos materializados em documentos específicos, como Editais de Pesquisa e Extensão etc. Deste modo, pontuaremos algumas experiências importantes para a autorreflexão institucional e verificação da capacidade de endogeneização de efeito tensionador e propagador de novos princípios.

Inicialmente, destaca-se a experiência do Centro Vocacional Tecnológico de Agroecologia e Produção Orgânica do Semiárido. O IF Baiano foi contemplado com o CVT na Chamada 81/2013 do CNPq, envolvendo dos territórios aqui destacados a zona semiárida do Vale do Jiquiriçá e com apoio a projetos no Território Velho Chico, a exemplo do curso de Metodologias e Práticas em Educação do Campo e Agroecologia.

Os Centros Vocacionais Tecnológicos surgiram no Ceará, como um projeto de Extensão Tecnológica, implantado pela Secretaria de Ciência e Tecnologia do Ceará, buscando atender as demandas específicas da sociedade por transferência de tecnologia para promoção social.

No contexto de análise da EPT, ressalta-se que os CVT's são aqui compreendidos como mecanismos complementares à inserção territorial dos IF's no meio rural. Isto é, ao ressaltar e considerar a proposta relevante, delimita-se o CVT como mecanismo de fortalecimento da agricultura familiar e dos processos de produção sustentáveis e sustentados no campo, evitando-se percebê-los como única condição possível para os sujeitos do campo. Além disso, são importantes estruturas de consolidação da extensão como processo integrado ao ensino e a pesquisa como experimentação.

A estrutura de laboratórios do CVT do IF Baiano dispõe de equipamentos e do circuito de tecnologias sociais voltadas para o semiárido, com destaque para fogão solar, cisternas de produção e de placas, barragem subterrânea, tanques de pedra, silos, sistemas de tratamento alternativo de água, biodigestores, canteiros produtivos, roda d'água, energia eólica e solar. Essa estrutura serve para as capacitações e demonstrações experimentais.

Tendo como objetivo central contribuir para o desenvolvimento e socialização de tecnologias sociais de convivência com a seca e proporcionar aos agricultores capacitação para proporcionar e/ou fortalecer os processos de transição agroecológica no semiárido baiano, o Coordenador do CVT[49], explicitou a importância da metodologia utilizada:

> A participação ativa dos professores e alunos bem como o envolvimento com a comunidade externa (agricultores/as), segue as premissas da pesquisa- ação, onde as demandas partem da própria comunidade. O aprendizado se faz através da troca de experiências entre agricultores/as e a comunidade acadêmica (COORD. DO CVT IFBAIANO, 2014).

O Programa Mulheres Mil é outra experiência relevante desenvolvido desde 2012 em alguns campi do IF Baiano contemplados pela Chamada Pública MEC/SETEC 01/2011, dentre os quais destaca aqui os campi de Guanambi e Santa Inês.

Esse programa foi lançado em 2008 pelo Governo Federal, realizado inicialmente em parceria com o governo canadense e tem como prioridade a erradicação da pobreza e fome, a garantia de igualdade de direitos entre os sexos, emancipação e autonomia das mulheres, incorporados na agenda de prioridade das políticas públicas do Governo Federal desde 2002 e também como foco no alcance das Metas do Milênio.

O programa estava estruturado a partir dos eixos Educação, Cidadania e Desenvolvimento Sustentável e buscava promover a qualificação profissional e tecnológica de mulheres a fim de dar as mulheres as condições necessárias de inserção produtiva ou fortalecimento de empreendimentos já existentes, mas também a formação política voltada para direitos e, além disso, as discussões de gênero e identidade.

No IF Baiano campus Guanambi o Projeto foi denominado de: "MARIAS, ANTÔNIAS E SEBASTIANAS: Saberes de Ser Tão Mulher", oferecendo dois cursos: Corte e Costura; e Processamento de Alimentos. No Campus Santa Inês o Projeto chamou-se: "Mulheres autossustentáveis do Vale do Jiquiriçá" e foram ofertados os cursos: Padeiro e Confeiteiro; Operador de Processos na Indústria de Alimentos.

Alguns relatos demonstram o quanto esse projeto foi significativo pelo fato de aproximar as mulheres atendidas pelo programa ao Instituto. Passaram a ver o Instituto como algo palpável, alcançável. Há casos de mulheres que, posteriormente, ingressaram no instituto como estudantes de cursos regularmente ofertados, além da representação do curso em si (diante de sua formatação de trabalho com a cidadania) na vida das mulheres, em sua autoestima, autovalorização.

Atualmente, os princípios desse programa foram em certa medida incorporados ao Edital de Extensão intitulado Projeto Margaridas, uma vez que o Programa Mulheres Mil foi descontinuado pela Secretaria de Educação Profissional e Tecnológica – Setec. De todo modo, os valores e sinergias criados no processo de execução permitiram à instituição assimilar estrategicamente o escopo do programa e ressignificá-lo como ação institucional.

Outra importante experiência foi a oferta do curso PROEJA Agropecuária em regime de alternância, no campus Santa Inês, cujas características, fundamentos e processo de execução evidenciam que algumas experiências dentro do IF Baiano precisam ser debatidas e potencializadas pois, principalmente no contexto do semiárido, a função social do IF e sua capacidade de resposta não meramente às questões de cunho técnico ou tecnológico – mas também às de cunho social como a garantia de acesso, atendimento de um público historicamente excluído ou marginalizado dos processos de escolarização e profissionalização na Rede Federal, a exemplo dos jovens e adultos do campo – precisam ser coerentes com o contexto territorial e o projeto de superação das desigualdades históricas.

Outra experiência importante desenvolvida no campus Bom Jesus da Lapa foi a criação em 2013, com o início do curso de Agricultura, do grupo de pesquisa 'Laboratório de Pesquisa em Políticas Públicas, Ruralidades e Desenvolvimento Territorial' – LaPPRuDes. A partir de ações desenvolvidas de pesquisa e extensão pelo Laboratório, dois projetos foram aprovados com financiamento externo. Destaca-se a aprovação da Especialização em Inovação Social com ênfase em Agroecologia e Economia Solidária (com fomento do Fundo de Amparo à Pesquisa do Estado da Bahia – FAPESB, 2014) e o Núcleo de Extensão em Desenvolvimento Territorial – NEDET (Chamada Pública MDA/CNPq, 2014).

O professor Costa, coordenador do Laboratório, destacou os objetivos do grupo de pesquisa:

> Falar dos objetivos do LaPPRuDes é sinalizar dois caminhos que se entrecruzam: o primeiro se refere a formar estudantes do curso técnico em agricultura para lidarem com metodologias e práticas que associam o ensino, a pesquisa e a extensão, tratados por nós pela metodologia da pesquisa-ação; segundo, lidar com atividades com as comunidades dos municípios do Território Velho Chico que surjam de demandas destas populações e que coadunem com nossas práticas e nossa compreensão da realidade, colocando a Educação do Campo, a agroecologia, o associativismo e a articulação institucional como elementos balizadores e fundamentais ao desenvolvimento (PROFESSOR COSTA, 2014).

Como destacado na fala do professor, acima, e nas ações desenvolvidas, observou- se que a partir da pesquisa-ação como metodologia norteadora dos trabalhos foi possível fazer pesquisa, extensão e ensino de forma integrada, em que o processo de participação dos estudantes constitui-se como tempo-espaço formativo nas comunidades. De acordo com o professor, atualmente, os estudantes têm uma autonomia própria na execução dos trabalhos de pesquisa e experimentação, isto é, são capazes de organizar seus tempos-espaços, são pró-ativos, criativos e têm a problematização como condição necessária do desenvolvimento dos trabalhos.

Sinaliza-se também as percepções da importância dos projetos para as comunidades:

> Reproduziremos aqui apenas a percepção dos agricultores familiares em relação à questão proposta. Para eles, o maior retorno que o Instituto pode ter, é justamente o diferencial da formação de nossos estagiários, com intencionalidade que os técnicos abarquem entre os seus desejos ideológicos e práticas, o efetivo trabalho com a agricultura familiar e a agroecologia, i.e., uma grande demanda dos agricultores é que técnicos se interessem e se motivem por ajudar na transformação de suas realidades (PROFESSOR COSTA, 2014).

É preciso que os movimentos sociais tenham seu espaço criativo de construção de metodologias educacionais no contexto do movimento social, mas é igualmente importante que contribuam, para além do movimento, com a consolidação de outros processos formativos nas instituições de ensino. A contribuição dos movimentos sociais operaria em dois sentidos: a) inserção ou fortalecimento de propostas formativas contextualizadas com a agricultura familiar e produção sustentável; e b) troca de experiências pedagógicas e saberes. No entanto, é imprescindível que o exercício da capacidade aprendente das instituições de ensino – nesse caso o IF – se dê no âmbito do controle social pelos movimentos sociais e no diálogo sobre suas demandas, mesmo que isso signifique algum nível de conflito, pressão.

Destaca-se ainda a implantação dos Núcleos de Extensão em Desenvolvimento Territorial – NEDET, a partir do fomento do Ministério do Desenvolvimento Agrário. Evidencia-se aqui os dois núcleos aprovados para o campus Bom Jesus da Lapa (Território Velho Chico e Bacia do Rio Corrente) e outro aprovado pelo campus Guanambi para o Território Sertão Produtivo.

Esses núcleos têm como objetivo o fortalecimento da abordagem territorial nos territórios e prestar assessoria aos Colegiados Territoriais nos que tange aos processos organizativos, apoio ao desenvolvimento de atividades, diagnóstico das demandas territoriais e do território, monitoramento e avaliação das políticas públicas voltadas para a agricultura familiar (PROINF, PRONAF, Plano Safra, Programa Territórios da Cidadania, dentre outros.) e desenvolvimento de metodologias para a integração das políticas no âmbito do Programa Territórios da Cidadania. Além disso, também têm como objetivo principal transversalizado o fortalecimento dos arranjos socio-produtivos de mulheres rurais. Deste modo, três eixos são priorizados nesses núcleos: inclusão produtiva, gestão social e mulheres rurais.

De modo geral, o coordenador do NEDET Velho Chico sintetiza o que tem representado a experiência do núcleo para ele enquanto pesquisador e extensionista, para os estudantes envolvidos e para a relação do IF com o território:

> O NEDET propicia uma inserção territorial que ultrapassa o planejamento institucional pretendido pelo IF Baiano em Bom Jesus da Lapa. Através dele, em uma perspectiva clara de extensão e assessoria técnica, o campus

> atinge o status de mediador. As demandas reais de formação e articulação construídos e demandadas pela sociedade são possíveis de serem objetivamente atendidos com o papel do NEDET no âmbito da visibilização e da formação de profissionais com o perfil de reflexão territorial. O avanço desta ação consiste no IF se perceber como ator institucional territorial e não apenas local. A multicampia ganha mais um significado com este papel da extensão no viés territorial (COORD. NEDET VELHO CHICO, 2015).

As questões colocadas pelo Coordenador do Núcleo demonstram, em certa medida, o papel do núcleo enquanto agente mediador no território, além de contribuir com a formação contextualizada de estudantes, cujo contato com as realidades concretas do território possibilitam um olhar técnico para além do instrumental. Além disso, em alguma medida, é importante perceber que esse papel mediador do NEDET também se constitui como mobilizador dos grupos do campo em relação a existência do IF e o que de fato precisaria ser sua função social. O desafio, porém, revela-se na capacidade de internalização, pelo IF, do processo externamente fomentado pelo Ministério do Desenvolvimento Agrário (a visibilidade da agricultura familiar e do território como foco das ações institucionais).

Outra experiência atualmente em processo refere-se a criação do Núcleo de Estudos em Agroecologia – NEA. A proposta de criação dos NEA"s remota a 2010-2012 quando a SETEC criou o programa "Implantação e Consolidação de Núcleos de Estudo em Agroecologia" e publicou o Convite nº 73, 20 de maio de 2010, às Instituições da Rede Federal de Educação Profissional, Científica e Tecnológica e aos Colégios Técnicos vinculados às Universidades Federais para apresentação de Projetos de Núcleos de Estudo em Agroecologia – NEA. Dentre os 26 IF's contemplados, estava o IF Baiano, porém a execução do projeto foi inviabilizada.

Atualmente, devido ao conjunto de experiências emergidas por iniciativa dos professores e pesquisadores e/ou fomentadas por editais internos e/ou externos, calcados na agroecologia, as Pró-Reitorias de Pesquisa e de Extensão têm conjuntamente trabalhado na implantação do NEA no IF Baiano.

No que consiste ao IF Baiano *campus* Serrinha[9], localizado no Território do Sisal, observou-se que o discurso dos integrantes da Pró-Reitoria de Pesquisa e da de Extensão eram tencionadores de um processo de implantação do IF com maior articulação com o território, muito também em função da forte dinâmica de organização social e ação dos movimento sociais.

Diante das demandas do território e diálogos com atores territoriais, o IF Baiano apresentou em audiência pública e foram aprovados os cursos de Agroecologia (integrado), Agropecuária (subsequente e em regime de

9 O processo de implantação iniciou no segundo semestre de 2015 e as atividades acadêmicas em março de 2016. Os cursos de graduação só começaram a funcionar em 2018.

alternância), Agroindústria (PROEJA em regime de alternância), além da licenciatura em Ciências Biológicas (com um eixo potencializador para ensino-pesquisa-extensão com foco na convivência com o semiárido) e o tecnólogo em Gestão de Cooperativas. Além disso, duas especializações: Inovação social com ênfase em Agroecologia e Economia Solidária e outra em Educação do Campo.

Desse processo de planejamento mais dialogado, sensível à função social do Instituto e ao atendimento das populações rurais em seus contextos diversificados, destaca-se a proposição da alternância como metodologia de desenvolvimento do trabalho pedagógico dos cursos de Agropecuária e Agroindústria. Considerando esses públicos, jovens acima de 18 anos e adultos do campo, a metodologia busca: 1) contribuir para o processo de profissionalização e escolarização dos jovens e adultos do campo em situação de trabalho; e 2) proporcionar um processo educativo calcado na problematização, contextualização e retroalimentação de saberes e práticas, tendo fundamentalmente o trabalho como princípio educativo[10].

Outra questão importante refere-se às especializações[11] enquanto fomentadoras de qualificação: a) de profissionais para atuarem com assessoria técnica, ambiental, social e econômica às populações rurais principalmente do Semiárido tendo a agroecologia e a economia solidária como pilares fundamentais dos processos de inovação social; e b) de professores da rede pública que atuam em escolas no campo, a partir dos princípios da Educação do Campo (terra, trabalho, movimentos sociais, cultura) em articulação com os princípios da Educação em Agroecologia (vida, diversidade, complexidade e transformação) tencionando uma formação continuada perpassando pelos eixos da educação básica – ciências humanas, linguagens, ciências exatas (etnomatemática) e ciências naturais –, além das discussões de Políticas Públicas para o rural, Educação de Jovens e Adultos e questões étnico-raciais.

Alguns desafios foram evidenciados pelos sujeitos da pesquisa (gestores e professores) no tocante a concretização da relação entre ensino, pesquisa e extensão no contexto dos diálogos territoriais: a) qualificar e educar em bases científicas com impacto positivo para o processo social, ambiental e

10 Considerando que no momento da pequisa analisou-se apenas a capacidade dialógica com os agentes territoriais sobre o planejamento educacional do campus a ser implantado e a proposta em si, coloca-se como necessário uma avaliação dos efeitos desse percurso. Algumas observações e dados indicam uma tendência para efeitos positivos acumulativos. No entanto, uma pesquisa direcionada poderá revelar precisamente os avanços alcançados, as percepções dos sujeitos sobre o processo e os pontos possivelmente considerados nevrálgicos.

11 Entre 2015-2016, a Pró-Reitoria de Pesquisa e Pós-Graduação impulsionou por meio de edital de fomento a abertura de cursos de especialização com foco na formação de professores da educação básica. Uma ação que tem fortalecido a territorialidade dos campi e contribuído com a formação continuada de professores no campo da Educação Matemática, Educação do Campo, Diversidade, Questões Étnico-raciais, Interdisciplinaridade, Educação de Jovens e Adultos.

produtivo do campo, em especial da agricultura familiar; b) fomentar a construção de alternativas à inclusão socioeconômica dos agricultores familiares através dos circuitos curtos de mercado e acesso aos mercados institucionais; c) desenvolver habilidades instrumentais básicas, envolvendo as dimensões sociais, ambientais, culturais e produtivas; d) compreender a tecnologia como construção social cuja adequação sociotécnica também influenciará na viabilidade econômica dos empreendimentos (familiares) rurais e na garantia de sua sustentação econômica e sustentabilidade ambiental; e) formar de maneira coerente os profissionais técnicos para trabalhar nas equipes de Assessoria Técnica, Social e Ambiental à Reforma Agrária, a partir de matriz científico e tecnológica centrada na agroecologia e na tecnologia social; f) garantir, no processo de formação integrada, os conhecimentos básicos das ciências exatas, humanas e naturais capazes de oportunizar a continuidade do processo de escolarização dos/as jovens rurais; g) fomentar a capacitação/qualificação/formação dos professores para a proposta de indissociabilidade entre ensino, pesquisa e extensão, além da aproximação e diálogo com as comunidades, sobretudo, por meio de metodologias participativas, pesquisas-ações e pesquisa-participante; h) superar as visões ainda recorrentes da extensão associado ao que Freire (1983) já destacou como aproximativo à "transmissão, entrega, doação, messianismo, mecaniscismo, invasão cultural, manipulação".

Considerações finais

Enquanto nova institucionalidade resultado da reestruturação dos antigos Centros Federais de Educação Tecnológica – CEFET e Escolas Agrotécnicas Federais, os Institutos Federais trazem em sua gênese princípios fundamentais de outro projeto de educação profissional e tecnológica, calcado na ciência, cultura, trabalho e tecnologia, na formação humana, buscando ser um espaço de inclusão, de formação de cidadãos autênticos, criativos. Além disso, os IF's têm a possibilidade de centrar seus processos pedagógicos na indissociabilidade entre ensino, pesquisa e extensão, na articulação entre teoria e prática, tendo a realidade local e territorial (questões socioeconômicas, ambientais e culturais) como base fundamental para o desenvolvimento de tecnologias sociais e ambientais, propostas de pesquisa, extensão, projetos formativos e ações culturais.

Reconhecendo que a lógica econômica do mercado está calcada no reforço do individualismo, na responsabilização dos trabalhadores e sujeitos pelo seu fracasso ou sucesso e que a realização sociometabólica do capital tem intensificado a desrealização do ser social e alavancado a precarização do mundo do trabalho (ALVES, 2011), torna-se também imperativo a transversalidade dos projetos político pedagógico e da práxis educativa dos Institutos Federais com os princípios da economia solidária (SINGER, 2002, 2003), da(s) pedagogia(s) da produção associada (TIRIBA, 2001), da tecnologia social (DAGNINO, 2014). Portanto, a formação humana e pelo trabalho deveria fortalecer o envolvimento dos sujeitos com seu território, romper a cultura da dependência cultural e fomentar o potencial da criatividade humana, a participação social e a cultura local / territorial.

Tais imperativos desejáveis para a territorialidade dos Institutos Federais coloca como desafio sua inserção na dinâmica territorial a partir de um projeto político pedagógico que não esteja restritamente alijado pelos interesses econômicos hegemônicos regional ou local, mas represente uma racionalidade situada enquanto integração da "ética do sítio e [das] interações sociais às quais ele dá sentido" (ZAOUAL, 2006), o agir institucional no território se fará com o conhecimento da complexidade territorial e principalmente com os atores territoriais – movimentos sociais, atores econômicos, institucionais – segundo um projeto de desenvolvimento territorial calcado na autenticidade, na construção de respostas viáveis aos problemas territoriais, com foco na inclusão social, na sustentação econômica e na sustentabilidade. No caso específico do semiárido baiano, que visibilize a convivência com o semiárido (MALVEZZI, 2007), a tecnologia social, a economia popular e solidária, a agroecologia enquanto matriz produtiva e modo de vida, as ruralidades e a agricultura familiar camponesa.

À medida que a racionalidade situada distancia-se do horizonte do agir institucional, através do ensino, pesquisa e extensão, pode-se agravar as tensões em torno da função social dos institutos – práxis educativas territorialmente situadas, preocupadas com a inclusão social e econômica nos territórios, elevação da escolarização da classe trabalhadora e o trabalho como princípio educativo *versus* práticas educativas hegemonicamente situadas, em que o território passa a ser preferencialmente lócus de implantação de ilhas de crescimento econômico e a proposta de formação para o trabalho articula-se fortemente para tal fim, mesmo diante das contradições do discurso da empregabilidade.

Deste modo, o exercício fundamental a ser feito pelos sujeitos envolvidos no processo pedagógico do Instituto Federal é potencializar ações de sistematização de experiências, trocas de experiências e diálogos em torno do que vem sendo construído nos diferentes territórios, especialmente no semiárido – sempre considerando as particularidades e singularidades territoriais, mas – sem perder de vista o que se pode aprender com a práxis educativa territorialmente engajada, situada e ativa.

REFERÊNCIAS

ALVES, G. **Trabalho e Subjetividade**. São Paulo: Boitempo, 2011.

BRASIL. Decreto nº 5.154 – de 23 de julho de 2004. Regulamenta o § 2º do art. 36 e os arts. 39 a 41 da Lei nº 9.394, de 20 de dezembro de 1996, que estabelece as diretrizes e bases da educação nacional, e dá outras providências. **Diário Oficial da União**, Brasília, 26 jul. 2004.

_______. Lei nº 11.892, de 29 de dezembro de 2008. Institui a Rede Federal de Educação Profissional, Científica e Tecnológica, cria os Institutos Federais de Educação, Ciência e Tecnologia, e dá outras providências. **Diário Oficial da União**, Brasília, 30 dez. 2008, Seção 1, p. 1.

_______. MEC. Instituto Federal de Educação, Ciência e Tecnologia Baiano – IF Baiano. **Projeto Pedagógico de Curso Técnico em Agropecuária Integrado ao Ensino Médio na modalidade de Educação de Jovens e Adultos/ PROEJA na Metodologia da Alternância**. Santa Inês, Bahia, 2012.

DAGNINO, R. **Tecnologia Social**: contribuições conceituais e metodológicas. Campina Grande, PB: EDUEPB; Florianópolis, SC: Ed Insular, 2014.

DEMATTEIS, G. Sistema Local Territorial (SLOT): um instrumento para representar, ler e transformar o território. In: ALVES, Adilson Francelinoi; CORRIJO, Beatriz Rodrigues; CANDIOTTO, Luciano Zanetti Pessoa (Orgs.). **Desenvolvimento Territorial e Agroecologia.** São Paulo: Expressão Popular, 2008.

HADDAD, F. **O Plano de Desenvolvimento da Educação**: razões, princípios e programas. Brasília: Ministério da Educação; Instituto de Estudos e Pesquisas Educacionais Anísio Teixeira, 2008.

HARVEY, D. **A Condição pós-moderna**. São Paulo: Editora Loyola, 1993.

LEFEVBRE, H. **The Production of Space**. Trad. D. Nicholson-Smith. Oxford: Basil Blackwell, 1991.

MALVEZZI, R. **Semi-árido**: Uma Visão Holística. Brasília: Confea, 2007. 140p.

OLIVEIRA, R. Portela de. Qualidade com garantia de respeito às diversidades e necessidades de aprendizagem. In: GRACIANO, M. (Coord.). **O Plano de Desenvolvimento da Educação**. São Paulo: Ação Educativa, 2007.

PACHECO, E. **Os Institutos Federais**. Uma revolução na educação profissional e tecnológica. Natal, RN: Editora IFRN, 2010.

_____. (Org.). **Perspectivas da Educação Profissional e Tecnológica de Nível Médio: Proposta de Diretrizes Curriculares**. São Paulo: Editora moderna, 2012.

PARTIDO DOS TRABALHADORES. **Programa de Governo 2002**. Coligação Lula presidente. Disponível em: <http://novo.fpabramo.org.br/uploads/programagoverno.pdf>. Acessado em: 15 abr. 2015.

_____. **Programa de Governo 2002**: Uma escola do tamanho do Brasil. Disponível em: <http://novo.fpabramo.org.br/uploads/umaescoladotamanhodobrasil.pdf>. Acessado em: 15 abr. 2015.

RAMOS, E. De que participação estamos falando? In: GRACIANO, M. (Coord.). **Plano de Desenvolvimento da Educação**. São Paulo: Ação Educativa, 2007.

SAQUET, M. A. **Por uma geografia das territorialidades e das temporalidades**: uma concepção multidimensional voltada para a cooperação e para o desenvolvimento territorial. São Paulo: Expressão Popular, 2011.

SAVIANI, D. **Plano Desenvolvimento da Educação**: Análise Crítica da política do MEC. Campinas, SP: Autores Associados, 2009.

SILVA, C. J. R. Institutos Federais. **Lei 11.892, de 29/12/2008**: reflexões e comentários. Natal: IFRN, 2009.

SINGER, P. et al. **A Economia Solidária no Brasil**: a autogestão como resposta ao desemprego. 2. ed. São Paulo: Contexto, 2003.

SINGER, P. et al. **Introdução à Economia Solidária**. SP: Fundação Perseu Abramo, 2002.

TIRIBA, L. **Economia Popular e cultura do trabalho**: pedagogia(s) da produção associada. Ijuí: ed. Unijuí, 2001.

ZAOAUL, H. **Nova economia das iniciativas locais**: uma introdução ao pensamento pós-global. Rio de Janeiro: DP&A, 2006.

A GESTÃO DA ESCOLA PÚBLICA MUNICIPAL DE SALVADOR E O PRINCÍPIO DEMOCRÁTICO: contextos, concepções e práticas

Nadja da Cruz Silva
Patrícia Rosas Porto
Avelar Luiz Bastos Mutim

"Só existirá democracia no Brasil no dia em que se montar no país a máquina que prepara as democracias. Essa máquina é a da escola pública."
(TEIXEIRA, 1934, p. 58)

Introdução

As palavras do educador Anísio Teixeira ilustram de modo significativo o foco de abordagem da presente análise: a rede pública municipal de ensino de Salvador, ou seja, fala-se de um movimento interessante para seu desenvolvimento, melhoria, protagonismo em instituir ações de fortalecimento da democratização da gestão escolar e pela instauração dos Conselhos Escolares. A implantação de políticas voltadas para essa perspectiva inicia-se a partir de 1986, influenciada pelas propostas de redemocratização do país, com a eleição direta para diretor escolar, seguida da criação dos Conselhos Escolares. Desde então, os processos de democratização fazem-se presentes nas escolas públicas municipais – como a proposta de participação coletiva da comunidade escolar na elaboração do planejamento e na gestão dos recursos financeiros.

Legalmente os dirigentes escolares são eleitos pela comunidade escolar (pais, alunos, funcionários e professores) em cumprimento dos dispositivos legais e orientadores do processo de eleição de diretores e vice-diretores das escolas públicas Municipais de Salvador. Sendo assim, centramos a nossa reflexão sobre a escola pública por acreditarmos no envolvimento da gestão escolar com os desafios mais complexos, bem assim partimos do entendimento da vivência e da experiência na escola pública do Município de Salvador como fonte de subsídios para a realização de discussões específicas sobre a temática.

A contextualização histórica no campo da gestão educacional, seus processos organizacionais e administrativos indicam-nos que perdura nos dias hoje o enfrentamento de expressivas dificuldades persistentes desde o passado. Logo, defender uma gestão democrática e participativa no âmbito da escola configura-se um confronto com as mais diversas formas de poder. Nesse contexto, a consolidação de uma gestão democrática na escola envolve ações e atitudes construídas paulatinamente e na conscientização dos sujeitos.

Contextualizando a gestão democrática

Mutim, Ferreira, Cunha (2017) traz reflexões sobre o desenvolvimento da gestão educacional participativa no município de Salvador e suas experiências significativas. E destaca que na sociedade atual e contemporânea a participação social passou a ser um elemento essencial para a gestão das instituições públicas. Sendo o princípio participativo introduzido nas políticas educacionais a partir da década de 1980 como estratégia de descentralização da gestão escolar e incentivo à participação da sociedade civil na tomada de decisões.

O sentido de uma gestão escolar que envolva a participação enquanto principio educativo e pedagógico está justamente na possibilidade da construção da autonomia dos sujeitos, de horizontalizar as relações de poder, desde as microrrelações no contexto de sala de aula, da construção da autonomia e da autoridade do professor, até a dimensão macro geral de toda a escola como as relações construídas entre o gestor e os professores, funcionários, administrativo e alunos. A participação constitui-se enquanto princípio das relações democráticas da escola.

A organização e o trabalho pedagógico nas unidades escolares requer o envolvimento de objetivos sociopolíticos, culturais, pedagógicos e financeiros. Por conta disto, o trabalho do diretor escolar estar além do dirigir no sentido administrativo da ótica empresarial, pois a instituição escolar lida diretamente com a formação humana e com aspectos subjetivos.

> A compreensão da gestão escolar [...] vai além daquele sentido de mobilização das pessoas para a realização eficaz das atividades, pois implica intencionalidade, definição de um rumo, uma tomada de posição frente aos objetivos sociais e políticos da escola, em uma sociedade concreta (LIBÂNEO, 2015, p. 117).

O processo de escolha dos gestores escolares é considerado um importante avanço no cenário educacional brasileiro e é avaliada como um importante indicador da congregação das relações democráticas no espaço escolar. Considerarmos um largo passo para as ações democráticas e a autonomia da escola. A escolha do diretor por via do voto direto e com a participação da comunidade escolar constitui-se um emblema significativo da democratização da escola pública no Brasil. O cargo de diretor escolar nem sempre foi ocupado de forma democrática e participativa e durante muito tempo foi um cargo de indicação política, filtrada e definida no gabinete da Secretaria de Educação, nos órgãos centrais.

A escolha de forma democrática do diretor escolar através de consulta da comunidade escolar é uma ação que já vem sendo discutido nos documentos oficiais como a Lei de Diretrizes e Bases da Educação Nacional, o Plano Nacional de Educação e atualmente o Plano Municipal de Educação da Cidade de Salvador salientando como um dos importantes indicadores para uma educação pública pautada em princípios democráticos a escolha do diretor escolar de forma direta pela comunidade escolar.

De acordo com Luck (2011) a realização eleição para diretores escolares teve inicio na década de 80 com o processo de democratização de diversos setores do país, após fim do regime militar. Como parte da redemocratização que ocorria no país, em diversos setores sociais passou por isso, entre eles a educação. Ainda de acordo com a autora não é processo em si da eleição que garante a democratização da escola, mas sim uma atitude ativa, comprometida e cidadã que ira criar uma responsabilidade frente à escolha e acompanhamento das ações do gestor escolhido.

> Cabe lembrar que não é a eleição em si, como evento, que democratiza, mas sim o que ela representaria como parte de um processo participativo global, no qual ela corresponderia apenas a um momento de culminância num processo constitutivo e significativo para a escola. Ao se promover a eleição de dirigentes estar-se-ia delineando uma proposta de escola, um estilo de gestão e se firmando compromissos coletivos para leva-los a efeito de forma efetiva (LUCK, 2011, p. 77).

Pensando na congregação dos princípios democrático e participativo das escolas brasileiras nas últimas décadas, vem discutindo-se, principalmente com a reconfiguração da Lei de Diretrizes e Bases da Educação Nacional (LDB) de 1996 e com o Plano Nacional da Educação, especificamente na sua meta 19, a eleição dos gestores como reafirmação desses sustentáculos de democratização na gestão educacional.

Na esfera da rede municipal de ensino de Salvador, o cargo de diretor escolar é um cargo comissionado, com duração de três anos, com possibilidade de renovação por mais três anos, enquanto antes da LDB de 1996, era por indicação e, em muitas situações, existia um cunho político-partidário da escolha realizada pelo Secretário de Educação. Esse procedimento não convergia com os da coletividade da educação.

A meta 19 do Plano Nacional da Educação que trata sobre a gestão democrática na educação evidencia que as instituições de ensino precisam num prazo de 02 anos implementar a gestão democrática seguindo critérios da escolha da comunidade escolar. Segundo o próprio PNE (Plano Nacional da Educação) não é possível mensurar a gestão democrática através de dados estatísticos, mas sim através de indicadores auxiliares. Entres esses indicadores é possível evidenciar a presença e quantidade de vezes em que o conselho escolar se reuniu a forma de elaboração do projeto político pedagógico, forma de escolha do diretor escolar se por indicação ou eleição, a existência do Conselho Municipal de Educação, porcentagem de municípios com Conselho de Controle e Acompanhamento do FUNDEB (Fundo Nacional de Desenvolvimento da Educação Básica).

Estes indicadores definidos pelo PNE constituem-se em parte integrante das ações estabelecidas como práticas democráticas. O processo de escolha de forma democrática do diretor escolar por via da eleição pela comunidade escolar e local é uma das formas de consolidação da gestão democrática. O fato dos sujeitos escolherem seu representante no ambiente escolar já é um largo passo no sentido da busca da participação.

Na esfera municipal de ensino de Salvador temos o Decreto número 16.865/2006 que regulamentam os artigos 33 a 44 da Lei Complementar de número 036/2004 (Estatuto do Magistério de Salvador) que depõem sobre a eleição de diretores e vice-diretores escolares da rede de ensino de Salvador. As alterações destes artigos constituem um salto qualitativo no sentido de tornar a escola um espaço mais democrático e participativo, pois ao menos fundamenta as bases legais da eleição de gestores escolares.

Dentre outros fatores fortalecedores da gestão democrática, no que concerne ao disposto no decreto 16.865/2006, destacam-se a escolha dos gestores pela comunidade escolar, o conhecimento sobre essa última, no tempo mínimo de seis meses, por parte do candidato à gestão e apresentação de um plano de gestão escolar de sua autoria a ser discutido e debatido pela comunidade escolar, considerando-se a demanda pública.

A Secretaria Municipal de Educação (SMED) de Salvador responsabiliza-se por compor a comissão técnica central para a organização das eleições, além de oferecer formação através de um curso para gestores, com base na lisura do processo eleitoral.

Com o ecoar dos princípios democráticos no espaço escolar e com ênfase na Lei 9.394/96, sobre a importância da construção e fortalecimento da gestão democrática, os estados e municípios organizam-se no sentido de tornar o cargo de diretor escolar mais próximo desses fundamentos: é a eleição de gestores e vice-gestores na centralidade.

O processo de eleição direta para o cargo de diretor tem a participação de toda a comunidade escolar e vem substituir a prática da indicação política, em muitos momentos, inter-relacionada a interesses individuais e político-partidários.

No entender de Luck (2011) é preciso superar o modelo estático de gestão e de escola, baseada em um cumprimento de normas e regras estabelecidas pelos órgãos centrais e em algumas situações sem levar em consideração à dinâmica e realidade das unidades escolares, pois nesta perspectiva estática o papel do diretor escolar constituía-se em apenas repassar informações, controlar, supervisionar, "dirigir" o fazer escolar de acordo com as normas pelos sistemas de ensino. Neste contexto a qualidade do trabalho da gestão estava atrelada ao cumprimento de suas obrigações estabelecidas pelos órgãos centrais de ensino de forma hierarquizada e verticalizada.

Um ponto relevante a ser discutido na eleição de gestores escolares diz respeito a formação inicial e continuada para as pessoas que desejam pleitear o cargo de gestor ou vice gestor escolar. Atualmente exigisse a participação em curso de formação oferecida pela Secretaria Municipal de Educação como pré-requisito para candidatura no cargo de gestor. Entendemos que apenas um curso para pleitear o cargo de gestor ainda não é o suficiente para dar consistência teórica e prática a sua formação.

A abordagem de teóricos sobre o posicionamento da gestão democrática e participativa traz, por meio de seus construtos, o quanto é positivo para o desenvolvimento dos processos educacionais, adotar uma postura viabilizadora de autonomia, participação e o diálogo, além da formação continuada dos profissionais gestores das atividades educacionais.

O trabalho de atuação do diretor escolar comprometido com uma gestão democrática e participativa requer algumas competências, entre elas podemos destacar: garantia da atuação democrática e participativa do conselho escolar e de outros órgãos colegiados que a escola possua; promover práticas de coliderança, compartilhamento de responsabilidades e espaço de ação entre os participantes da comunidade escolar, estimula a participação de todos da escola a envolver-se nos projetos da escola; promover articulação e integração entre a escola e a comunidade, isto através da participação dos colegiados escolares e da realização de atividades de caráter pedagógico, cientifico, social, cultural e esportivo Luck (2009). A congregação destas competências para o desenvolvimento das atividades da direção da escola aliada a um trabalho de liderança e a capacidade de motivar e mobilizar pessoas em prol de um trabalho coletivo.

A atuação do diretor escolar na construção de uma educação democrática e participativa assenta-se na capacidade de liderar e o compartilhar está liderança, tanto na comunidade interna quanto na comunidade externa. Esta competência perpassa pelo enfrentamento de algumas questões entre elas, questões de relacionamento interpessoal, comunicação, valores e no exercício do poder. Luck (2009) coloca a capacidade de liderar como um componente especial da gestão democrática, que por sua vez pressupõe a mobilização e organização das pessoas para atuarem coletivamente. Esta ação de liderar expressa-se na capacidade de influenciar e motivar a atuação de professores, funcionários, alunos e pais.

A gestão escolar no contexto das unidades de ensino é composta por uma equipe que inclui o diretor e os vice-diretores que dentre outras atribuições são responsáveis pela administração do seu turno de trabalho. A equipe gestora é composta por profissionais que precisam garantir a organização e funcionamento da escola de acordo com os embasamentos legais que regem os princípios e fins da educação brasileira, levando em consideração o bem comum da comunidade escolar. Deverá ter uma visão global, sistêmica da educação, do papel da escola e do desempenho de cada profissional e da organização do projeto político pedagógico e do currículo.

O princípio democrático

A implementação da gestão democrática é condição basilar para o fortalecimento da autonomia, da participação popular e do controle social da educação. O princípio da gestão democrática de 1988 (CF/1988), ao assegurar a gestão democrática como um dos princípios da educação brasileira, a ser definida em lei (art. 206, inciso VI), estabeleceu uma condição sob a qual o ensino deveria ser garantido em todas as instituições educacionais públicas.

O princípio da gestão democrática também tem destaque na lei de Diretrizes e Bases da Educação Nacional (LDB – Lei 9.394/1996) que ao ratificá-lo (art. 3), explicitou dois princípios que devem ser considerados pelos sistemas de ensino nas normas relativas à educação básica, a participação dos (as) profissionais da educação na elaboração do projeto pedagógico da escola e a participação da comunidade escolar e local em conselhos escolares ou equivalentes (art. 14).

A gestão democrática se materializar, portanto, nas relações estabelecidas entre os diferentes atores do campo educacional – entes federados, sistemas de ensino, instituições educacionais, profissionais da educação, estudantes, pais. Ela compreende também questões políticas e sociais internas e externas às próprias instituições educacionais e sistemas de ensino, envolvendo desde a organização de espaço físico ao projeto pedagógico-curricular, a organização administrativa, e de gestão como os mecanismos e formas de participação popular e controle social, se contrapondo a processos tradicionais centralizadores, burocráticos ou gerenciais.

Estas proposições dizem respeito aos processos de tomada de decisões, tanto nos sistemas de ensino como nas instituições educacionais, que interferem diretamente em práticas muitas vezes enraizadas de natureza autoritária e centralizadoras. Isto porque promover o fortalecimento da participação dos diferentes segmentos da comunidade escolar e local tanto no planejamento, quanto na execução e avaliação das decisões tomadas.

A escolha dos gestores públicos escolares na rede pública municipal deveria ser realizada exclusivamente pela comunidade escolar, sem interferência do executivo, deixando de ser cargo de confiança. A determinação é que a gestão democrática e a participação popular precisam ser vivenciadas pelos sujeitos da instituição educacional, porém o que se vivencia hoje é o atraso no calendário que trata da execução das eleições e em dezembro de 2017 ocorreu um fato inédito, que ao invés de se prorrogar os mandatos dos gestores eleitos, fato costumeiro do executivo municipal, todos passaram da condição de gestores eleitos para gestores pró-tempore, através de duas portarias publicadas em Diário Oficial (uma de exoneração e outra de nomeação) que legitimou todos os gestores municipais nessa nova condição. Presenciamos na atual conjuntura política e educacional do Município de Salvador a retirada de direitos fundamentais que asseguram a sobrevivência da democracia atuante.

A partir desse fato, passou-se a exonerar e nomear diversos gestores com base nas decisões do executivo municipal e a prerrogativa para a escolha dos gestores, através da eleição, estar ficando cada dia mais distante de ser realizada. Atualmente o diretor escolar vive uma dupla contradição, pois ao mesmo tempo em que é uma autoridade máxima da escola, também é um preposto do poder público, aquele que deve garantir a ordem e deve possuir uma técnica para executar a gestão escolar, ao mesmo tempo em que fica impossibilitado de trabalhar devido à falta de autonomia e de recursos.

A perspectiva da gestão democrática dialoga com a distribuição da autoridade na escola, pois não é só o diretor a figura responsável pela escola, à gestão precisa ser partilhada e compartilhada. O conselho escolar é um importante mecanismo de gestão colegiada, porém na realidade do cotidiano escolar presenciam-se as dificuldades de se manejar com os mecanismos democráticos da gestão escolar, a exemplo da Gestão do Conselho Escolar e da Gestão do Projeto Político pedagógico, devido a diversas dificuldades existentes, como o tempo para a realização de reuniões que viabilizam o processo, as condições materiais e o interesse em participar nessas ações.

A gestão democrática ainda é uma questão a ser alcançado na sua totalidade, pois precisamos transformar a escola pública não a partir da escola idealizada, e sim a partir da escola que temos hoje e nessa perspectiva se pensar como os trabalhadores da educação e os demais devem se inserir na escola e como será dividido o trabalho dentro da escola, sendo essa uma questão primordial da gestão educacional democrática. É preciso se pensar como se organiza o trabalho da escola e de como devem ser geridos os seus processos, os recursos materiais e humanos, tendo em vista seus objetivos.

A natureza do conselho escolar, por ser um órgão colegiado, democrático das escolas da rede Municipal de Salvador caracteriza-se por suas funções **consultiva, deliberativa, mobilizadora** e **fiscalizadora** das especificidades pedagógicas, administrativas e financeiras. A ação do órgão central (SMED) para os conselhos de escola se materializa através do denominado Conselho Vivo, um sistema de gerenciamento de informações do Conselho Escolar com o propósito de disponibilizar documentação necessária para a criação dos Conselhos Deliberativo e Fiscal, bem como promover o acompanhamento do processo eletivo dos Conselhos nas Unidades Educativas. Ademais, há o Projeto Fala Conselho com o objetivo geral de apoiar as unidades escolares no gerenciamento dos processos de organização e funcionamento dos Conselhos Escolares.

Com essas ações se garante que as escolas da rede municipal de ensino de Salvador constituam seus conselhos escolares, mas ainda assim, nas práticas cotidianas se faz necessário avançar no monitoramento das ações do Conselho, visando que este atenda aos princípios da democracia, compartilhamento das decisões, deliberação de encaminhamentos para as escolas, e que as decisões tomadas no conselho escolar sejam de fato o consenso do grupo, dos seus representantes, visando atender as demandas e necessidades da comunidade escolar. É preciso se extirpar da nossa sociedade e da educação aquelas práticas e manobras que sabotam a democracia e que favorecem a centralização e autoritarismo da gestão escolar.

Sobre as práticas que envolvem o projeto político pedagógico nas escolas da rede municipal de Salvador ainda tem-se a necessidade de se criar condições para que ocorram de fato as transformações na escola, com base nos processos que envolvem o PPP, determinando também mudanças produtivas nas ações da atividade de ensino e aprendizagem. Este movimento tem como finalidade de criar condições para que os gestores escolares, na gestão do PPP, conduzam e vivencie o princípio democrático na construção e implementação do projeto político pedagógico garantindo assim a identidade e autonomia pedagógica das escolas.

Concepções

O ato de educar abrange a apropriação da cultura humana produzida historicamente, o conjunto de conhecimentos, o mundo cultural que o homem produz ao longo de sua história, que é apropriado pelas gerações futuras por meio da educação. Dessa forma a educação é uma ferramenta em que se transmitirão as gerações futuras os conhecimentos produzidos historicamente.

Paro (2016) coloca que sobre a transformação do esquema de autoridade da escola. O horizonte de articulações no interior da escola deve convergir para a conquista dos interesses das camadas trabalhadoras. Assim afirma que:

> Se queremos uma escola transformadora, precisamos transformar a escola que temos ai. E a transformação dessa escola passa necessariamente por sua apropriação por parte das camadas trabalhadoras. É nesse sentido que precisam ser transformados o sistema de autoridade e a distribuição do próprio trabalho no interior da escola (PARO, 2016, p. 15).

O objetivo da instituição escolar é a constituição da humanidade do educando, fazendo com que ele se aproprie do mundo humano, do mundo cultural construído coletivamente. O ato de gestionar uma instituição escolar consiste na utilização racional de todos os recursos disponíveis, tendo em vista determinados fins. Então para se gerir uma escola é preciso ter conhecimento sobre os recursos disponíveis e como utilizá-los racionalmente, tendo em vista os objetivos da escola.

> Outro aspecto importantíssimo do problema da participação da comunidade na escola, e que requer medidas corajosas, refere-se ao provimento de condições para que os membros das camadas exploradas participem da vida escolar. Não basta permitir formalmente que os pais de alunos participem da administração da escola: é preciso que haja condições materiais propiciadoras dessa participação (PARO, 2016, p. 18).

Quanto à natureza do trabalho pedagógico podemos dizer que o trabalho é uma característica essencialmente humana, meio pelo qual o homem se produz. O trabalho é a forma como o homem transforma a natureza em objeto da ação humana, criando o mundo da cultura. O trabalho pedagógico é um trabalho não material, seu produto não é tangível, mas é um serviço. O tipo de trabalho não material é aquele que a produção e o consumo acontecem simultaneamente. O trabalho pedagógico possui uma natureza específica que é fazer coincidir produção e consumo. No entanto, essa separação entre produção e consumo acontece somente na medida em que, para além do processo, permanece no educando algo que é utilizado ao longo da vida.

Por conta da natureza do trabalho que exerce e pelos fins a que serve a educação, a gestão escolar precisa avançar mais e atingir um nível de consciência e de prática política que contemple os interesses dos usuários de seus serviços.

Práticas

A configuração da gestão escolar na contemporaneidade exige do gestor cada vez mais a capacidade de instrumentar-se com técnicas de gestão, como a gestão de pessoal, gestão pedagógica, currículo, financiamento da escola e de estreitar as relações com a comunidade. O gestor escolar atualmente agrega uma multiplicidade de funções e necessita cada vez mais de uma formação complementar para conseguir lidar com as demandas da escola. Teoricamente, a formação complementar que o gestor busca consequentemente refletir-se-á em qualidade do trabalho pedagógico e administrativo da unidade escolar.

A situação vivenciada nas escolas do sistema público municipal atualmente é muito delicada e em específico no Município de Salvador, uma vez que ocorre uma reorganização do processo de escolha do diretor escolar, o que no geral causa muita apreensão e disputa no espaço escolar, transparecendo em alguns momentos os interesses individuais em detrimento do coletivo.

Como vamos construir uma democracia sólida se nós não formamos sujeitos para a democracia? Se a relação da sala de aula com os alunos é de autoritarismo, e não baseada nos princípios democráticos? Então o processo democrático, as relações democráticas devem tomar a escola como um todo, não só no processo de gestão, mas dentro dos colegiados, e nas próprias salas de aula.

A construção efetiva e prática da democracia se consolidam através das diferentes formas de gestão que possibilitem a autonomia dos sujeitos, que fortalecem o protagonismo pessoal e dos grupos, com diálogo, iniciativa e a tomada de decisões. O cotidiano das instituições escolares nos revela que o trabalho da democracia nas escolas não é algo fácil de acontecer e de se pôr em prática. É necessário um trabalho de conscientização paulatinamente nos diversos ambientes da escola, na sala de aula com o trabalho docente, e no incentivo das representações estudantis.

De modo geral os indivíduos não se assumem antidemocráticos em seus discursos diretos, mas revelam indícios de ações antidemocráticas em suas atitudes, em seus posicionamentos políticos, ideológico e cultural. E em muitos momentos o discurso de democracia e participação não consegue ser assegurados em sua prática e no seu cotidiano.

REFERÊNCIAS

BRASIL. **Constituição da República Federativa do Brasil de 1988.**

______. **Lei de Diretrizes e Bases da Educação Nacional no 9.394, de 20 de dezembro de 1996.**

______. **Lei nº 13.005/2014.** Aprova o Plano Nacional de Educação e dá outras providências.

LIBÂNEO. José Carlos. **Organização e gestão da escola**: teoria e práticas. 6. ed. São Paulo: Heccus, 2015.

LÜCK, Heloísa. **Concepções e processos democráticos de gestão educacional**. 7. ed. Rio de Janeiro: Vozes, 2011. (Série: Cadernos de Gestão).

______. **Dimensões da Gestão escolar e suas competências**. 2. ed. Positivo: Curitiba, 2009.

MUTIM, Avelar Luiz Bastos; FERREIRA, Aline Maria Santos; CUNHA, Telma Conceição. A experiência do município de Salvador- Ba no desenvolvimento da gestão educacional participativa. In: NOVAES, Ivan Luiz; MUTIM, Avelar Luiz Bastos; ARAÚJO, Jomária Alessandra Queiroz de Cerqueira. **Reflexões e Perspectiva sobre política e gestão educacional**. Salvador: EDUNEB, 2017.

PARO, Vitor Henrique. **Gestão democrática da escola pública**. São Paulo: Ática, 1997.

SALVADOR. **Lei nº 9105/2016.** Aprova o Plano Municipal de Educação e dá outras providências.

______. **Resolução CME Nº 020/2010.** Estabelece diretrizes básicas para elaboração ou adequação do Projeto Político Pedagógico dos estabelecimentos de Educação Infantil, Ensino Fundamental e SEJA do Sistema Municipal de Ensino de Salvador.

EDUCAÇÃO EM TEMPOS DE LIQUIDEZ: um desafio da contemporaneidade

Raqueline de Almeida Couto[12]
Juliana Andrade do Carmo Martins[13]
Tereza Verena Melo da Paixão Sampaio[14]

Introdução

No mundo globalizado, a velocidade com que a informação e o conhecimento podem ser acessados e difundidos, trouxe mudanças significativas de ordens econômicas, políticas e socioculturais. Podemos elucidar o crescente e rápido desenvolvimento tecnológico como marca caracterizadora da Contemporaneidade. Não há como negar que a informatização trouxe como consequência grandes avanços na área das comunicações, estabelecendo uma interconexão de âmbito planetário, quebrando as barreiras da distância e acelerando o tempo histórico. Essas transformações estão provocando consideráveis movimentos de transformações na educação, nas instituições escolares.

Neste contexto de contínuos avanços das tecnologias digitais, as formas de comunicação, as relações interpessoais e a linguagem passam por mudanças significativas. A Internet e as redes sociais, completamente inseridas no nosso cotidiano, sugerem um novo contexto sociocultural, mais dinâmico sugerindo fontes diversificadas de conhecimento não necessariamente institucionalizadas.

O mundo tem se (re)configurado e os espaços educacionais, tem acompanhado as mudanças? Qual tem sido o papel das instituições frente às transformações da sociedade? E os sujeitos que atuam nesses espaços? Bauman (2005), Castells (1999) e Hall (2004), em seus estudos sobre o sujeito na pós-modernidade, já sinalizavam a fluidez, o hibridismo das identidades tais como a sociedade, descentradas e desconstruídas.

12 Mestranda em Educação pelo Programa de Pós-Graduação em Educação e Contemporaneidade pela Universidade do Estado da Bahia – UNEB, professora da rede pública Municipal e de Madre de Deus/BA e da rede Estadual de Ensino/BA. E-mail: raq.kelly2@gmail.com

13 Mestranda em Educação pelo Programa de Pós-Graduação em Educação e Contemporaneidade pela Universidade do Estado da Bahia – UNEB. E-mail: jule.ac@gmail.com

14 Mestranda em Educação pelo Programa de Pós-Graduação em Educação e Contemporaneidade pela Universidade do Estado da Bahia – UNEB. E-mail: verena_sonho@hotmail.com

Uns afirmam o agora como o ápice da modernidade, outros falam em pós-modernidade, Bauman (2007) por exemplo, fala em modernidade líquida[15], devido a liquidez das incertezas, outros utilizam do termo contemporaneidade. O próprio fato de não termos nada sólido já identifica a contemporaneidade.

Diante desse cenário que se apresenta complexo e em constante transformação, compreender a escola em seus atos formativos significa também compreender que as mudanças ocasionadas com inserção de tecnologias na educação desafiam os professores impondo também mudanças em sua prática pedagógica. Partindo desta compreensão, subverter uma lógica de formação sugerindo possibilidades outras de comunicação mais interativas, dialógicas, colaborativas sugerem outras formas de aprender, ensinar e construir conhecimento.

"[...] *Por seres tão inventivo*
E pareceres contínuo
Tempo Tempo Tempo Tempo [...]"
(Caetano Veloso)

Tempo, tempo, tempo, tempo...

Vários impactos foram sendo observados com a revolução da informática, atingindo assim diversas áreas sociais, e a educação foi uma delas. Pensar a Educação na Contemporaneidade requer explicitar seus sentidos, bem como engendrar uma reflexão sobre a importância e o sentido da educação no cenário contemporâneo e numa sociedade capitalista.

Ao refletir sobre as mudanças nas concepções de ambos os termos, estes marcados, sobretudo, pelo crescente e rápido desenvolvimento tecnológico, cabe entendermos nesta perspectiva "a educação como vetor de desenvolvimento, visto que a sociedade contemporânea se estrutura em função da educação, do conhecimento e das tecnologias" (MUTIM, 2007, p. 118). Com isso, a escola não pode se abster destas mudanças, as quais têm criado novos espaços de diálogos e aprendizagens, pois com o surgimento dos computadores e a criação da internet novas possibilidades de relações têm se estabelecido.

Logo, podemos realçar então que, como marca caracterizadora da Contemporaneidade, o crescente e rápido desenvolvimento tecnológico.

15 A modernidade líquida se caracteriza "pela não territorialidade das transações política-econômica, pelas trocas culturais e de saberes locais, pela fluidez das informações sem barreiras unindo diferentes povos, de diferentes regiões, línguas e etnias, pelo trânsito do conhecimento (BAUMAN, 2007).

> "A utilização das tecnologias da informação e comunicação tem possibilitado alterações em diversas dimensões da vida humana, contribuindo com as inovações e revoluções no cotidiano do trabalho, do lazer, da mídia, da educação, da saúde, entre outros" (CASTELLS, 2001, p. 38).

O qual direciona para a necessidade de se pensar em novas maneiras de utilizá-las na sala de aula, tendo em vista que as transformações tecnológicas influenciam diretamente a formas como o conhecimento é produzido e difundido dentro e fora da escola.

Tomando o advento da cibercultura, uma cultura digital que segundo Lévy (1999. p. 17) "é o conjunto de técnicas (materiais e intelectuais), de práticas, de atitudes, de modos de pensamento e de valores que se desenvolvem juntamente com o crescimento do ciberespaço", passado, presente e futuro se entrelaçam, por meio de links, no tempo e no espaço e outras linguagens se constroem e fronteiras são dissolvidas:

> A nova universalidade não depende mais da autosuficiência dos textos, de uma fixação e de uma independência das significações. Ela se constrói e se estende por meio da interconexão das mensagens entre si, por meio de sua vinculação permanente com as comunidades virtuais em criação, que lhe dão sentidos variados em uma renovação permanente (LÉVY, 1999, p. 15).

Diante disso, considera-se a *cibercultura* como o desenvolvimento e a manifestação da cultura na sociedade em um formato digital, ou seja, trata-se das práticas sociais imbuídas de valores e ideias, desenvolvidas no espaço denominado de ciberespaço. Já para Matta (2006, p. 25), este novo formato de cultura digital é melhor definido como "uma prática cultural contextualizada pela emergência de ambientes informatizados". Com isso, entende-se que as novas relações de interação se estabelecem nesta prática cultural, influenciadas diretamente pelas tecnologias da informação e comunicação.

O autor Levy (1999, p. 94), define ciberespaço "como espaço de comunicação aberto pela interconexão mundial dos computadores e das memórias dos computadores". Espaço este onde ocorrem as práticas digitais e as relações sociais ganham um novo formato, configurando-se em relações de interação, trocas e compartilhamentos de saberes e informações online, que transcendem toda e qualquer fronteira geográfica.

Sendo assim, relacionar o ciberespaço com o campo educacional, requer, como nos diz Lévy (1999), observar as mudanças contemporâneas provenientes das relações dos indivíduos com o saber e o saber-fazer. Elas renovam-se numa velocidade bem mais constante, a partir das tecnologias intelectuais por meio das quais a funções cognitivas humanas (memória, imaginação, percepção e raciocínio) se modificam, se amplificam, são exteriorizadas (LÉVY, 1999).

> Devemos construir novos modelos do espaço dos conhecimentos. No lugar de representação em escalas lineares e paralelas, em pirâmides estruturadas em 'níveis', organizadas pela noção de pré-requisitos e convergindo para saberes 'superiores', a partir de agora devemos preferir a imagem em espaços de conhecimentos emergentes, abertos, contínuos, em fluxo, não lineares, se reorganizando de acordo com os objetivos ou os contextos, nos quais cada um ocupa posição singular e evolutiva (LÉVY, 1999, p. 158).

Não podemos negar que, a informatização trouxe como consequência grandes e positivos avanços na área das comunicações, estabelecendo uma interconexão de âmbito planetário, quebrando as barreiras da distância e acelerando o tempo histórico.

Nesse contexto, verifica-se uma expansão significativa das formas de comunicação, principalmente via computadores em rede e essa, usando a expressão de Manuel Castells (1999), por uma sociedade em rede na qual a informação e o conhecimento são de extrema importância para o homem. Pessoas de diversas partes do mundo são conectadas pela rede de computadores, conexão esta que possibilita múltiplas possibilidades de interação entre os sujeitos.

O autor ainda sinaliza que, nesta etapa de constantes transformações caracterizada como multidimensional advém novos paradigmas de ordem tecnológica. No entanto, embora as Tecnologias da Informação e Comunicação (TIC) tenha um papel fundante, é a sociedade "que dá forma à tecnologia de acordo com as necessidades, valores e interesses das pessoas que utilizam as tecnologias" (CASTELLS, 1999, p. 17). Logo, os recursos tecnológicos podem ser utilizados de acordo com as necessidades de cada campo educacional ou grupo social, de maneira a valorizar suas diversidades, saberes e fazeres.

Dentre as inúmeras mudanças que ocorreram mundialmente, a revolução tecnológica culminou na criação de vários dispositivos, como os computadores, que a princípio foram desenvolvidos para fins militares, mas que, posteriormente, passaram a ser de uso livre. Para Castells (1999, p. 82),

> [...] cada grande avanço em um campo tecnológico especifico amplifica os efeitos das tecnologias da informação conexas. A convergência de todas essas tecnologias eletrônicas no campo da comunicação interativa levou à criação da Internet, talvez o mais revolucionário meio tecnológico da Era da Informação.

Assim, à medida que a internet foi se propagando mundialmente, as formas de comunicação ganharam novos formatos, neste caso um formato digital, criando o que Castells (1999) considera como uma "verdadeira teia mundial", na qual as pessoas interagem sem nenhuma restrição de espaços geográficas. Ainda segundo o autor citado acima, "a lógica do funcionamento das redes, cujo símbolo é a internet, tornou-se aplicável a todos os tipos de atividades, a todos os contextos e a todos os locais que pudessem ser conectados eletronicamente" (1999, p. 89). Portanto, acreditamos que seu uso na área educacional, gera muitas possibilidades para o desenvolvimento do processo de ensino-aprendizagem, tanto na educação formal, quanto informal.

Contudo, vivemos em tempos líquidos Bauman (2007). "tempo do descartável"; em que saíram de cena todos os referenciais morais da época anterior, advindos da modernidade sólida. "O termo 'sólido' soa como algo rígido, duradouro e previsível em suas formas e possibilidades" (SILVA, 2015, p. 251). Um tempo de ambientes provisórios e variáveis. Tempos de liquidez, de fluidez, de volatilidade, de incerteza e insegurança. Época em que a sociedade, agravada pelo fenômeno da globalização e das suas implicações torna-se volátil. Ao sinalizar a liquefação de padrões, Bauman (2007) atesta que nenhuma geração jamais experimentou o surgimento de novas formas de relações, mas que esta. Que não se mantêm estáveis por muito tempo, pois logo são influenciadas por outras novas formas.

Diante deste cenário de grandes transformações nos quais as instituições e/ou organizações sociais não podem (e nem conseguem) permanecer com a mesma forma por muito tempo, cabe refletir como os espaços educacionais tem se reinventado e seus atores, como tem acompanhado tais transformações? Esta reflexão remete para a urgência de um novo olhar que estes espaços educacionais deveriam ter sobre as novas relações que têm se estabelecido na cultura digital contemporânea. Tendo em vista, que os sujeitos envolvidos nos processos educacionais têm descoberto novas fontes de conhecimentos e informações. Logo, estes espaços cada vez menos detém o saber e o conhecimento. Haja vista, que a cada *clique* uma nova informação é acessada e novas relações se estabelecem o que certamente influencia na constante construção e mudanças das identidades dos sujeitos.

A vida humana sofre uma liquidez muito grande, tudo muda, tudo se transforma constantemente, não dá para pensar em uma identidade fixa, quando mudamos ela também muda. Comungamos com o pensamento de Hall (2004, p. 12).

> O sujeito pós-moderno, conceptualizado não tem uma identidade fixa, essencial ou permanente. A identidade torna-se uma "celebração móvel": formada e transformada continuamente em relação às formas pelas quais somos representados ou interpelados nos sistemas culturais que nos rodeiam.

A identidade se modifica por meio do contato com o mundo exterior, esta é concebida não mais como fixa, essencial ou permanente. O mesmo completa que a "identidade plenamente unificada, completa, segura e coerente é uma fantasia" (p. 13). Logo, os sujeitos podem assumir identidades diferentes em momentos diferentes, e isso é um desafio que não pode ser negligenciado pelos espaços educacionais.

A globalização sem dúvidas produz impactos na identidade cultural dos sujeitos, além disso, a mudança nesse contexto é ainda mais rápida e permanente e contribui para o descentramento ou deslocamento das identidades culturais. O acesso cada vez mais veloz à espaços digitais de informações, tradições e culturas distintas, afetam diretamente a formação das identidades cada vez mais fluidas.

Em face dessas incertezas, e dessa complexidade, que estratégia devemos considerar na/para escola? Morin (1996), diz que: a escola deve ser considerada "um cenário de ação que pode modificar-se em função das informações, dos acontecimentos, dos imprevistos que sobrevenham no curso da ação" (p. 284-285). Amorim (2012, p. 68) acrescenta que

> É preciso abrir a escola para o diálogo, para a efetivação das subjetividades que permeiam o mundo contemporâneo, ampliando os espaços democráticos para a ludicidade, para inovação tecnológica dentro do ambiente da escola, para fazer emergir o entendimento de que a instituição de ensino-aprendizagem é por natureza, o lugar onde a complexidade do mundo social e produtivo penetra com muito mais facilidade, passando a exigir do gestor educacional as qualidades formativas que ainda não teve.

A escola, enquanto espaço de formação, não sendo o único, como estratégia inicial, precisa compreender as diversidades de identidades e saberes, presentes em seu ambiente, de maneira acolhê-los e não repelir, e assim considerar as singularidades dos sujeitos. De maneira que não tente enquadrá-los em padrões tradicionais de ensino e aprendizagem, nos quais o professor é visto como o único detentor do saber, a chamada educação bancária FREIRE (1996).

Sendo assim, é preciso "Estimular uma participação ativa, na qual o sujeito não seja apenas fonte de informação, mas também agente de interpretação e análise da realidade vivida (SANTOS, 2005, p. 117). A escola então se insere na práxis (teoria e prática) e o sonho passa a ser construído por várias mãos.

Nessa cadeia de relações instáveis e metamórficas, frutos da sociedade na qual temos vivido, desafios nunca antes imaginados são impostos:

> Em nenhum momento crucial da história da humanidade, os educadores enfrentaram desafio comparável ao divisor de águas que hoje nos é apresentado. A verdade é que nós nunca estivemos antes nessa situação. Ainda é preciso aprender a arte de viver num mundo saturado de informações (BAUMAN, 2011, p. 79).

Sendo assim, tal contexto desafiador, pede uma ressignificação na formação dos sujeitos, sujeitos estes que estão mergulhados nesse ecossistema comunicativo, construindo novas práticas sociais. Uma formação que tenha com princípios basilares a reponsabilidade e o compromisso para com o outro, a ética e o exercício crítico da realidade que nos cerca. Portanto, urge compreender a realidade na qual estamos mergulhados, atuando e planejando outros cenários educacionais; urge atentar para a pluralidade de saberes, com a diversidade, e a rapidez de acesso às informações, com possibilidades outras de comunicação e interação, e outras formas de aprender, ensinar e construir conhecimento.

O trabalho colaborativo: seus saberes e fazeres

As transformações pelas quais passa a sociedade atual desafiam os professores a se instrumentalizarem para desenvolver um trabalho colaborativo. Experimentar novas interfaces digitais nos espaços de sala de aula que potencializem saberes construídos colaborativamente é estar aberto às inovações que estimulam e consolidam o conhecimento.

Um dos autores que vem embasando um grande número de estudos voltados para o trabalho colaborativo na escola é Vygotsky (1989). Segundo ele, as atividades realizadas em grupo, de forma conjunta, proporcionam enormes vantagens, em detrimento de atividades desenvolvidas em ambientes individualizados de aprendizagem. O autor atribui que constituição dos sujeitos, seu aprendizado e seus processos de pensamento (intrapsicológicos), ocorrem mediados pela relação com outras pessoas (processos interpsicológicos).

Tomando como referencial a escola e considerando a importância da formação construída em práticas colaborativas, dialéticas e dialógicas, entendemos que a construção da autonomia, da autoria, ou quaisquer ressonâncias sociais, culturais e formativas não se aplica apenas à formação dos professores, mas também à dos alunos.

Faz parte do exercício pedagógico, entre outros procedimentos, proporcionar ao educando situações de ensino-aprendizagem voltadas para a autoconstrução de conhecimento. Logo, embasados nas reflexões de Lévy (1999), compreender e utilizar criativamente as possibilidades das tecnologias favorece a construção, assim como a execução de um sistema de processamento que permite reconstruir a percepção do mundo.

Vale considerar, entretanto, que uma proposta de trabalho de base interdisciplinar, aprendizagem colaborativa ou conhecimento em rede, na maioria dos espaços, ainda constitui um desafio. Entretanto, aceitando esse desafio, o professor poderá ampliar a sua atuação em sala de aula, orientando os estudantes no processo individual de aquisição de conhecimento e, ao mesmo tempo, oferecendo oportunidades para que eles desenvolvam processos de construção coletiva do saber. Neste aspecto, os computadores e sistemas de rede podem ser considerados como ambientes capazes de mediar a atuação do pensamento do sujeito, e, portanto, mediar a aprendizagem e consequentemente, a construção de novos saberes e conhecimentos.

Sendo assim, no centro desta discussão, de saberes e fazeres construídos colaborativamente, estão professores e alunos; sujeito formador e sujeito em formação, conscientes de que não são os detentores do saber, que precisam um do outro para a constituição de outros novos saberes, a partir da colaboração e do trabalho em equipe, em que o professor atuará como mediador (FREIRE, 2004).

Nesta perspectiva, Kenski (2001, p. 104), afirma que,

> Em um mundo que muda rapidamente, o professor deve estar preparado para auxiliar seus alunos a lidarem com estas inovações, analisarem situações complexas e inesperadas; a desenvolverem suas criatividades; a utilizarem outros tipos de "racionalidades": a imaginação criadora, a sensibilidade táctil, visual e auditiva, entre outras.

Neste constante renovar-se, as Tecnologias de Informação e Comunicação (TIC), marca do século vigente, impulsiona a reflexão de um modelo de educação que dialogue com a diversidade de saberes e culturas, que motive o processo criativo, que se aproprie da cultura digital de maneira plena.

> Produzir informação e conhecimento passa a ser, portanto, a condição para transformar a atual ordem social. Produzir de forma descentralizada e de maneira não-formatada ou preconcebida. Produzir e ocupar os espaços, todos os espaços, através das redes. Nesse contexto, a apropriação da cultura digital passa a ser fundamental, uma vez que ela já indica intrinsecamente um processo crescente de reorganização das relações sociais mediadas pelas tecnologias digitais, afetando em maior ou menor escala todos os aspectos da ação humana. Isso inclui reorganizações da língua escrita e falada, as ideias, crenças, costumes, códigos, instituições, ferramentas, métodos de trabalho, arte, religião, ciência, enfim, todas as esferas da atividade humana (PRETTO; SILVEIRA, 2008, p. 78).

É necessário usar esse meio de informação e comunicação também para uma aprendizagem crítica e reflexiva, pois,

> [...] não podemos nos contentar com simples apropriações dessas tecnologias, como se elas fossem, por si sós, capazes de reverter situações. É por isso que precisamos enxergar que, com essas potencialidades, pululam elementos que, longe de serem unificadores, constituem-se em diferenciadores dos seres e de suas culturas, passando a polos geradores de novas articulações (PRETTO, 2006, p. 23).

Ao referenciar a teoria da inteligência coletiva de Pierre Lévy (1998), Pretto (2006) destaca a necessidade de diferentes seres trabalharem em colaboração. Dialogando com Pretto, Morin (2000), afirma que se faz necessário conviver com o diferente, com o singular e na complementaridade poder salvar a unidade e a diversidade humana.

Sendo assim, o contexto atual no qual o desenvolvimento da tecnologia e o processo de globalização contribuem para o encolhimento do planeta numa relação, a um só tempo, unificadora e conflituosa, considerar o fato da incerteza como um potencial para a construção de novos saberes envolve novos ambientes, novas práticas, novas visões.

Morin (2003) ainda sugere que, em face da complexidade que invade as sociedades contemporâneas afirma que, apenas estudos de caráter inter-poli--transdisciplinar poderiam resultar em análises satisfatórias de tais complexidades: “Afinal, de que serviriam todos os saberes parciais senão para formar uma configuração que responda a nossas expectativas, nossos desejos, nossas interrogações cognitivas?” (MORIN, 2003, p. 116).

Se os professores não estiverem engajados, se não transgredirem (em) suas práticas cotidianas, assumindo uma atitude mais autoral, libertária, mais flexíveis caminhos promissores não se descortinarão. Parafraseando Gadotti (2012, p. 26) o qual diz que “mudar o mundo depende de todos nós”, pode-se dizer que mudar a escola também depende de todos nós. Pois, além do texto escrito,

> [...] a partir de agora devemos preferir a imagem em espaços de conhecimentos emergentes, abertos, contínuos, em fluxo, não lineares, se reorganizando de acordo com os objetivos ou os contextos, nos quais cada um ocupa posição singular e evolutiva (LÉVY, 1999, p. 158).

Considerações e trilhas para novos debates

No caminhar de produção deste artigo, podemos realçar como marca caracterizadora da Contemporaneidade, o crescente e rápido desenvolvimento tecnológico. A informatização trouxe mudanças significativas de ordens econômicas, políticas e socioculturais.

Dentre essas mudanças é evidente a diversificação de espaços de aprendizagens e expansão de outras fontes de conhecimento, não mais necessariamente institucionalizados, tudo (re)dimensionado pelas tecnologias. Essas transformações estão provocando consideráveis movimentos de transformações na educação, nas instituições escolares e na formação dos sujeitos.

São inegáveis as vantagens da inserção das tecnologias em todas as áreas, porém chamamos mais atenção na área da educação, que é o nosso foco nesse trabalho, onde os recursos tecnológicos devem ser bem empregados e bastante utilizados, pois é importante ressaltar que a educação é a base para a formação dos cidadãos, preparando-os para a vida, para a sociedade nos dias atuais. Porém precisamos saber utilizar bem esses recursos, levando a uma contribuição para a melhoria do processo de ensino-aprendizagem.

Todo esse contexto sugere uma ressignificação na formação dos sujeitos, os quais estão mergulhados nesse ecossistema comunicativo, construindo novas práticas sociais. Eis o grande desafio da contemporaneidade, promover uma educação reflexiva, dialógica que não transite da solidez para a liquidez, tema tão debatido por Bauman.

Ao concluir esse artigo, é importante realçar a necessidade de estimular o desenvolvimento da reflexão da contemporaneidade na sala de aula, pois a relação com a informação e o conhecimento está presente cada vez mais na vida do sujeito. Articulando o questionar, o repensar, a construção e reconstrução do pensamento, a reorganização de si mesmo, preparando o indivíduo para uma sociedade globalizada, para que o mesmo logo cedo aprenda a construir significado em tudo que realizar, compreendendo os desafios e relações do homem frente as antigas e novas formas de conhecimento.

Valorizar o diálogo, o convívio entre as gerações, desenvolver a solidariedade por meio da participação do indivíduo durante toda vida, são desafios para uma educação que reflita sobre alternativas para os problemas presentes, promovendo assim a transformação da sociedade.

REFERÊNCIAS

BAUMAN, Zygmunt. **44 Cartas do mundo líquido modernon**. 1. ed. Rio de Janeiro: Zahar, 2011.

______. **Identidade**. Rio de Janeiro: Jorge Zahar Editor, 2005.

______. **Modernidade e Ambivalência**. Rio de Janeiro: Jorge Zahar Editora, 1999.

______. **Vida líquida**. Tradução Carlos Alberto Medeiros. Rio de Janeiro: Jorge Zahar Ed., 2007.

CASTELLS, Manuel. **A sociedade em rede**. São Paulo: Paz e Terra, 1999.

FREIRE, Paulo. **Pedagogia da Autonomia**: saberes necessários à prática educativa. São Paulo: Paz e terra, 1996.

______. **Pedagogia da Autonomia**: saberes necessários à prática educativa. 4. ed. São Paulo, SP: Paz e Terra, 2004.

GADOTTI, Moacir. Educação Popular, Educação Social, Educação Comunitária: conceitos e práticas diversas cimentadas por uma causa comum. **Revista Diálogos**: pesquisa em extensão universitária, Brasília, v. 18, n. 1, 2012.

HALL, S. **A identidade cultural na pós-modernidade**. Tradução Tomaz Tadeu da Silva, Guacira Lopes Louro. 9. ed. Rio de Janeiro: DP&A, 2004.

KENSKI, Vani M. O papel do professor na sociedade digital. In: CASTRO, Amélia D.; CARVALHO, Anna P. de (Orgs.). **Ensinar a ensinar**: Didática para a Escola Fundamental e Média. São Paulo: Pioneira Thomson Learning, 2001.

LÉVY, Pierre. **A inteligência coletiva**: por uma antropologia do ciberespaço. São Paulo: Loyola, 1998.

______. **Cibercultura**. São Paulo. Editora 34,1999.

MATTA, Alfredo Eurico Rodrigues. **Tecnologias de aprendizagem em rede e ensino de história – utilizando comunidades de aprendizagem e hiper composição**. Brasília: Líber livro Editora, 2006.

MORIN, E. **A cabeça bem-feita**: repensar a reforma, reformar o pensamento. Tradução Eloá Jacobina. 8. ed. Rio de Janeiro: Bertrand Brasil, 2003.

______. Epistemologia da Complexidade. In: DORA, Fried Schnitman (Org.). **Novos paradigmas, cultura e subjetividade.** Porto Alegre, Arte Médicas, 1996.

______. **Os sete saberes necessários à educação do futuro**. São Paulo: Cortez; Brasília; Unesco, 2000.

MUTIM, Avelar L. B. Educação ambiental e gestão de cidades sustentáveis: análise da articulação de processos educativos formais e não formais como estratégia para a gestão do desenvolvimento local sustentável. **Revista da FAEEBA – Educação e Contemporaneidade**, Salvador, v. 16, n. 28, p. 19-34, jul./dez. 2007.

PRETTO, N. de L. Cultura digital e educação: redes já! In: PRETTO, N. L.; SILVEIRA, S. A. (Org.). **Além das redes de colaboração**: internet, diversidade cultural e tecnologias do poder. Salvador, Edufba, 2008.

PRETTO, N. de L.; PINTO, Cláudio da Costa. Tecnologias e Novas Educações. **Revista Brasileira de Educação**, v. 11, n. 31, jan./abr. 2006. Disponível em: <http://www.scielo.br/pdf/rbedu/v11n31/a03v11n31.pdf>. Acesso em: jan. 2018.

SANTOS, A. Dias dos (Org.). **Metodologias participativas**: caminhos para o fortalecimento de espaços públicos socioambientais. São Paulo: Ed. Peirópolis, 2005.

SILVA, Rafael Bianchi et al. O conceito líquido em Zygmunt Bauman: Contemporaneidade e produção de subjetividade. **Athenea Digital**, Materiales, v. 15, n. 2, p. 249-264, jul. 2015.

VYGOTSKY, Lev Semyonovich. **A formação social da mente**. 6. ed. São Paulo: Martins Fontes, 1998.

______. **Pensamento e Linguagem**. São Paulo: Martins Fontes, 1987.

______. **Pensamento e linguagem**. São Paulo: Martins Fontes, 1989.

EDUCAÇÃO A DISTÂNCIA E O SUJEITO AUTÔNOMO: reflexões para a contemporaneidade

Taise Passos Cilindro
Wellington Sales Silva

Introdução

Quando falamos em Educação a distância – EaD, muitas pessoas logo imaginam, apenas, sujeitos que aprendem e sujeitos que ensinam separados no espaço e no tempo, sem estar fisicamente presentes em um mesmo ambiente e, acima de tudo, imaginam que o processo de ensino-aprendizagem é mediado pelo computador. Podemos dizer que esta compreensão não está totalmente errada, mas esta é apenas uma dentre outras possibilidades de EaD. Na verdade, trata-se da quinta geração da EaD; modalidade em que as aulas realmente são virtuais, baseadas no computador e com acesso à internet, o que será abordado mais adiante.

Vale lembrar que a ciência moderna, o capitalismo industrial e os modelos behavioristas de educação foram fatores que influenciaram a concepção atual das instituições escolares, assim como o desenvolvimento da EaD com práticas excessivamente burocratizadas. Entretanto, de acordo com Belloni (1999), o ensino a distância pode trazer contribuições para a formação inicial de estudantes mais autônomos, já que a autoaprendizagem é um dos fatores básicos da sua realização. Geralmente, percebe-se que a maioria desses estudantes são adultos e que a gestão do próprio estudo se constitui um necessário exercício de autonomia.

Certamente, a escola é um dos espaços que pode contribuir para a formação do sujeito no sentido de que ele exerça a autonomia. Entretanto, de acordo com Sibília (2012, p. 13), se usarmos uma analogia e pensarmos na escola como uma tecnologia, a aparelhagem está incompatível com os corpos e as subjetividades das crianças de hoje; neste sentido, então, a escola seria uma máquina antiquada, pois, seus componentes e seus modos de funcionamento já não entram facilmente em sintonia com os jovens do século XXI, isto é, as peças já não se encaixam bem.

Atualmente, a sociedade vivencia momentos de incertezas, que são categorizadas como "pós-modernidade", no dizer de Bauman (2001), ou "modernidade tardia", como no dizer de Giddens (1991). A contemporaneidade tem sido marcada por grandes transformações no campo político, econômico, cultural e, principalmente, no campo tecnológico e do conhecimento científico. Essas mudanças, de acordo com Bauman (2001), se deram com a passagem da sociedade "pesada" ou "sólida" para a atual sociedade "leve" e "líquida". Essa transição afetou vários aspectos da nossa vida, mas, a educação escolar ainda caminha em um ritmo muito lento e permanece obsoleta, de acordo com Sibília (2012), implicando em um desajuste histórico entre a escola e os sujeitos.

A fluidez e o constante processo de transformação social trouxeram mudanças no pensamento, nas relações entre sujeitos e instituições sociais. A sociedade líquida, para Bauman (2001), consequentemente, ocasionou relações menos duradouras, mudança na ideia da família, na economia e capitalismo. Contudo, como salienta Sibília (2012), embora vivenciemos um mundo de incertezas acarretadas pela pós-modernidade, a escola ainda permanece na modernidade, ocorrendo um desencaixe entre ela e o mundo contemporâneo. Assim, necessário se faz que as escolas possam contribuir para formação de sujeitos autônomos capazes de solucionar problemas e estimularem os alunos à experimentação, à participação, e à exposição de seus pontos de vista, buscando novas alternativas frente aos desafios, rumo à construção da autonomia do indivíduo.

Nos últimos anos ocorreram algumas discussões sobre o ensino a distância, no caso do Ensino Médio, em que uma parte, a partir de então, poderá ser ofertada a distância. Deste modo o objetivo do artigo é problematizar se a escola contribui para que o educando seja capaz de gerir seus estudos de forma autônoma na EaD. O método utilizado para este estudo foi o da pesquisa qualitativa de caráter bibliográfico. Para tanto, foi realizada uma revisão de literatura fundamentada em conceitos e discussões sobre autonomia e ensino a distância.

Educação a distância e o sujeito autônomo

Na contemporaneidade, a EaD é caracterizada como uma educação desenvolvida a partir do uso das TIC (Tecnologias da Informação e Comunicação), sendo elas as mediadoras nesse processo. É importante levar em consideração, de acordo com Kenski (2003), que as tecnologias existentes em cada época na sociedade transformam as formas de organização social, comunicação, cultura e a própria aprendizagem. Sendo assim, a EaD também foi traçada ao longo de sua história por diferentes tecnologias como, por exemplo, a carta, o rádio e a televisão.

Desta forma, essas tecnologias citadas marcaram a EaD e sua história foi dividida por gerações, conforme alguns autores. Peters (2004), divide a história da EaD em 3 gerações: (1) ensino por correspondência; (2) novas mídias/universidades abertas e (3) EaD online. Já Moore e Kearsley (2007), apontam 5 gerações, sendo: (1) geração/ensino por correspondência; (2) geração/rádio e televisão; (3) geração/abordagem sistêmica (incluindo as universidades abertas); (4) geração/teleconferência e (5) geração/computador e internet.

Segundo Moore e Kearsley (2007), a primeira geração da EaD ocorreu no começo da década de 1880, quando o meio de comunicação era o texto e o ensino foi dado por correspondência. Assim, a EaD começou com cursos que eram entregues pelo sistema de correios. Quando o rádio e a televisão surgiram, no início do século XX, o ensino também passou a ser difundido por esses meios de comunicação, caracterizando a segunda geração da EaD. O rádio como tecnologia de divulgação da educação não deu muito certo, mas os programas educativos que deram certo, veiculados por canais de televisão ou por TV a cabo, foram designados como telecursos, no Brasil o programa mais famoso foi o *Telecurso 2000*.

A terceira geração da EaD surgiu junto com a modalidade de Educação notada pela *Universidade Aberta* em 1967, no Reino Unido (MOORE; KEARSLEY, 2007). Durante essas três gerações, até o final da década de 1970, a EaD ocorria em tempos e lugares diferentes, ou seja, professor e aluno não se encontravam nem conversavam entre si em tempo real nem no mesmo espaço físico, somente na década de 1980, na quarta geração, ocorreu a "primeira experiência de interação de um grupo em tempo real à distância, em cursos por áudio e videoconferência transmitidos por telefone, satélite, cabo e redes de computadores" (MOORE; KEARSLEY, 2007, p. 25). Nessa quarta geração, a EaD ocorria em geral para suprir as necessidades da educação profissional continuada, principalmente na área da saúde. Por fim, a quinta geração da EaD surgiu com o advento da internet o que, por conseguinte, possibilitou o desenvolvimento da educação online.

É importante mencionar que consideramos a tecnologia não como um aparato material e maquínico, numa visão meramente tecnicista, mas a compreendemos como um processo inerente à própria condição humana, com base na raiz grega da *tecknè* (LIMA JUNIOR, 2005), uma vez que, segundo Arendt (2018), através da *vita activa*, por meio do exercício de suas atividades fundamentais, o ser humano busca produzir coisas para satisfazer suas próprias necessidades. Os seres humanos criam as condições e as coisas para sua sobrevivência, e, coerentemente, essas coisas criadas condicionam os seus autores humanos, pois de outra forma, a existência humana seria impossível (ARENDT, 2018).

Não há, portanto, como separar o humano da tecnologia nem a tecnologia do humano, por que não se trata de uma dicotomia, mas sim de um imbricamento, uma vez que, o ser humano possui uma origem histórico-tecnológica, e a tecnologia, por sua vez, possui uma origem histórico-antropológica (LIMA JUNIOR, 2005; LIMA JUNIOR; HETKOWSKI, 2006).

Como diz Lima Junior,

> Nesta perspectiva, a tecnologia tem uma gênese histórica e, como tal, é inerente ao ser humano que a cria dentro de um *complexo humano-coisas--instituições-sociedade*, de modo que não se restringe aos suportes materiais nem aos métodos (formas) de consecução de finalidades e objetivos produtivos, muito menos ainda, não se limita à assimilação e à reprodução de modos de fazer (saber fazer) predeterminados, estanques e definitivos, mas ao contrário, podemos dizer que consiste em: *um processo criativo através do qual o ser humano* utiliza-se de recursos materiais e imateriais, ou os cria a partir do que está disponível na natureza e no seu contexto vivencial, a fim de *encontrar respostas para os problemas de seu contexto, superando-os*. Neste processo, o ser humano *transforma a realidade* da qual participa e, ao mesmo tempo, *transforma a si mesmo, descobre formas de* atuação e produz conhecimento sobre elas, inventa meios e produz conhecimento sobre tal processo, no qual está implicado (LIMA JUNIOR, 2005, p. 15).

Certamente, as TIC possibilitaram uma forte mudança sobre a forma de organização da EaD em geral e, particularmente, com o surgimento das classes virtuais, aprendizagem colaborativa e convergência tecnológica, unindo texto, áudio e vídeo em uma única plataforma de comunicação. A comunicação e o compartilhamento de informações são questões importantes para que o processo de ensino-aprendizagem ocorra e a autonomia se desenvolva, tanto na educação presencial quanto na EaD.

De certo modo, buscar a autonomia na educação equivale buscar a subjetividade nos processos educacionais, isto é, na relação entre os sujeitos que ensinam e que aprendem, pois, evidentemente, não podemos considerar a autonomia de um Sujeito sem considerar a sua expressão subjetiva, uma vez que a subjetividade, como fundamento dinâmico do Ser-Sujeito, evidencia a função de autonomia (LACAN, 1992 apud LIMA JUNIOR, 2015).

O conceito de autonomia vem sendo elaborado desde a antiguidade. Para falar em autonomia, Platão (428/427 a.C.-347 a.C.) desenvolveu uma concepção de *autarcia* para o termo, e considerava, predominantemente, dentre outros aspectos, a questão da suficiência econômica, não levando em conta o seu aspecto moral (TAYLOR, 1997 apud ZATTI, 2007). Tal concepção só veio incorporar a dimensão moral em Aristóteles (384/383-322 a.C.), quando o termo passou a se referir ao indivíduo humano e ao que ele visa na busca da felicidade (BORRICAUD, 1985 apud ZATTI, 2007).

Na modernidade, Maquiavel (1469-1527) acrescentou a essa autonomia a dimensão política, combinando o sentido de liberdade com o de poder de autolegislar (CAYGILL, 2000 apud ZATTI, 2007). Porém, o termo só ganhou força e centralidade na modernidade, principalmente, a partir das ideias de

Kant (1724-1804), que combinou os sentidos de liberdade e de autolegislação, usados por Maquiavel, numa explicação para designar a independência da vontade em relação a todo objeto de desejo e sua capacidade de determinar-se em conformidade com sua própria lei (KANT, 1974a apud ZATTI, 2007).

Atualmente, a etimologia do termo, segundo Lalande (1999 apud ZATTI, 2007, p. 12), considera a autonomia como "a condição de uma pessoa ou de uma coletividade cultural, que determina ela mesma a lei à qual se submete", sendo que ela envolve basicamente dois aspectos fundamentais: o poder de determinar a própria lei e o poder ou a capacidade de realizar. Ou seja, não basta pensar autonomamente, mas também há que se ter a capacidade de agir de forma autônoma (Ibidem, p. 12). É importante levar em consideração que, partimos do princípio de que os aspectos da autonomia estão ligados à liberdade, à imaginação, ao ato expressivo e criativo do Sujeito, estando, portanto, ligados inevitavelmente à subjetividade humana. Nesta perspectiva, a expressividade do Sujeito é manifestada a partir de sua singularidade e de sua própria condição ontológica de Ser-Sujeito criativo e inventivo, como condição essencial para o exercício da autonomia.

No que se refere a EaD, o seu contexto faz com que os alunos lidem de forma diferente com o aprendizado. No modelo do ensino a distância, o estudante é estimulado a uma postura ativa diante do conhecimento, pois ele não tem a figura do professor o tempo inteiro; ele precisa estabelecer seus próprios horários, além de gerenciar seu conhecimento de forma participativa, diferente do ensino tradicional em que o professor fica a todo tempo questionando sobre as tarefas, conteúdos e sempre tem horários estabelecidos para cada atividade.

Se levarmos em consideração um aluno que sai do sistema tradicional de ensino e vai para o ensino da EaD, concluímos que ele não foi preparado pela escola para ser um Sujeito ativo capaz de se autogerir enquanto sujeito aprendente. A escola tradicional ao longo dos anos tem dado poucas contribuições nesse aspecto, pois, se por um lado a sociedade contemporânea passa por um ritmo de transformação de forma acelerada e complexa, refletindo na cultura e no modo como produzimos conhecimento, as instituições escolares permaneceram obsoletas assumindo uma identidade hegemônica, dificultando o desenvolvimento do processo de autonomia do Sujeito, considerando que a escola é o espaço mais importante que pode contribuir nesse aspecto. Assim, de acordo com Bonilla (2005, p. 78):

> Enquanto a noção de ordem da escola é a da modernidade, a noção de ordem do mundo fora da escola tende a ser a da cosmovisão contemporânea, que já se faz presente em muitos âmbitos da vida, principalmente da vida dos jovens-alunos. Os altos índices de reprovação e evasão escolar têm demonstrado que não existe comunicação entre esses dois mundos e que essa não-comunicação, esse não-convívio pacífico entre as diferentes

noções de ordem é que tem feito com que a escola esteja em crise e que tem levado a Educação a enclausurar-se num processo fechado, formalista.

Dito isto, é preciso considerar que o nosso modelo de educação vigente, fundado na racionalidade científica moderna, não deu vazão à expressividade subjetiva, pois, conforme Lima Junior (2012), a ciência sempre teve a pretensão de assumir um sentido único e verdadeiro através do pensamento metódico, como pretexto para ocupar plenamente o lugar da verdade; fazendo um recorte de sentido e desprezando todo o dinamismo e a variação de sentido das coisas e da realidade, privilegiando, por assim dizer, a razão do modo científico, e negando ao Sujeito a possibilidade de um grau de autonomia na produção de conhecimento. Concordando com Lacan (1998 apud SANTANA, 2012, p. 68), entendemos que esse saber produzido pela ciência não contribui com a subjetividade humana e, por assim dizer, se coloca como obstáculo ao exercício da autonomia.

Desta forma, é difícil pensar na EaD sem levar em consideração os aspectos do ensino básico tradicional e toda sua trajetória ao longo dos anos. Diante disso, a influência da ciência moderna e do capitalismo industrial foram aspectos que influenciaram o modo de ensino reproduzido hoje nas escolas podando a autonomia do indivíduo. Entretanto, convém reafirmar que as escolas enfrentam grandes desafios na atualidade e o modo de educar já está mudando bastante devido à internet. De acordo com Kenski (2015, p. 133),

> O acesso às escolas – instituições identificadas como espaços de certificação e aprendizagem dos saberes socialmente válidos em cada época – já não necessariamente precisa ser feito de forma física e presencial. O ir à escola para se educar e aprender transforma-se em metáfora para a aprendizagem por diversas formas e meios, inclusive os digitais. Como já dizia Michel Serres, em meados dos anos 90, em relação à mudança de rota no caminho de busca do conhecimento, "hoje é o saber que viaja e transforma completamente a ideia de classe ou de campus".

Assim, no ano de 2018 ocorreram várias discussões a partir da proposta do governo do presidente Michel Temer sobre a possibilidade de uma parte do ensino médio ser realizado a distância. Além disso, no ano de 2017 surgiu o Decreto Federal n° 9.057/17 de maio de 2017, para a criação de novos cursos na modalidade a distância. Lembrando que essa modalidade é mediada pelas TIC, haja vista que, conforme discutimos, a EaD já não é algo novo; ela já foi mediada por outras tecnologias. Diante de tais mudanças, cabem os seguintes questionamentos: qual será a qualidade desses cursos? Qual EaD queremos? A escola está contribuindo para formação de sujeitos autônomos para o aprendizado a distância? Esta última é uma questão chave nesta discussão.

Certamente, para que possamos ter uma EaD de qualidade não será suficiente apenas ampliar a quantidade de cursos e muito menos colocar essa modalidade em outros níveis de ensino, sem a preocupação de que o sujeito que aprende possa ser de fato um cidadão do mundo e não apenas ser/estar preparado de forma mecânica para o trabalhado ou para ser um consumidor das tecnologias digitais.

Há muitos anos que educadores já discutem sobre um processo de construção de conhecimentos e saberes, no qual o educando se perceba como sujeito do processo histórico e responsável pela sua condição social individual e, também, coletiva. A verdade é que aliar teoria à prática parece ser o grande desafio para os professores e vale reafirmar a urgência de práticas que possam desenvolver um pensamento pedagógico baseado na práxis, que possibilite ao sujeito ser capaz de atuar e refletir, isto é, de transformar a realidade de acordo com as finalidades delineadas pelo próprio ser humano, pois, o homem é um ser criador, sujeito da sua história.

Freire (1996), defendeu uma pedagogia que possibilitasse o desenvolvimento da autonomia do sujeito, pois o homem com autonomia está em condição de se emancipar. Desta forma, faz importante a dialética entre o ensinar e o aprender, que se constitui em uma relação que o educando e o professor podem ter para favorecer um ambiente educativo dialógico, onde ambos, aprendem e ensinam mutuamente. Nessa perspectiva, a autonomia pressupõe uma relação de aprendizagem cooperativa e solidária.

Contudo, a fragmentação das disciplinas e o pensamento hegemônico ainda predomina na maioria das instituições escolares, dificultando o diálogo e fazendo com que os conteúdos escolares sejam retalhos da realidade e estejam desconectados da totalidade. Para Freire (2013), esses conteúdos são depositados pelos educadores, e por sua vez, os educandos recebem e depositam em "vasilhas". Desta forma, a educação torna-se um ato de depositar conteúdos: eis o que o autor se refere a concepção bancária de educação, em que o saber é uma doação dos que julgam saber mais aos que julgam nada saber. Esse ato é a representação de uma ideologia de opressão em que impõe o indivíduo a passividade que em lugar de transformar tendem a adaptar-se ao mundo com os "depósitos" recebidos. Essa concepção anula o poder criativo dos educandos e impossibilita a criticidade e o desenvolvimento da autonomia.

Para Morin (2000), é necessário reaprender a nossa condição humana e perceber que o ser humano é, a um só tempo, físico, biológico, psíquico, cultural, social, histórico, dentre outras características multidimensionais. Segundo esse autor, esta unidade complexa da natureza humana é totalmente desintegrada na educação por meio das disciplinas, sendo assim, é preciso restaurá-la para que o sujeito tome conhecimento e consciência, ao mesmo tempo, de sua identidade complexa e de sua identidade comum a todos os outros humanos.

Assim, a educação brasileira limitou-se ao longo da sua história a atender aos interesses da elite e das demandas do mercado econômico, fator este próprio da sociedade capitalista. Devido a essa visão econômica a qual prevalece na sociedade atual, as reflexões humanas diminuíram, sobretudo no ambiente educacional, e o indivíduo está classificado de uma forma fria e resumida, o que o fez se distanciar da sua real essência e complexidade.

A visão econômica também predominou na EaD, nota-se que é quase impossível mencionar um aspecto do ensino tradicional presencial, sem que o ensino a distância também não tenha sofrido tais problemáticas, o fordismo é um grande exemplo disso. Segundo Belloni (1999), a EaD chegou a ser classificada por alguns teóricos como uma forma de estudo complementar a era industrial tecnológica, em que o "ensinar" a distância seria um processo industrial de trabalho, citando três princípios importantes: racionalização, divisão do trabalho e produção de massa. Entretanto, a autora acredita que a educação EaD pode trazer boas contribuições e cita:

> Sem dúvida a educação a distância, por sua experiência de ensino com metodologias não presenciais, pode vir a contribuir inestimavelmente para a transformação dos métodos de ensino e da organização do trabalho nos sistemas convencionais, bem como para a utilização adequada das tecnologias de mediação da educação. Existe já neste campo todo um conhecimento acumulado sobre a especificidade pedagógica e didática da aprendizagem de adultos, as formas de mediatização do ensino e as estruturas de tutoria e aconselhamento fundamentadas em uma concepção da educação como um processo de auto-aprendizagem, centrado no sujeito aprendente, considerado como individuo autônomo, capaz de gerir seu próprio processo de aprendizagem (1999, p. 7).

De certo, o ensino a distância mediado pelas TIC é algo real, não tem como negar e reafirmamos a importância em pensarmos sobre uma EaD de qualidade, visto que existem outras possibilidades para o ensino tradicional em que a EaD está presente, como no caso do ensino hibrido ou *blended learning*, que promove uma mistura entre o ensino presencial e o ensino online. Assim, é possível mesclar os dois modos de ensino: o online, em que geralmente o aluno estuda sozinho, e o offline, em que o aluno estuda em grupo, com o professor e colegas, ou seja, o ensino integrando a EaD, que já permeia aspectos da vida do estudante.

Desta maneira, alguns teóricos discutem sobre o *blended learning*. Segundo Moran (2015), a educação sempre foi híbrida; ela é hibrida porque acontece em um contexto de uma sociedade imperfeita contraditórias em suas políticas e em seus modelos entre os ideais afirmados e suas práticas efetuadas e porque não se reduz ao que planejamos institucional e intencionalmente. Para o autor, aprendemos de modo intencional e espontâneo, com professores, sozinhos ou em grupo, aprendemos com o sucesso e com o fracasso.

Em suma, se aprendemos também com o fracasso, necessário se faz pensar sobre a educação que queremos daqui para frente. Onde erramos? O que precisa mudar? A autonomia precisa estar no educando para que eles sejam protagonistas das suas histórias, mas precisa também estar em nós: gestores, professores, pais, alunos e sociedade. Todos somos parte do processo, e responsáveis pelo desenvolvimento educacional, assim, torna-se fundamental entender a educação de forma mais abrangente e dialogar para que ela se configure da melhor forma sem os erros do passado.

Considerações finais

Assim sendo, as reflexões sobre a EaD e a autonomia do Sujeito se fazem necessárias, pois, o ensino a distância já se configura em vários espaços e atingem, por exemplo, estudantes das escolas básicas, como é o caso do Ensino Médio com Intermediação Tecnológica – EMITec, lançado em 2011 pelo Governo do Estado da Bahia, por meio da Secretaria da Educação, para atender aos jovens e adultos que moram em locais distantes onde não ocorre oferta do ensino médio. Além da proposta do governo sobre a possibilidade de uma parte do ensino médio ser realizado a distância e do decreto, 9.057 de maio de 2017, para a criação de novos cursos na modalidade a distância.

Desta forma, embora o ensino a distância requeira que o indivíduo seja mais autônomo para gerir seus estudos, nota-se que a escola pouco tem feito em relação a isso, seja nas escolas tradicionais ou ditas construtivistas. Acreditamos que um dos fatores que dificulta esse processo é que grande parte delas estão pautadas no ensino baseado na eficácia e eficiência, pois, não é raro notar escolas que fazem propagandas mostrando que seus alunos obtiveram a maior nota no ENEM ou nos vestibulares. Percebemos que os resultados têm sido mais priorizados do que o processo em si.

Contudo, notamos também que os sujeitos já lidam cognitivamente com a possibilidade da aprendizagem a distância mediada pelas tecnologias digitais, porque é fácil encontrar atualmente conteúdo na Internet com assuntos variados, como no *You Tube*, por exemplo. Através dessa plataforma de compartilhamento de vídeos é possível encontrar vários professores que oferecem aulas e até cursos completos. Assim, o sujeito pode encontrar várias maneiras de guiar seu aprendizado no ambiente online.

Em suma, se a EaD mediada pelas TIC é uma realidade mundial e está em expansão, é importante pensar em qual educação a distância queremos e em que tipo de formação nós pretendemos ofertar aos sujeitos. Geralmente, as pessoas têm a ilusão de que a EaD demanda menos trabalho, entretanto, é necessário que os estudantes saibam gerir seu tempo, seus estudos e que possam ser questionadores do que aprendem. Para isso é importante que os cursos não tenham pacotes pré-determinados para não exercerem uma autoridade indevida, pois dessa forma os estudantes são menos aptos a questionarem o que aprendem. Diante de tais mudanças e consequências que surgem a partir das transformações ocorridas na sociedade em torno da EaD, é indispensável que as escolas contribuam para a formação de sujeitos mais autônomos.

REFERÊNCIAS

ARENDT, Hannah. **A condição humana**: tradução de Roberto Raposo, revisão técnica e apresentação Adriano Correia. 13. ed. rev. Rio de Janeiro: Forense Universitária, 2018.

BAUMAN, Zygmunt. **Modernidade Líquida**. Rio de Janeiro: Jorge Zahar Editor, 2001.

BELLONI, Maria Luiza. **Educação a Distância**. 4. ed. Campinas-SP: Editora Autores Associados, 1999. (Coleção Educação Contemporânea).

BONILLA, Maria Helena Silveira. A práxis pedagógica presente e futura e os conceitos de verdade e realidade frente às crises do conhecimento científico no século XX. In: TECNOLOGIAS e Novas Educações. Salvador: EDUFBA, 2005

FREIRE, Paulo, **Pedagogia da Autonomia**: saberes necessários à prática educativa. São Paulo: Paz e Terra, 1996. (Coleção Leitura).

______. **Pedagogia do Oprimido**. 54. ed. rev. e atual. Rio de Janeiro: Paz e Terra, 2013.

GIDDENS, Anthony. **As consequências da Modernidade**. 2. ed. São Paulo: UNESP, 1991.

KENSKI, Vani Moreira. **Aprendizagem Mediada pela Tecnologia**. Revista Diálogo Educacional, Curitiba, v. 4, n. 10, p. 47-56, set./dez. 2003. Disponível em: <http://paginapessoal.utfpr.edu.br/kalinke/ grupos-de-pesquisa/novas--tecnologias/grupos-de-pesquisa/pde/pde/pdf/vani_kenski. pdf>. Acesso: 20 dez. 2018.

______. Educação e Internet no Brasil. **Cadernos Adenauer**, XVI, n. 3, 2015. Disponível em: <http://www.pucrs.br/famat/viali/doutorado/sat/textos/Kenski. pdf>. Acesso: 03 dez. 2016.

LIMA JUNIOR, Arnaud Soares de. O dinamismo do sujeito na ciência. In: LIMA JUNIOR, A. S. de. (Org.). **Educação e contemporaneidade**: contextos e singularidades. Salvador: EDUFBA: EDUNEB, 2012.

LIMA JUNIOR, Arnaud Soares de. **Tecnologias inteligentes e educação**: currículo hipertextual. Rio de Janeiro: Quartet; Juazeiro, BA: FUNDESF, 2005. v. 2. (Cibercultura e educação).

LIMA JUNIOR, Arnaud Soares de; HETKOWSKI, Tânia Maria. Educação e contemporaneidade: por uma abordagem histórico-antropológica da tecnologia e da práxis humana como fundamentos dos processos formativos e educacionais. In: LIMA JUNIOR, Arnaud Soares de; HETKOWSKI, Tânia Maria (Orgs.). **Educação e contemporaneidade**: desafios para a pesquisa e a pós-graduação. Rio de Janeiro: Quartet, 2006.

MOORE, Michael G.; KEARSLEY, Greg. **Educação a distância**: uma visão integrada. Edição Especial. Associação Brasileira de Educação a Distância – ABED. Tradução Roberto Galman. São Paulo: Thomson Learning, 2007.

MORAN, José. Educação Hibrida: Um conceito chave para a educação, hoje. In: BACICH, Lilian; NETO, Adolfo Tanzi; TREVISANI, Fernando de Mello. **Ensino Hibrido Personalização e Tecnologia na Educação**. Porto Alegre: Penso, 2015.

MORIN, Edgar. **Os sete saberes necessários à educação do futuro**. Tradução de Catarina Eleonora F. da Silva e Jeanne Sawaya; revisão técnica de Edgard de Assis Carvalho. 2. ed. São Paulo: Cortez; Brasília, DF: UNESCO, 2000.

PETERS, Otto. **A Educação a distância em transição**. Editora UNISINOS, 2004.

SANTANA, Sérgio. A equação dos Sujeitos. In: LIMA JUNIOR, A. S. de. (Org.). **Educação e contemporaneidade**: contextos e singularidades. Salvador: EDUFBA: EDUNEB, 2012.

SIBILIA, Paula. **Redes ou paredes**: a escola em tempo de dispersão. Rio de Janeiro: Contraponto 2012.

ZATTI, Vicente. **Autonomia e educação em Immanuel Kant e Paulo Freire**. Porto Alegre: EDIPUCRS, 2007.

INTERNACIONALIZAÇÃO DAS UNIVERSIDADES BRASILEIRAS E GLOBALIZAÇÃO: processos cruzados

Mateus Santos Souza
Natanael Reis Bomfim

Considerações iniciais

Concebida como estratégia para compartilhar com outras nações experiências acadêmicas, a internacionalização da educação superior vem dominando a agenda das instituições públicas e privadas em todo o mundo nas últimas décadas. Para se falar em internacionalização das universidades, é preciso falar em globalização, pois os dois processos, que, aliás, não são recentes, estão intimamente relacionados, no entanto, exige não apenas parecer internacional, mas capacidade de oferecer um padrão de qualidade com ações e projetos que levem, de forma efetiva, as vantagens da internacionalização para toda comunidade acadêmica.

A internacionalização universitária representa o despertar de uma consciência para um novo perfil profissional necessário para atuar no mundo em rápida transformação, que lhe exige postura crítica com desenvoltura internacional. Sobre isso, afirma a professora doutora Jane Knight, do instituto de Estudos da Universidade de Ontário, no Canadá, "o mundo se transforma a passos rápidos e a sociedade do conhecimento avança na construção de recursos humanos de alto nível, aptos ao exercício da interpretação das condições internacionalizadas que alimentam a própria internacionalização das universidades" (KNIGHT, 2004).

Aproximações teóricas

As primeiras universidades, criadas na Idade Média, na Itália e na França, tinham um forte caráter internacional, porque se constituíam num local de encontro dos grandes pensadores da época, vindos de diferentes partes do mundo. Ao longo do século XX, às necessidades e pressões dos Estados, das sociedades e do mercado no contexto do desenvolvimento nacional, não podem ser tomados sem se considerar os movimentos globalizadores da chamada Idade Moderna, não somente intensificados, mas reconfigurados particularmente nos séculos XX e XXI.

"Vivemos num mundo confuso e confusamente percebido" (SANTOS, 2015, p. 17), creio que essa expressão nos dá uma descrição apurada deste início de século. Estamos no início de uma nova era, caracterizada por grande insegurança, crise permanente e ausência de qualquer tipo de status quo, ou seja, grande parte das certezas construídas ao longo do século 20 já não existem mais. O pano de fundo para esse cenário é o processo de globalização.

O processo esse que reconhecidamente, não é um fenômeno novo. Segundo afirma Stuart Hall (2005, p. 67), "sua história coincide com a era da exploração e da conquista europeias e com a formação dos mercados capitalistas mundiais". Porém, com o avanço científico-tecnológico, as relações de mobilidade de todo tipo – movimento e fluxo de pessoas, informação, objetos, tecnologias e capital – foram reconfiguradas a partir da compressão espaço-tempo e, com isso, o processo globalizador tornou-se avassaladoramente rápido.

Para Santos (2015, p. 17), essa globalização pode ser entendida a partir de três perspectivas. A primeira seria o mundo tal como nos fazem vê-lo, ou seja, a globalização apresentada como "fábula", a qual é contada e propagada de forma capciosa de acordo aos interesses do Estado e das grandes empresas transnacionais pelas as quais transitam fluxos de mercadorias, serviços, capitais e informações etc. A segunda seria o mundo tal qual como ele é, a globalização como um espaço de "perversidade" sistêmica que está na raiz dessa evolução negativa da humanidade tem relação com a adesão desenfreada aos comportamentos competitivos que atualmente caracterizam as ações hegemônicas; já a terceira trata-se do mundo como pode ser, "uma outra globalização", mediante uma globalização mais humana. Trazer uma definição sobre o fenômeno é um desafio, a começar pela declinação de número: seria uma globalização ou muitas globalizações?

Milton Santos (2015), faz uma interessante interpretação dos processos de globalização, ao considerar que possuem três facetas, já acima citadas. Para o autor, essa compreensão passa pelo reconhecimento do papel da ideologia da globalização, que poderia ser uma novidade nesses tempos interessantes, a partir desse conhecimento, viria a liberdade de escolher entre o status quo ou empreender mudanças em prol de um mundo alternativo.

Sousa Santos alerta para como a globalização oferece papéis distintos aos países desenvolvidos e subdesenvolvidos. Aos primeiros cabe a produção de localismos globalizados, que são práticas locais que, disseminadas pelos meios de comunicação tornam-se um imperativo global; aos demais países resta os globalismos localizados, que são aquelas práticas importadas que solapam as diferenças locais. Em contraposição a esses movimentos, Sousa Santos identifica dois fenômenos: o cosmopolitismo, que seria a articulação a nível internacional dos interesses comuns entre as nações menos favorecidas; e o patrimônio comum da humanidade, que é colocação na agenda mundial de temas que não fazem sentido serem discutidos apenas de forma local, mas sim globalmente.

Observa-se, portanto, em ambos os autores, a percepção de que um movimento de resistência vem-se articulando, e esse movimento emerge daqueles grupos marginalizados pelos processos vigentes de globalização. Mas o discurso gerado por essas minorias não fica restrito ao seu local: ganha importância numa agenda global e passa a fazer parte dela. E essa agenda passa a influenciar, internamente, o processo político dos Estados.

A agenda internacional pode influenciar a formulação de políticas, a influência internacional se dá por pelo menos duas maneiras: uma mais direta – fluxo de ideias por meio de redes políticas e sociais – e outra que contempla o patrocínio de soluções por parte de agência multilaterais e organizações internacionais. Percebe-se como uma influência limitada, pois as influências externas são sempre (re)contextualizadas no local.

A mundialização dos mercados acabou por globalizar as culturas e os modos de produção. Sendo parte da cultura, a educação superior acompanha esse processo. Obter sucesso profissional é condição *sine qua non* para a realização pessoal, e a formação educacional é peça fundamental nesse processo, pois condiciona a inserção no mercado de trabalho. Prova disso é o crescente aumento de vagas de nível superior em todo o mundo, em especial nos países emergentes[16].

Dessa maneira, mais do que pensar a globalização em termos de homogeneização cultural, é preciso compreendê-la como um "processo profundamente histórico, desigual e até mesmo localizado, em que, as diferentes sociedades se apropriam dos materiais da modernidade de maneiras diferentes" (BAUMAN, 1998, p. 16). Havendo essa possibilidade de apropriação, o que poderia ser homogeneização pode passar a ser compreendido como parte de uma reorganização daquilo que é local.

É justamente nesse sentido que Ortiz (2006) e Mignolo (2003) estabelecem a diferenciação entre globalização e mundialização. Enquanto o global se refere a processos econômicos e tecnológicos, o mundial se refere ao domínio específico da cultura e, conforme esclarece Ortiz (2006, p. 4-5):

> Certamente existe uma relação entre esses níveis, mas não uma homologia. Não existe, e tampouco existirá, uma "cultura global", uma única concepção de mundo. Enquanto se fala de mercado global ou de tecnologia global,

16 De acordo com o relatório da Organização das Nações Unidas para a educação, a ciência e a cultura. Unesco Companing Education Statistics Across the World, de 2009, de 2000 a 2007, 51,7 milhões de novos estudantes ingressaram em instituições de nível superior, sendo que os maiores crescimentos desses números deram-se na África, em especial na subsaariana, na América Latina, na Ásia e nos Estados Árabes.

> na esfera cultural somos obrigados a enfrentar o tema da diversidade. Para mim, a globalização é uma situação. Uma totalidade que envolve as partes que a constituem, mas sem anulá-las. Neste contexto, o velho e o novo estão presentes; o local, o nacional, e o tribal não desaparecem. O "velho" é re-significado e o novo marca as mudanças ocorridas. Trata-se de uma realidade na qual convivem e entram em conflito espaços e temporalidades distintas. É essa riqueza da análise que às vezes se perde quando o quadro atual é analisado apenas do ponto de vista econômico.

Assim, apropriando-se de uma expressão utilizada por Mignolo (2003), diria que o "mundializado" é muito mais da ordem das "histórias locais", enquanto o "globalizado" é da ordem dos "projetos globais". E uma cultura mundializada não implica o aniquilamento das outras manifestações culturais; ela co-habita e se alimenta delas.

Obviamente, essa apropriação vai sempre se dar num contexto marcado fortemente pelo capital e pelos interesses políticos, que estão na base do processo de globalização ao longo dos séculos, notadamente na chamada modernidade tardia. O modelo, ao relacionar a fase de conceitualização e desenvolvimento aos projetos de capitalismo\universalismo e corporatização\globalização, mostra-se particularmente relevante para esse trabalho, em que os processos de internacionalização das universidades também estão na base das des(re)territorializações. Esse movimento de corporatização que veio tomando muitas instâncias da sociedade, atinge também, como citado, a Educação, não somente a privada, mas igualmente a pública, como Boaventura de Souza Santos explora.

Sousa Santos explora o tema ao problematizar a Crise da Universidade no século 21, no qual as relações entre globalização e educação são repetidamente reafirmadas. Para o autor, a universidade foi fortemente atingida pelo fenômeno da liberalização da economia mundial, com a consolidação da educação como serviço (1995). Essa relação, entre globalização neoliberal e Universidade, não é novidade; mas foi ressignificada e avançou para um novo patamar. "A nova transnacionalização é muito mais vasta que a anterior e a sua lógica, ao contrário desta, é exclusivamente mercantil" (SOUSA SANTOS, 2010, p. 11).

O autor português também alerta que a financeirização da Universidade é um fenômeno intrínseco ao novo papel que os Estados vêm desempenhando no cenário da economia global neoliberal. Exemplo dessa lógica está presente no chamado Processo de Bolonha, por meio do qual a União Europeia procurou criar um espaço comum de educação. Passo importante à consolidação desse que é o maior, mais influente e mais institucionalizado bloco econômico mundial, Bolonha está em vigor desde 1999, quando da publicação da sua carta fundacional, a Declaração de Bolonha. Nela, entre os objetivos que buscam a construção de um espaço europeu de educação, está a "adoção de um sistema de facilidade de redação e comparação de diplomas, para promover a empregabilidade dos cidadãos europeus e a competitividade internacional do sistema de educação superior europeu". Assim, Bolonha reflete que a disponibilidade global de mão de obra qualificada fez com que o investimento na Universidade pública dos países centrais baixasse de prioridade e se tornasse mais seletivo em função das necessidades do mercado.

Com base nessa possibilidade de globalização educacional, focada em redes de cooperação multicultural, com respeito e valorização do local em articulação do global na solução dos problemas sociais e que se pretende analisar o fenômeno crescente que é a faceta mais evidente da globalização na Universidade: a internacionalização. Levanto a hipótese de que é por meio desse processo de trocas que a Universidade pode se ressignificar e enfrentar a crise pela qual passa, desde que escolha atividades que privilegiem a globalização contra hegemônica, em detrimento da neoliberal.

Os fenômenos das globalizações trouxeram para a área da educação um novo ator, que são as organizações internacionais, as quais vêm atingindo o papel do Estado e da sociedade no processo político educacional. Nesse sentido, para o estudo da educação e sua internacionalização, é importante destacar três atores internacionais: o Banco Mundial (BM), Organização para Cooperação e Desenvolvimento Econômico (OCDE) e a Organização das Nações Unidas para Educação, Ciência e Cultura (Unesco). De forma geral, pode-se dizer que o Banco Mundial trabalha com a parte financeira (ênfase no capital), a Unesco com foco humanista e a OCDE é um meio termo entre ambos. Esses papéis não são engessados, e seus efeitos são complementares e diferentes dependendo do país que será receptor da ajuda.

Conceitualmente, a internacionalização corresponde ao "processo de integrar uma dimensão internacional, intercultural ou global com o objetivo, as funções ou o oferecimento do ensino pós-secundário" (KNIGHT, 2004, p. 2). Nessa perspectiva, pode se manifestar de diferentes formas, como promovendo a mobilidade física dos indivíduos, a cooperação acadêmica de pesquisadores, professores e estudantes, bem como a parceria transnacional entre universidades de diferentes partes do mundo, envolvendo múltiplos atores.

Na educação superior a internacionalização equivale, portanto, a um movimento de grande abertura dos países às relações sociais externas visando à ampliação de competência diversas, como, por exemplo, educacionais, científicas e tecnológicas. Concretamente, ela pode se manifestar pelo crescente aumento da movimentação transnacional de pesquisadores, estudantes e professores universitários. O conhecimento mútuo gerado por esse movimento acontece em contextos igualmente diversificados: social, educacional, cultural, político, geográfico, econômico e linguístico, dentre outros.

Do ponto de vista histórico, a internacionalização é um fenômeno existente desde os primórdios da instituição universitária. Para a ex-presidenta do Fórum de Assessorias das Universidades Brasileiras para Assuntos Internacionais (FAUBAI), Luciane Stallivieri, a Universidade é, em sua origem internacional, a formação dessas escolas chamadas de "universitas", contava com professores e estudantes de diferentes regiões e países, apresentando em sua constituição comunidades internacionais, que se reuniam em busca de um objetivo comum: o conhecimento.

De acordo com Knight (2004), na discussão da internacionalização da educação é preciso se manter atento tanto aos benefícios quanto aos riscos e às consequências não intencionais desse processo. Nessa perspectiva, a autora enfatiza:

> embora há múltiplos e variados benefícios na internacionalização, manter o foco somente nos benefícios significa ignorar os riscos e as consequências negativas não intencionais envolvidas. A fuga de cérebros decorrente da mobilidade acadêmica internacional é um exemplo de efeito adverso. O atual conceito de circulação de cérebros não reconhece a ameaça da mobilidade acadêmica nem a grande disputa por cérebros provenientes dos países situados no extremo inferior da cadeia intelectual. Além disso, a busca pela qualificação internacional está levando à recorrente emissão de títulos fraudulentos oferecidos por fábricas de diploma (KNIGHT, 2004, p. 65).

Nas últimas décadas, os programas de mobilidade vêm se fortalecendo e se destacando como uma das estratégias mais férteis para a cooperação acadêmica internacional. Todavia, ainda que dotados de grande relevância esses programas constituem a parte mais visível da internacionalização, pois, na verdade, existem várias outras possibilidades. Isto porque as políticas estatais e institucionais "promovem a internacionalização diversificando e fortalecendo a base tecnológica e científica de desenvolvimento sustentável enquanto se preservam interesses nacionais e incentivos para implementar redes até a excelência na investigação tecnológica e científica (LAUS; MOROSINI, 2005, p. 148).

Laus (2012, p. 62) inicia seu trabalho conceitual com uma provocação interessante: internacionalizar para que e para quem? Nesse sentido, analisar o contexto (políticas públicas, história e geografia locais e mundiais) e os atores (UNESCO, OCDE, BANCO MUNDIAL, por exemplo) envolvidos num processo de internacionalização faz-se necessário. Assim, ela realiza sua pesquisa com base no seguinte conceito:

> A internacionalização de uma Universidade corresponde ao processo de diálogo (trabalhos conjuntos, cooperação, intercâmbio, conflitos e problemas surgidos) com outras Universidades ou organizações variadas (empresas, governos, agências internacionais, ONGs) do mundo exterior à fronteira nacional na concepção, desenvolvimento ou implementação de suas funções de ensino, pesquisa e extensão (LAUS, 2012, p. 81).

Lima e Maranhão trazem, em um artigo de 2009, a ideia de internacionalização ativa e passiva. A primeira seria a forma como os países centrais praticam a internacionalização e traz consigo a ideia de dominação de supremacia. Nesse conceito, cabe aos países como Estados Unidos e os da Europa ocidental atrair estudantes a fim de que possam ser qualificados a ingressarem no mercado de trabalho mundial, desenvolvendo habilidades que servem a esse propósito. As autoras alertam que esse processo é duplamente benéfico aos países do Norte, já que receber estudantes implica o recolhimento de taxas e impostos, além da manutenção de um modo de produção que lhes é conveniente. Num primeiro momento, para os alunos que buscam esses países também há vantagens, pois há em seus locais de origem uma valorização dos saberes externos. Elas alertam para uma possível dominação cultural dos protagonistas dessa internacionalização ativa, pois eles concentram a imensa maioria dos estudantes internacionais. Assim, costumes e vivências locais passariam a ser reproduzidos em nível mundial.

Já aos países emergentes restaria a internacionalização passiva, ou seja, receber conhecimento dos países centrais. Aqui, percebe-se que há um criterioso processo de seleção entre o restrito número de intelectuais que merecem ter a experiência internacional, que não se restringe apenas à mobilidade, o processo passivo serviria para consolidar as diferenças socioeconômicas e culturais tanto nacionalmente quanto em nível global, entre as nações.

É desse modo que passamos a reconhecer a grande variedade conceitual existente no campo da internacionalização da educação superior e, mais ainda, como falta de consenso nessa área pode estar dificultando a prática e os rumos da internacionalização, inclusive em termos de políticas públicas que compreendem o fator estratégico da mesma para o avanço da educação superior. A esse respeito, Laus (2012) analisa que existe um sentimento de falsa convergência na literatura, não havendo, desta forma, um consenso sobre "os sentidos, as razões e os rumos da internacionalização da educação superior".

A internacionalização na universidade brasileira: capes e a sua contribuição

A Coordenação de Aperfeiçoamento de Pessoal de Nível Superior (Capes), fundação do Ministério da Educação (MEC), desempenha papel fundamental na expansão e consolidação da Pós-Graduação stricto sensu (mestrado e doutorado) em todos os estados da Federação.

Em 2007, passou também a atuar na formação de professores da educação básica ampliando o alcance de suas ações na formação de pessoal qualificado no Brasil e no exterior.

As atividades da Capes podem ser agrupadas nas seguintes linhas de ação, cada qual desenvolvida por um conjunto estruturado de programas:

- avaliação da pós-graduação stricto sensu;
- acesso e divulgação da produção científica;
- investimentos na formação de recursos de alto nível no país e exterior;
- promoção da cooperação científica internacional;
- indução e fomento da formação inicial e continuada de professores para a educação básica nos formatos presencial e a distância.

A Capes tem sido decisiva para os êxitos alcançados pelo sistema nacional de pós-graduação, tanto no que diz respeito à consolidação do quadro atual, como na construção das mudanças que o avanço do conhecimento e as demandas da sociedade exigem.

O sistema de avaliação, continuamente aperfeiçoado, serve de instrumento para a comunidade universitária na busca de um padrão de excelência acadêmica para os mestrados e doutorados nacionais. Os resultados da avaliação servem de base para a formulação de políticas para a área de pós-graduação, bem como para o dimensionamento das ações de fomento (bolsas de estudo, auxílios, apoios).

A Campanha Nacional de Aperfeiçoamento de Pessoal de Nível Superior (atual Capes) foi criada em 11 de julho de 1951, pelo Decreto nº 29.741, com o objetivo de "assegurar a existência de pessoal especializado em quantidade e qualidade suficientes para atender às necessidades dos empreendimentos públicos e privados que visam ao desenvolvimento do país".

Passados 57 anos desde a criação da Capes, o Congresso Nacional aprova por unanimidade a Lei nº 11.502/2007, homologada pelo então presidente Luiz Inácio Lula da Silva no dia do aniversário da Coordenação, 11 de julho. Cria-se assim a Nova Capes, que além de coordenar o alto padrão do Sistema Nacional de Pós-Graduação brasileiro também passa a induzir e fomentar a formação inicial e continuada de professores para a educação básica. Tal atribuição é consolidada pelo Decreto nº 6.755, de 29 de janeiro de 2009, que instituiu a Política Nacional de Formação de Profissionais do Magistério da Educação Básica.

A Capes assume então as disposições do decreto, por meio da criação de duas novas diretorias, de Educação Básica Presencial (DEB) e de Educação a Distância (DED). As ações coordenadas pela agência culminaram com o lançamento do Plano Nacional de Formação dos Professores da Educação Básica, em 28 de maio de 2009. Com o Plano, mais de 330.000 professores das escolas públicas estaduais e municipais que atuam sem formação adequada à Lei de Diretrizes e Bases da Educação Brasileira (LDB) poderão iniciar cursos gratuitos de licenciatura.

Com menos de dois anos da mudança em sua estrutura, a Capes passa a desenvolver diversas ações de acordo com nova missão. São implementados uma série de programas que visam contribuir para o aprimoramento da qualidade da educação básica e estimular experiências inovadoras e o uso de recursos e tecnologias de comunicação e informação nas modalidades de educação presencial e a distância.

De acordo com a Portaria nº 198, de 17 de outubro de 2017, o Grupo Assessor Especial da Diretoria de Relações Internacionais é composto pelo Presidente da Capes, que o presidirá, o Diretor de Relações Internacionais e 32 membros convidados. Seu mandato será de dois anos, podendo ser alterado ou prorrogado de acordo com as necessidades da Capes. O Grupo Assessor Especial tem as seguintes atribuições:

a) Elaborar lista de consultores para a realização de análise de mérito das propostas apresentadas;
b) Realizar avaliação de mérito, priorizações e classificação de propostas submetidas nos diversos programas coordenados pela DRI;
c) Acompanhar a implementação e o desenvolvimento dos programas por país e encaminhar sugestões de aprimoramento dos procedimentos;
d) Representar eventualmente, quando convocado, a Diretoria de Relações Internacionais em eventos e viagens vinculados a sua área de atuação.

Falar de internacionalização da educação superior no Brasil não é tarefa fácil. A carência de material sobre o assunto engloba não só pesquisas a respeito, mas também acesso as regulações acerca do tema. Ainda assim, percebem-se avanços nesse sentido, regulações específicas das agências de fomento – Capes e CNPq – acerca do tema e normas internas das instituições.

Apesar desse escasso material, a internacionalização não é fenômeno inédito do século 21 no Brasil. Pode-se citar como exemplo a instituição do Programa Estudante Convênio – Graduação (PEC-G) em 1965 que, ainda ativo, prevê o recebimento de estudantes estrangeiros para que façam sua graduação em Instituição de Ensino Superior (IES) brasileiras. Em 1981 o programa foi aprimorado e passou a abranger também cursos de Pós-Graduação (PEC-PG).

Em 2010, a Coordenação de Aperfeiçoamento de pessoal de Nível Superior (CAPES) em seu Plano Nacional de Pós-graduação 2011-2020 propõe o envio de mais estudantes ao exterior para fazerem doutorado, aumento do número de publicações com instituições estrangeiras. Tais recomendações são propostas como estratégia para a expansão da pós-graduação brasileira e da busca pela excelência e por novos conhecimentos através da interação com instituições internacionais, de forma a promover o crescimento da ciência e aumentar o protagonismo do Brasil no cenário internacional. Como resultado , em 2011, através do Decreto nº 7.642, é instituído o programa Ciência sem Fronteiras (CsF) pelo Governo Federal, concebido e iniciado no contexto da cooperação em educação, ciência e tecnologia e inovação das relações Brasil-EUA com destaque para os encontros dos presidentes Obama e Dilma Rousseff em 2011, na declaração conjunta, ressaltou-se a importância da cooperação entre entidades estatais de incentivo à educação e à pesquisa –como a Fundação Fulbright e agências Capes e CNPq (BRASIL, 2018).

Nesse programa, é claro o foco quase absoluto da CAPES sobre as atividades de mobilidade física internacional, demonstrando, assim, sua definição de internacionalização em termos de programas e atividades, desconsiderando sua dimensão política e processual na busca por integração da dimensão internacional às áreas acadêmicas.

Posteriormente, após duras críticas por parte da mídia e das IES com respeito a diversos aspectos do programa, o CsF chega ao fim em 2015 e um novo formato deste programa começa a ser proposto em 2017. Intitulado de Programa Institucional de Internacionalização (PrInt) – CAPES PrInt – o novo programa pretende fomentar a construção, a implementação e a consolidação de planos estratégicos de internacionalização de instituições. O estímulo à formação de redes de pesquisas internacionais para o aprimoramento da qualidade da produção acadêmica vinculada à pós-graduação, está no cerne do Programa. Além de ampliar ações de apoio à internacionalização na pós-graduação, promover a mobilidade de docentes e discentes e incentivar a transformação das instituições participantes em um ambiente internacional, o Programa integra outras ações de fomento da CAPES ao esforço de internacionalização (CAPES, 2018).

O investimento atual da CAPES para esse programa será de R$ 300 milhões anuais. Os itens financiáveis são:

- Auxílio para missões de trabalho no Exterior;
- Recursos para manutenção de projetos;
- Bolsas no exterior: doutorado sanduíche, professor visitante junior (antigo estágio pós-doutoral com vínculo empregatício);
- Professor visitante sênior (antigo estágio sênior no exterior);
- Capacitação (em cursos de curta duração ou "summer\winter schools");
- Bolsas no país: jovem talento, professor visitante e pós-doutorado.

O primeiro ponto que fica claro é que o processo de internacionalização nas IES Brasileiras não é mais incipiente, ou seja, a necessidade de um plano estratégico para internacionalização está alinhado com a política atual da Capes, o qual procura dar continuidade as ações de cooperação acadêmica internacional, que aperfeiçoe o processo de internacionalização naquelas instituições que estão no estágio mais avançado do processo e inicie a internacionalização em outras que se encontram com o processo em fase incipiente. As instituições terão de ser capazes de definir suas competências em termos de áreas de pesquisa prioritárias para internacionalização, com objetivos claros, utilizando-se de indicadores quantitativos e qualitativos para medir o progresso.

O plano deverá incluir treinamento em língua estrangeira para bolsistas antes de deixarem o país, assim como preparação em termos culturais e práticas para o intercâmbio. Além da mobilidade passiva, o plano tem que exibir clara mobilidade ativa, como estratégias para consolidação de parcerias internacionais e atração e fixação de pesquisadores estrangeiros no Brasil.

Assim, o programa demonstra uma transição no conceito de internacionalização por parte da CAPES que, com foco no desenvolvimento da internacionalização no nível institucional, bem como no aumento quantitativo e qualitativo da pesquisa nacional, busca encorajar o protagonismo das IES através da construção de políticas institucionais de internacionalização que deverão refletir as particularidades e os objetivos acadêmicos de cada instituição.

Considerações finais

Ainda que, ao longo desse artigo, determinadas ideias tenham sido recorrentes, as considerações finais se impõe estabelecer que a internacionalização das universidades Brasileiras é necessária para tornar a educação superior responsiva aos requerimentos e desafios da sociedade globalizada, além do potencial de transformar as vidas de docentes, discentes e pesquisadores, tem o papel cada vez maior para ciência através da intensa troca de conhecimento acadêmico, permitindo assim a construção de capacidades sociais e econômicas.

A Capes, em seu papel de agência de fomento, vem realizando discussões a respeito da internacionalização das IES, com o objetivo de desenhar um novo programa – PrInt – de fomento adequado às suas necessidades, porém são necessários ajustes a esse processo para torna-lo mais eficiente.

Por último, circunscreve a internacionalização no fenômeno indiscutível da globalização ao mesmo tempo em que aponta a necessidade de se manter uma visão crítica sobre suas consequências para o funcionamento das instituições. Reitero ser imprescindível que as IES busquem fazer uma análise interna das políticas acadêmicas de internacionalização que concebem e implementam, na perspectiva de vislumbrar o que desejam ser e avaliar o alcance das atividades que efetivamente desenvolvem, em relação aos indicadores de qualidade.

REFERÊNCIAS

ALTBACH, Phillip; KNIGHT, Jane. **Globalization and the university and realities in unequal world**. Tertiary Education and Management. Kluwer Academic Publishers, v. 10, p. 3-25, 2004.

BAUMAN, Zygmut. **O mal-estar da pós-modernidade**. Jorge Zahar Editor: Rio de janeiro, 1998.

BOMFIM, Natanael Reis. Campos E Abordagens da Pesquisa em representações e educação: desafios e perspectivas do GIPRES. In: **REPRESENTAÇÕES, Educação e Interdisciplinaridade**: abordagens teórico-práticas na interface entre identidades, territorialidades e tecnologias. Curitiba: CRV, 2017.

BRASIL. Ministério da Educação. **Fomento e apoio**: produção científica. Disponível em: <www.brasil.gov.br/sobre/ciencia-e-tecnologiafomento-e--apoio/producaocientifica>. Acesso em: jul. 2018.

CAPES. **História e missão**. Disponível em: <http://capes.gov.br/historia-e--missao>. Acesso em: jul. 2018.

______. Ministério da Educação. **Programa Institucional de Internacionalização – CAPES PrInt**. Disponível em: <http://www.capes.gov.br/cooperacao--internacional/multinacional/programa-institucional-de-internacionalizacao--capes-print>. Acesso em: jul. 2018.

______. **Plano Nacional de Pós-Graduação (PNPG)**. Disponível em: <http://www.capes.gov.br/images/stories/download/livros-PNPG_Volume-1-Mont.pdf>. Acesso em: jul. 2018.

DE WIT, Hans. An internationalization model: Responding to new realities and challenges. In: DE WIT, Hans et al. **Internationalization of higher education in Latin America**: The International Dimension. Washington: World Bank, 2005.

______. **Internationalization of higher education in Latin America**: a historical, comparative, and conceptual analysis. Westport: Greenwood Press, 2002.

DIAS SOBRINHO, José. **Dilemas da educação superior no mundo globalizado**: sociedade do conhecimento ou economia do conhecimento? São Paulo: Casa do Psicólogo, 2005.

GATTI, Bernadete A. **A Construção da Pesquisa em Educação no Brasil**. Brasília: Liber Livro Editora, 2012.

HALL, Stuart. **A identidade cultural na pós-modernidade**. Tradução Tomaz Tadeu da Silva, Guaracira Lopes Louro. 10. ed. Rio de janeiro: DP&A, 2005.

HOBSBAWM, Eric. **Era dos Extremos**: o breve século XX (1914-1991). Tradução Marcos Santarrita; revisão técnica: Maria Célia Paoli. São Paulo: Companhia das Letras, 1995.

HUDZKI, John. **Internacionalización integral**: del concepto a la acción. Disponível em: <www.nafsa.orgcizn>.

KNIGHT, Jane. Internationalization Remodeled: Definition, Approaches and Rationales. **Journal os studies in international education**, v. 8, n. 1, 2004.

______. **Trade in higher education services**: the implications of GATS. London: Observatory on Borderless Higher education, 2002. Disponível em: <www.obhe.ac.uk>.

KOK, John. The internationalization of universities through the management of their intelectual capital. **Eslovenia**, p. 381-9, 24 a 26 nov. 2005.

LAUS, Sônia: **A internacionalização da educação superior**: um estudo de caso da Universidade Federal de Santa Catarina. 2012. Tese (Doutorado). Universidade Federal da Bahia, Escola de Administração. Salvador, 2012.

LAUS, Sônia; MOROSINI, Marília. Internationalization of Higher Education in Brazil. In: DE WIT, H. et al. **Higher education in Latin America**: the international dimension. Washington: The World Bank, 2005.

LIMA, Manolita; MARANHÃO, Carolina. O Sistema de Educação Superior Mundial: entre a internacionalização Ativa e Passiva. **Avaliação**, Campinas; Sorocaba, v. 14, n. 3, p. 583-610, nov. 2009.

LIMA, Marilda Duran. **Manual de normalização de trabalhos acadêmicos**: artigo. Santa Fé do Sul, São Paulo: Faculdades Integradas, 2018.

MARRARA, Thiago. A legalidade na relação entre Ministérios e Agências Reguladoras. In: ARAGÃO, A. S. (Org.), **O poder normativo das agências reguladoras**. Rio de Janeiro: Forense, 2006. p. 509-36.

MIGNOLO, Walter. **Histórias locais\projetos globais**. Colonialidade, saberes subalternos e pensamento limiar. Belo Horizonte: Editora UFMG, 2003\2000.

MIURA, Irene. **O processo de internacionalização da Universidade de São Paulo**: um estudo de três áreas de conhecimento. 2006. Tese (Livre Docência) – Universidade de São Paulo, Faculdade de Economia, Administração e Contabilidade de Ribeirão Preto. Ribeirão Preto, 2006.

MOROSINI, Marília. Estado do conhecimento sobre a internacionalização da educação superior – conceitos e práticas. **Revista Educar**, n. 28, 2006.

ORTIZ, Renato. **Mundialização**. Saberes e Crenças. São Paulo: Editora Brasiliense, 2006.

______. **Mundialização da Culturan**. São Paulo: Brasiliense, 1994.

PIRES, A. P. Amostragem e pesquisa qualitativa: ensaio teórico e metodológico. In: POUPART, J. (Org.). **A pesquisa qualitativa**: enfoques epistemológicos e metodológicos. Petrópolis: Ed. Vozes, 2008. p. 154-211.

RIBEIRO, Renato Janine. Não há inimigo pior do conhecimento que a terra firme. **Tempo Social. Revista Sociologia USP**, São Paulo, v. 11, n. 1, p. 189-195, maio 1995.

RODRIGUES, Maria Lucia. **Metodologias Multidimensionais em Ciências Humanas**. Brasília: Liber Livro Editora, 2012.

RUDZKI, Romuald. **The strategic management of internationalization**: towards a model of theory and practice. United Kingdom: University of NewCastle upon Tyne, 1998.

SA, Celso. **A construção do objeto de pesquisa em representações sociais**. Rio de Janeiro: EdUERJ, 1998.

SANTOS, Milton. **Por uma outra globalização**: do pensamento único à consciência universal. Rio de Janeiro: Record, 2015.

SOUZA SANTOS, Boaventura de. **A Universidade do Século XXI**: para uma reforma democrática e emancipatória. São Paulo: Cortez, 2010.

MODERNIDADE, GLOBALIZAÇÃO E SUAS MARCAS SOBRE A CONSTRUÇÃO DO PERFIL DOS ESTUDANTES DA EJA NO TERRITÓRIO DO SISAL

Paulo José Pereira dos Santos
Eduardo José Fernandes Nunes

A sociedade vem passando por diversas transformações, sejam elas econômicas, sociais, políticas, tecnológicas, educacionais que com certeza causam impactos na vida das pessoas e influenciam diretamente sua forma de ver e encarar o mundo. Há pouco mais de duas décadas nos era vendida a ilusão, de que a conclusão dos estudos (uma formação), nos traria a tão sonhada felicidade, com direito a uma casa bonita em um bairro de procedência, um carro próprio, um bom cargo empregatício e prosperidade. Tempos esses, em que uma profissão era garantia de trabalho até a aposentadoria. Conhecíamos os nossos vizinhos de nossa rua, sabíamos de sua rotina, quase não havia assaltos e violência nas ruas.

Este trabalho procura entender a Educação de Jovens e Adultos no Território de Identidade do Sisal, dentro desse novo cenário da globalização e dos movimentos sociais através de ações sociais que levantaram novas abordagens e metodologias para atenuar a questão da precariedade secular da educação em nosso país.

O analfabetismo no Brasil é uma questão histórica e ainda hoje não resolvida, principalmente nos estados do Nordeste e Norte do país. O descaso pela educação marcou os inúmeros governos que sucedera, ao longo do século XX e ainda reverbera em muitos municípios brasileiros, sobretudo, do meio rural.

Para entendermos essa realidade complexa do novo capitalismo globalizado e o Território de Identidade do Sisal, foram realizadas análises a partir das ideias de Milton Santos, Manuel Castells, Anthony Giddens, Stuart Hall, entre outros, e os dados e análises das pesquisas realizadas pelo Observatório de Educação de Jovens e Adultos (PPGEDUC/UNEB) do grupo de pesquisa Teórica Social e Projeto Político Pedagógico (TSPPP).

Globalização, movimentos sociais e o direito à educação

A modernidade nos trouxe uma realidade diferente. Se décadas atrás tínhamos muitas certezas, elas já nos abandonaram. Segundo Bauman (2001), agora o centro da vida social passa a ser a ideia da existência do indivíduo e do individualismo, demarcados por uma crescente autonomia em relação à vida comunitária e social.

Vivemos momentos de incertezas, do imediatismo, o que desejamos e para já. O novo capitalismo que surge a partir das décadas de 1960-1970, tem provocado uma reviravolta nas relações de trabalho. As escolas não se preocupam em educar para a vida, mas sim para os interesses do mercado de trabalho. Conforme Castells (1999), um novo capitalismo vem se formando a partir de três processos independentes segundo o autor:

> [...] revolução da tecnologia da informação; crise econômica do capitalismo e do estatismo e a consequente reestruturação de ambos; e apogeu de movimentos sociais culturais, tais como libertarismo, direitos humanos, feminismo e ambientalismo. (CASTELLS, 1999, p. 412).

Acrescenta ainda esse autor, que essa combinação de processos gerou uma nova estrutura dominante "a sociedade em rede; uma nova economia, a economia informacional; e uma nova cultura, a cultura da virtualidade." (CASTELLS, 1999, p. 412).

Nesse contexto, não basta ter uma profissão, é necessário ter versatilidade, moldar-se, adequar-se ao mercado, passando a sermos trabalhadores multifuncionais, adequando-nos a cada situação, sem uma identidade fixa. Para Hall (1998. p. 13):

> A identidade plenamente unificada, completa, segura e coerente é uma fantasia. Ao invés disso, à medida que os sistemas de significação e representação cultural se multiplicam, somos confrontados por uma multiplicidade desconcertante e cambiante de identidades possíveis, com cada uma das quais poderíamos nos identificar – ao menos temporariamente.

Com a globalização fica possível conhecer a cultura e a realidade de outro, como também permitir se influenciar e ser influenciado pelo outro, modificando ou transformando a cultura local, a educação e o mundo do trabalho. Hall (1998) ao conceituar a globalização, refere-se a processos que atuam em escala global, que atravessa fronteiras nacionais e interliga comunidades, tornando o mundo mais interconectado e modificando a nossa relação espaço-temporal. Milton Santos (2001, p. 16) completa sobre a globalização, afirmando que:

> Como período e como crise, a época atual mostra-se, aliás, como coisa nova. Como período, as suas variáveis características instalam-se em toda parte e a tudo influenciam, direta ou indiretamente... Em função da crise, as variáveis construtoras do sistema, estão a todo momento chocando-se exigindo novas definições e novos arranjos.

Um dos aspectos da globalização que tem impactado nas identidades nacionais é a sua modificação na compreensão do tempo e espaço. Tornando o mundo menor, de maneira que determinadas ações ocorridas em um lugar tem um impacto em outros locais, mesmo os mais distantes provocam fluxos culturais, e como consumidores de culturas, as pessoas passam a partilhar identidades. Para Guiddens (1991, p. 60):

> A globalização pode assim ser definida como a intensificação das relações sociais em escala mundial, que ligam localidades distantes de tal maneira que acontecimentos locais são modelados por eventos ocorrendo a muitas milhas de distância e vice-versa!

Com a chegada do século XXI vem consigo seus grandes desafios para a educação e o mundo profissional, em meio a tantas transformações, ao acesso irrestrito às informações, às inovações tecnológicas, torna-se ainda mais necessário a busca de conhecimentos por parte da população para o seu aprimoramento e o preenchimento de vagas no mercado de trabalho e, consequentemente, a escolarização.

Diante dessa necessidade global do mercado, além de garantir o acesso a uma educação de qualidade, é imprescindível garantir os direitos de aprendizagens das crianças, jovens e adultos. Uma educação, neste caso escolarizada, que os possibilitem a ter igualdade de condições, autonomia e suporte para que possam construir novos conhecimentos, ampliando seus saberes.

Esse território, principalmente a partir da década de 1990, tem sido solo fecundo para ações de diversos movimentos voltados para a permanência dos estudantes da EJA na educação escolarizada, fazendo-se surgir assentamentos do MST; comunidades tradicionais e quilombolas; associações de bairros e comunidades; e, cooperativas de pequenos agricultores e de mulheres, a exemplo: FATRES, CODES Sisal, COOPERAFIS e Fundação APAEB, dentre tantas outras que são fontes de diversas pesquisas e destino de diversos financiamentos nacionais e internacionais para o Desenvolvimento Local e Sustentável e geração de emprego e renda para os estudantes trabalhadores da EJA, tais movimentos conseguiram através de muita luta e esforço coletivo a melhoria das condições socioeconômicas e implantações de tecnologias para a convivência com a seca, além da contribuição em prol da educação, em especial a do Campo e de Jovens e Adultos.

Nesse contexto, os movimentos sociais têm protagonizado ao reivindicar uma educação para a classe trabalhadora, uma educação que venha reparar o que historicamente vinha sendo negado, conquistando assim uma modalidade educativa atualmente denominada Educação de Jovens e Adultos – EJA.

Construção histórica e ideológica das bases da EJA e dos seus sujeitos

A Revolução Industrial ganhou força na Europa, com destaque para a Inglaterra no século XVII que colocou a burguesia, financiadora desta Revolução, como principal classe social. Esse processo de industrialização traz à tona uma luta de classes dentro de uma sociedade pautada pelo capitalismo industrial e pela luta de classes entre burgueses e proletariado, de um lado os donos das ferramentas e máquinas interessados em explorar a mão de obra barata, e do outro os trabalhadores interessados em conseguir seus direitos e benefícios. Neste mesmo período, se fortalecem os sindicatos e sua militância por direitos como: trabalho digno, acesso à educação e saúde de qualidade.

Por volta 1798, na Inglaterra, já havia escolas, como a de Nottingham, fruto das reivindicações dos movimentos sociais voltados para adultos como o objetivo de lhes ensinar a ler e escrever.

A implantação da industrialização no Brasil a partir do século XIX e início do século XX influenciou uma série de mudanças para a sociedade e nas políticas públicas de estado, dentre elas as mudanças educacionais. Naquele período os índices de analfabetismo eram enormes, houve a necessidade de investimentos na qualificação dos trabalhadores. Ler, escrever e fazer cálculos simples eram requisitos importantes para o trabalhador fabril.

Assim, no Brasil, no pátio das fábricas, nas reuniões de trabalhadores, surgiram associações, sindicatos e movimentos sociais articulados, que serviram de base de sustentação ideológica que ao longo dos anos, contribuíram para a implementação e aperfeiçoamento de políticas públicas e consolidação de direitos no campo da educação e do trabalho. Freire (1996, p. 41) aponta sobre o posicionamento crítico do sujeito, sendo necessário

> Assumir-se como ser social e histórico como ser pensante, comunicante, transformador, criador, realizador de sonhos, capaz de ter raiva porque capaz de amar. Assumir-se como sujeito porque capaz de reconhecer-se como objeto. A assunção de nós mesmos não significa a exclusão dos outros. É a "autoridade" do "não eu", ou do tu, que me faz assumir a radicalidade do meu eu.

Paulo Freire foi um dos assíduos defensores da educação voltada para os estudantes jovens e adultos do campo na busca da construção de sua identidade.

Em suas obras A Educação como Prática da Liberdade (1967) e Pedagogia do Oprimido (1970) fica evidente a tentava de conscientizar os trabalhadores de seu papel na sociedade.

Outros programas e ações de políticas educacionais foram colocados em prática na tentativa de erradicação do analfabetismo de jovens e adultos como: O projeto MOBRAL na década de 1970, a Lei de Diretrizes e Bases da Educação, LDB 5692/71. Em 1974 o MEC implantara o CES (Centros de Estudos Supletivos). Em 1985, o MOBRAL foi substituído pela Fundação EDUCAR, e em 1988, o Artigo 208 da Constituição, veio estabelecer o *ensino fundamental obrigatório e gratuito como dever do estado.*

Os movimentos sociais participaram ativamente das lutas pelas implementações de políticas públicas voltadas para educação do Campo e Educação de Jovens e Adultos nas décadas de 80 e 90. Em 1990, o Movimento dos Sem Terra – MST lutou pela alfabetização de jovens e adultos com o objetivo de instrumentalizar os trabalhadores rurais, para que de certa forma usassem esse conhecimento como instrumento para a formação, libertação e pensamento autônomo do cidadão.

Em 1996 com a aprovação da Lei de diretrizes de Bases da Educação (LDB) foi assegurado legalmente o direito aos jovens e adultos de acesso e permanência no ensino público, através de uma redação um pouco mais ampla, que inclusive definia a forma de financiamento.

De acordo com a LDB, em seu Art. 37 § 1º da Educação Brasileira:

> Os sistemas de ensino assegurarão gratuitamente aos jovens e aos adultos, que não puderam efetuar os estudos na idade regular, oportunidades de educação apropriados, consideradas as características do alunado, seus interesses, condições de vida e de trabalho, mediante cursos e exames.

Contudo, a EJA sempre foi uma modalidade educativa que esteve à margem das políticas educativas.

Em 1958, Paulo Freire então delegado representando o Estado de Pernambuco, no 2º Congresso Nacional de Educação de Adultos, apresenta um relatório denunciando a situação da educação ofertada pela EJA nessa região, onde apontava problemas como: baixa frequência de estudantes; escolas precárias; baixa remuneração dos professores; material didático inadequado; adultos sendo educados e tratados como crianças; pouca comunicação entre professores e estudantes; conteúdo e método totalmente descontextualizado da cultura e das necessidades das pessoas das classes populares.

No Brasil, segundo o censo demográfico de 2010, apontavam que 9,61% da população acima de 15 anos eram consideradas analfabetas, números que correspondiam a cerca de 19 milhões de pessoas. Na Bahia os dados do IBGE constaram que 16,2%, destes públicos, mais de 2 milhões de pessoas eram analfabetas.

Mesmo depois de décadas, muitos desses problemas enfrentados na EJA não foram solucionados, mesmo sendo um tema estudado constantemente nos meios educacionais, inclusive analisado, debatido, discutido e pesquisado no meio acadêmico.

O território de identidade do Sisal

O Território de Identidade do Sisal (TIS) está localizado na região semiárida do Estado da Bahia, a cerca de aproximadamente a 200 km da capital. O acesso ao território partindo de Salvador ocorre pelas BR 324 e 116. A região é cortada pelas BA 416 e 405. Este Território compreende 20 municípios: Barrocas, Biritinga, Conceição do Coité, Ichu, Lamarão, Retirolândia, Santaluz, São Domingos, Tucano, Araci, Candeal, Cansanção, Itiúba, Monte Santo, Nordestina, Queimadas, Quijingue, Serrinha, Teofilândia e Valente.

Figura 1 – Mapa do Territótio de Identidade do Sisal

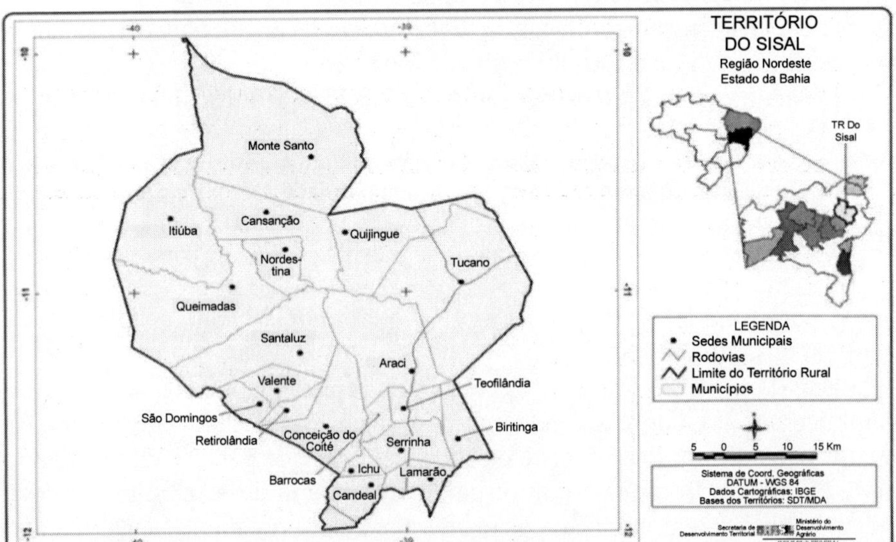

Fonte: MDA, 2010. Embrapa.

A região abrange uma área de 21.256,50 Km² com população estimada em 588.956 habitantes. Seu IDH é de cerca 0,60, seu bioma principal é a caatinga. A principal atividade econômica é o plantio do sisal, seguida pela da agropecuária, indústria e mineração.

Tabela 1 – Área e população dos municípios pesquisados pelo OBEJA no Territorial Sisal

	Araci	Conceição do Coité	Santaluz	São Domingos	Serrinha	Valente
Habitantes	56.370	68.146	36.915	9.877	83.275	27.906
Área total KM	1.556,10	1.016,00	1.559,70	326,9	658,9	384,3

Fonte: IBGE.

A ocupação do Território do Sisal teve início em meados do século XVI, para a prática da pecuária extensiva, que adentrou até a região do São Francisco no século XIII. Na década de 1930, foi implantada a cultura do sisal, que conseguiu conviver com o clima seco e poucas chuvas. Assim, teve início a transformação econômica e social do território, permitindo o convívio do sertanejo nesta região do semiárido. Sobre a importância do sisal para o semiárido Santos (2010, p. 51) diz:

> [...] A partir da década de 1930 o plantio do sisal começa a imprimir uma nova marca no espaço rural, e esse espaço se diferencia, do ponto de vista econômico, pela monocultura do agave. É a cadeia produtiva do sisal que forja o processo contraditório e desigual de modernização e permanência de antigas estruturas, construindo também a identidade e a ideia de pertencimento à Região Sisaleira da Bahia.

Em 1942 houve um investimento para o plantio de 12 milhões de mudas da planta. A cultura do sisal tornou-se a principal atividade econômica da região, tendo destaque na economia baiana no período de 1938-1969.

A implantação do sisal no semiárido baiano trouxe muita riqueza para a região. Os municípios que adotaram o cultivo da planta, chamada de "o ouro verde do sertão" se desenvolveram bastante e muitos povoados e distritos consequentemente conseguiram a sua emancipação política, como é o caso do município de Valente, que foi desmembrado de Conceição do Coité e teve sua emancipação político-administrativa em 12 de agosto de 1958 e a partir da década de 1960 surgiram outros municípios como: Retirolândia, Ichu, Quijinque, Teofilândia.

Na década 1970 é considerado o auge da cadeia produtiva do sisal. Surgiram muitas empresas de beneficiamento da fibra denominadas e de comercialização do sisal que geravam a maioria dos empregos nas pequenas cidades do TIS. Já as décadas de 1980, a cadeia produtiva do sisal passou por momentos de crise devido aos problemas com pragas e a concorrência das fibras sintéticas, que só começaram a ser superados na década de 1990.

Apesar dos problemas enfrentados pelos agricultores baianos, em relação aos baixos preços, as mutilações no processo de produção da fibra, e pragas como a vassoura de bruxa, a maioria dos municípios que compõem o TIS ainda tem o sisal como principal atividade econômica, gerando empregos diretos e indiretos, sendo que boa parte dessas vagas são ocupadas por estudantes oriundos da EJA.

Segundo a Seagri (2011):

> [...] a Bahia é responsável por 96% da produção de fibra nacional e lidera a produção de sisal, seguida por Pernambuco, Paraíba e o Brasil maior produtor mundial com cerca 119 mil toneladas, o que corresponde a 56% da safra mundial.

Além disso, a atividade é responsável por beneficiar, direta ou indiretamente, cerca de 150 mil famílias. Segundo Silva e Beltrão (1999).

> A fibra do sisal, na forma bruta, beneficiada ou industrializada, representa importante fonte de divisas para esses Estados, por se tratar de um produto de exportação que gera divisas em torno de 80 milhões de dólares e, também, pela capacidade de gerar empregos, por meio de sua cadeia de serviços, que envolve as atividades de manutenção das lavouras, colheita, desfibramento, beneficiamento da fibra, industrialização e confecção de artesanato.

Devido à importância da cadeia produtiva do sisal nesses municípios, a região passou a ser denominação de Território do Sisal, e posteriormente reconhecido governamentalmente por Território de Identidade do Sisal devido às práticas voltadas para políticas públicas de desenvolvimento territorial do Estado da Bahia e do Governo Federal, mais precisamente em forma de regionalização, dentro do estado da Bahia em 2007. Segundo Santos e Silva (2017, p. 2):

> O plantio da agave sisalana, e seu aproveitamento econômico, foram capazes de constituir uma cadeia produtiva de sisal para exportação. Cadeia esta que teve também ampla influência na política e na área social com impacto suficiente para diferenciar, espacialmente, uma ampla porção do semiárido baiano, a qual ficou conhecida como Região Sisaleira da Bahia. Entre os 27 municípios da Região Sisaleira destacam-se: Campo Formoso, por possuir a maior área plantada de sisal; Valente, em função das batedeiras e da fábrica de tapetes e carpetes; Conceição do Coité, em função das indústrias de fios e comércio diversificado; e Serrinha, por sediar os órgãos públicos de caráter regional, pelo comércio e por ser um centro de ligação dos demais municípios com Feira de Santana (cidade polo regional) e Salvador (capital do Estado da Bahia).

Esta denominação foi justa, uma vez que a atividade sisalera ainda é a principal atividade econômica em boa parte dos municípios que compõem esse Território.

O OBEJA: mapeamento da EJA no Território do Sisal

Para termos um panorama sobre os aspectos da Educação de Jovens e adultos no Território de Identidade do Sisal, torna-se necessário analisar os parâmetros das pesquisas realizadas pelo Observatório de Educação de Jovens e Adultos – OBEJA[17], os dados do IBGE, Datapedia, PNUD, Ipea, FJP, MEC/INEP, além de dados das Secretarias Municipais de algumas cidades.

As pesquisas do OBEJA permitiram realizar um mapeamento da EJA em seis municípios da região: Araci, Conceição do Coité, Santa Luz, São Domingos, Serrinha e Valente. No referido projeto foram realizadas pesquisa de campo, visitando nos seis municípios supracitados, onde foram aplicados 695 questionários em 40 escolas, sendo 25 escolas rurais e 15 escolas urbanas. Entrevistamos 577 estudantes, 65 professores, 46 gestores e 7 coordenadores.

Tabela 2 – Distribuição dos questionários aplicados por municípios selecionados no Território de Identidade do Sisal

Município	Números de questionários aplicados		
	Discentes	Docentes	Gestores
Araci	150	13	12
Conceição do Coité	78	11	07
Santaluz	70	06	04
São Domingos	09	03	01
Serrinha	234	28	19
Valente	33	04	03
Total	**577**	**65**	**46**

Fonte: OBEJA, 2013.

Também foram realizadas entrevistas, grupo focal e caravanas de escuta, sendo constatado, de acordo aos relatos dos nativos, que a população ainda vê na educação uma forma de transformação social, e mesmo quando acontece a evasão, por diversos motivos, os estudantes na maioria das vezes, retornam à escola no ano seguinte.

17 Observatório de Educação de Jovens e Adultos no Território de Identidade do Sisal coordenado pelo grupo TSPPP\PPGeduC-UNEB, é um projeto de pesquisa financiado pela Capes, que tem como perspectiva realizar estudos e proposições sobre a organização e a oferta da Educação de Jovens e Adultos (EJA) nos sistemas de ensinos de seis municípios do Território de Identidade do Sisal na Bahia (Conceição do Coité, Serrinha, Santa Luz, Araci, São Domingos e Valente); e criar sistema de informações e de monitoramento da Gestão Social de Políticas Educacionais na EJA nas Redes de Ensino Estadual e Municipal dos municípios.

Sujeitos da EJA no Território de Identidade do Sisal

As taxas de analfabetismo na Bahia e no Território são altas. Já nos municípios que compuserem a investigação do OBEJA tem números que chegam a 22,97% de média, sendo que no município de Araci os índices ultrapassam 32%, maior que o triplo da nacional, e quase o dobro da média estadual e da cidade de Serrinha, que tem dentre os mesmos a menor taxa, com 16,50% como é possível observar na tabela abaixo.

Tabela 3 – Taxa de analfabetismo e abandono precoce

	Araci	Conceição do Coité	Santaluz	São Domingos	Serrinha	Valente
Taxa de analfabetismo pessoas de 15 ou mais	32,10	19,20	23,60	21,50	16,50	17,10
Taxa de abandono pessoas de 15 ou mais	51,50%	40,50%	42,70%	35,30%	40,80%	42,40%

Fonte: IBGE, 2015.

Já no que diz respeito ao abandono precoce (com idade entre 18 e 24 anos) a média dos municípios chega a 42,40%, sendo que o município de Araci apresenta maior percentual 51,50% e São Domingos 35,30% das pessoas abandonaram os estudos precocemente.

Figura 2 – Motivos da não permanência escolar dos estudantes da EJA

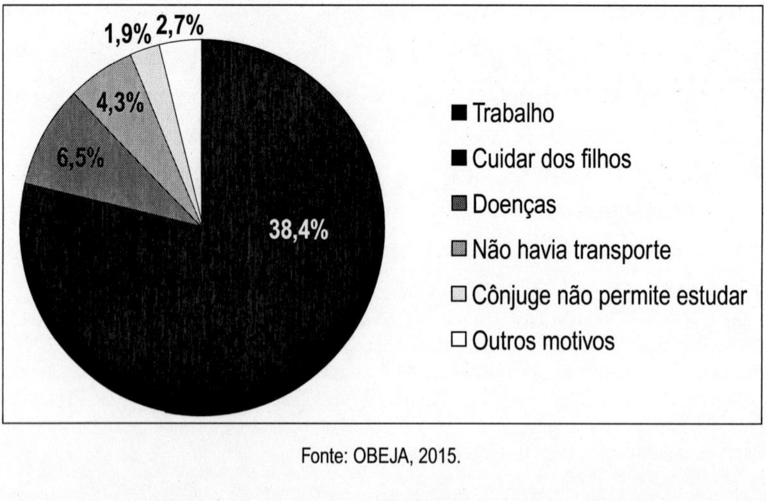

Fonte: OBEJA, 2015.

Os especialistas apontam a evasão escolar como um dos grandes problemas, enfrentados pela EJA, porém a evasão acontece por vários determinantes, e buscar soluções para sanar tal situação tem sido uma das preocupações da escola. Sobre esse cenário Arroyo (2005, p. 23) afirma que:

> [...] a juventude e a vida adulta são tempos específicos de vida de sujeitos históricos que vivenciam, de forma peculiar, seus direitos à educação, ao conhecimento, à cultura, à memória, à identidade, à formação e ao desenvolvimento pleno. Sob o prisma escolar, são vistos como estudantes que foram privados dos bens simbólicos pertinentes ao mundo da escola e que não tiveram acesso na infância e na adolescência, ao ensino fundamental, ou dele foram excluídos ou dele se evadiram.

Fonseca (2005, p. 32) pontuou que as razões da evasão escolar vão para além dos muros da escola, retratos de jovens e adultos que tem precárias condições de acesso e segurança, que não possuem horário compatível de estudo às responsabilidades que passaram a assumir logo cedo, e até mesmo questões pedagógicas e estruturais, quando não há professores, materiais, possibilitando pensar que a formação que recebem não acontece de maneira significativa.

Muitos estudantes da EJA necessitam trabalhar, sustentar-se ou auxiliar nas despesas de casa. Assim, ao questionar se os alunos possuíam atividade remunerada de trabalho, 64% dos estudantes disseram trabalhar e tentar conciliarem os estudos, em turno oposto, nos municípios pesquisados.

Em relação à faixa etária que indica quando os estudantes tiveram início ao trabalho remunerado, os dados apontam que 41% dos entrevistados ingressaram no mercado de trabalho aos 14 anos; 88,9% começaram a trabalhar antes dos 18 anos, como pode ser observado no gráfico abaixo:

Figura 3 – Faixa etária em que os estudantes da EJA, pesquisados pelo OBEJA no TIS, começaram a trabalhar

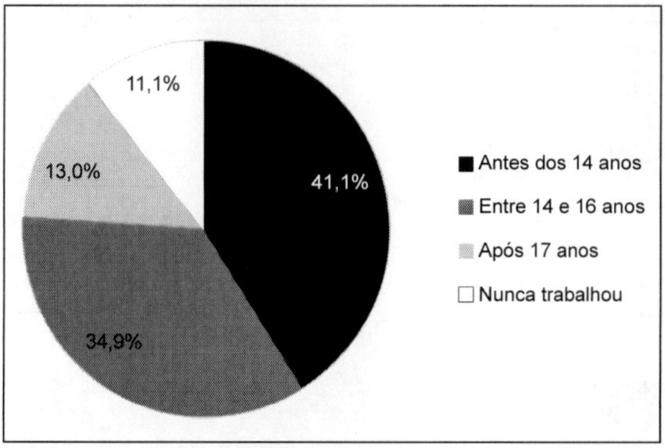

Fonte: OBEJA, 2015.

O histórico escolar dos estudantes pesquisa pelo OBEJA não difere muito do cenário histórico dos estudantes no Brasil, pois quando os estudantes chegam à adolescência, os índices de abandono vão aumentando e na juventude, as taxas de matriculas diminuem bastante e os problemas de evasão se intensificam; ou seja, à medida que vão crescendo e ficando mais velhos, aumentam a reprovação e a taxa de abandono dos estudos nas escolas brasileiras. Como aponta a pesquisa realizada por Freitag (1980, p. 61):

> Dos 1000 alunos iniciais de 1960, somente 56 conseguiram alcançar o primeiro ano universitário em 1973. Isso significa taxas de evasão 44% no ano primário, 22% no segundo, 17% no terceiro. A elas se associam taxas de reprovação que entre 1967 e 1971 oscilavam em torno de 63,5%.

Outra pesquisa mais recente realizada por Lahóz, sobre escolarização das crianças brasileiras, reforçam as ideias sobre reprovação, abandono e evasão na fase da adolescência e juventude. Lahóz (2000, p. 177), afirma que de cada 100 crianças que iniciaram os estudos em 1997, só 66 chegarão à oitava série, ou seja, 34% não conseguiram concluir fundamental II sem repetir o ano.

As causas da evasão segundo Gadotti (2000, p. 18) podem ser sociais, políticas, culturais e pedagógicas. O ato de conhecer e refletir sobre essa realidade deverá possibilitar ao professor um posicionamento crítico sobre a sua prática e neste aspecto Freire (1982, p. 86), destaca como desafio o fato de reconhecer e de assumir em face dele uma atitude crítica e não ingênua. Arroyo (2005, p. 224). "[...] quando se refere a jovens e adultos, nomeia-os não como aprendizes de uma etapa de ensino, mas como educandos, ou seja, como sujeitos culturais e sociais, jovens e adultos".

De acordo com os dados divulgados pelo OBEJA 53,4% dos alunos da EJA no território residem na zona Urbana e 46,3% na zona Rural; 71% dos estudantes tinham entre 15 e 23 anos e apenas 28% com idade superior a 24 anos.

Figura 4 – Faixa Etária dos Estudantes da EJA

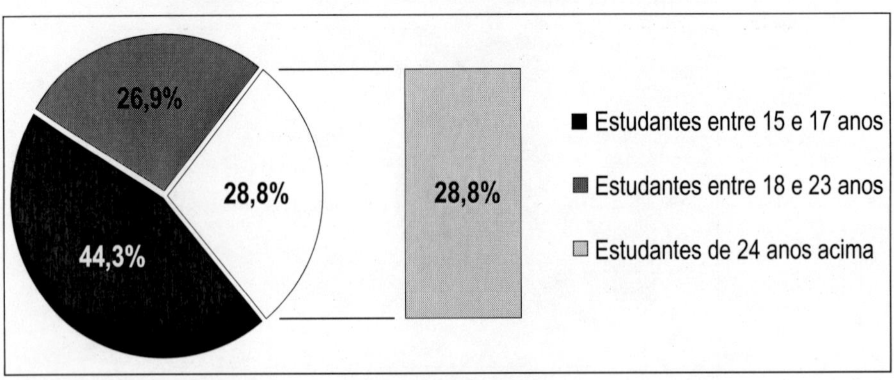

Fonte: OBEJA, 2015.

De acordo com os gráficos e dados supracitados é possível perceber que vem ocorrendo a juvenilização da EJA, pois 44% dos estudantes possuem menos de 18 anos, o que pode configurar num fracasso da oferta do Ensino Fundamental seriado, o que leva a questionar onde estão os adultos da EJA?

Em relação ao item cor ou raça 76,7% dos estudantes se declaram pardos ou negros, o que mostra na EJA a predominação de grande contingente populacional de origem afrobrasileira.

Todo esse cenário tem mostrado dificuldades de acesso e permanência dos estudantes da EJA no Território do Sisal, já que muitos deles nem estudam e nem trabalham e estão em situação de risco a vulnerabilidade social e a pobreza, estão as margens da sociedade, e em processo de exclusão social.

Conclusão

Como afirmamos neste artigo, inicialmente a sociedade está mudando nesse início de milênio a partir das novas tecnologias da informação, alterando uma série de relações sociais e culturais, na região do Nordeste brasileiro, e, em particular, no território de Identidade do Sisal essa nova tendência se associa e se entrecruza com outras tecnologias menos avançadas como as utilizadas para o sisal, que tantos danos provocou em jovens e adultos que a utilizavam. Entretanto, os movimentos sociais locais se articularam, a partir da década de 1990, com outras organizações sociais e realizaram novas formas de trabalhar com o sisal e novas tecnologias para conviver com as intempéries do semiárido baiano. Ainda assim, em que pese, a diminuição quantitativa de analfabetos ao longo das últimas décadas, o TIS ainda tem elevadas taxas de analfabetismo como mostram os dados.

As análises em relação à oferta de EJA, em seis municípios, do Território de Identidade do Sisal, nos permitiu conhecer o perfil dos estudantes que desfrutam dessas tais políticas públicas e serviços educacionais. Este estudante é trabalhador, ganha em média um salário mínimo, e de origem afrodescendente, a sua maioria entre 15 e 25 anos, residente nas periferias da zona urbana e na zona rural, não tem filhos, começaram a trabalhar antes dos 15 anos e tiveram que conciliar trabalho e educação, muitos deles abandonaram a escola por causa da necessidade de trabalhar, ou seja, entre estudar e se sustentar, a necessidade de sobrevivência venceu a batalha.

Outro ponto importante é a juvenilização dos estudantes da EJA. Os adultos quase não frequentam mais as escolas, ou seja, a cada ano as turmas ficam mais jovens, o que pode nos levar a pensar que a educação básica continua fracassando em sua missão de escolarizar a nossa população.

Dessa forma podemos constatar que a sociedade informacional com as novas tecnologias ainda caminha a passos lentos no TIS em relação ao EJA, assim como, aos estudantes que a integram, mas não em outras atividades como a produção de tapetes pela APAEB com a fibra do sisal, ou através da exploração intensiva de ouro e diamantes, por empresas estrangeiras e os bancos da região. A educação de Jovens e adultos foi esquecida pelo sistema educacional brasileiro, e necessita de reparação urgente. Finalizando, foram sendo negados, sistematicamente, a essas pessoas, composta em sua maioria por pobres, negros, homens e mulheres trabalhadores, chefes de família, que trabalharam arduamente na infância, ou por jovens também excluídos, que apresentam problemas de aprendizagem, de disciplina, que não se adequaram ao sistema de ensino tido como "Regular", o direito à educação.

REFERÊNCIAS

ARROYO, Miguel Gonzales. Educação de jovens-adultos: um campo de direitos e de responsabilidade pública. In: SOARES, José Leôncio Gomes; GIOVANETTI, Maria Amélia; GOMES, Nilma Lino. **Diálogos na educação de jovens e adultos**. Belo Horizonte: Autêntica, 2005. p. 19-50.

BAUMAN, Zygmunt. **Modernidade líquida**. Rio de Janeiro: Jorge Zahar Editor, 2001.

BRASIL. Constituição (1988). **Constituição da República Federativa do Brasil**. 40. ed. São Paulo: Saraiva, 2007.

______. Ministério da Educação. **Trabalhando com a Educação de Jovens e Adultos**: A sala de aula como espaço de vivência e aprendizagem. Caderno 2. Brasília, 2006.

CASTELLS, Manuel. **Fim de milênio**. 3. ed. São Paulo: Paz e Terra, 1999.

FONSECA, Maria Conceição F.R. **Educação Matemática de Jovens e Adultos**. 2. ed. Belo Horizonte: Autêntico, 2005.

FREIRE, Paulo. **Ação cultural para a liberdade e outros escritos**. 8. ed. Rio de Janeiro: Paz e Terra, 1982.

______. **Pedagogia da autonomia**: saberes necessários à prática educativa. 2. ed. Rio de Janeiro: Paz e Terra. 1996. (Coleção Leitura).

FREITAG, Bárbara. **Escola, Estado e Sociedade**. 4. ed. São Paulo: Moraes, 1980.

GADOTTI, Moacir. **Pedagogia da terra**. São Paulo: Fundação Petrópolis, 2000.

GUIDDENS, Anthony. **As conseqüências da modernidade**. Trad. Raul Fiker. São Paulo: Editora UNESP, 1991.

HALL, Stuart. **A identidade Cultural na Pós-modernidade**. 2. ed. Trad. Tomaz T. da Silva; Guaracira L. Louro. Rio de Janeiro: DP&A, 1998.

IBGE. **Censo demográfico 2010**: educação – amostra. 2010. Disponível em: <http://www.ibge.gov.br/cidadesat/topwindow.htm?1>. Acesso em: 28 jul. 2019.

INEP. **Instituto Nacional de Estudos e Pesquisas Educacionais Anísio Teixeira**. Ministério da Educação, 2012.

LAHOZ, André Casa. Na Nova Economia a educação é um insumo cada vez mais importante. Com investimentos, políticas consistentes e continuidade, o Brasil melhora suas chances de prosperar. **Revista Exame**, ano 34, n. 75, p. 173-180, abr. 2000.

MARX, Karl. **O Manifesto Comunista**. 4. ed. Trad. Álvaro Pina. São Paulo: Editora Bom Tempo, 2005.

NUNES, Eduardo et al. **Relatório 01 do Observatório de Educação de Jovens e Adultos do Território de Identidade de Sisal (OBEJA)**. Salvador: UNEB, 2013.

NUNES, Eduardo; MUTIN, Avelar Luiz Bastos; SANTOS, Marcos Cesar Guimarães. Relevância Social da EJA e as Sedes sociais. In: NUNES, Eduardo; BARRETO, Maria Raidalva Nery; SANTOS, Marcos Cesar Guimarães (Orgs.). **A gestão social da EJA e suas Interfaces com os Movimentos Sociais e a Educação Popular no Território de Identidade do Sisal – Bahia**. Curitiba: CRV, 2015.

SANTOS, Edinusia Moreira Carneiro. **Associativismo e desenvolvimento**: o caso da Região Sisaleira da Bahia. Feira de Santana: UEFS Editora, 2010.

SANTOS, Edinusia Moreira Carneiro; SILVA, Onildo Araújo da. Sisal in Bahia – Brazil. **Mercator**, Fortaleza (on-line), v. 16, p. 1-13, 2017. Disponível em: <http://www.mercator.ufc.br/mercator/article/view/e16029>. Acesso em: 28 jul. 2019.

SANTOS, Milton. **Por uma outra globalização**: do pensamento único a consciência universal. Rio de Janeiro – São Paulo: Editora Record, 2001.

SEAGRE. **Estado fortalece agricultura familiar na região sisaleira**. 2011. Disponível em: <http://www.seagri.ba.gov.br/noticias/2011/02/23/estado-fortalece-agricultura-familiar-na-regi%C3%A3o-sisaleira>. Acesso em: 28 jul. 2019.

SILVA, Odilon Reny Ribeiro Ferreira da; BELTRÃO, Napoleão Esberard de Macedoorg. **Agronegócio do sisal no Brasil**. Brasília: EmbrapaSPI/Embrapa-CNPA, 1999.

EDUCAR NA CONTEMPORANEIDADE: um olhar sobre o ciberespaço e os coletivos inteligentes desterritorializados

Wânia Dias da Cruz[18]
Thais Maia dos Santos[19]

Introdução

"Ninguém sabe tudo. Todo o conhecimento reside na humanidade". A afirmação de Pierre Lévy (1998, p. 29), base de seu conceito de Inteligência Coletiva, muito nos diz sobre o lugar do saber na contemporaneidade.

O autor defende que cada indivíduo é dotado de inteligência, acumulada a partir de suas experiências pessoais, e que esses saberes adquiridos ao longo da vida, somados a outros, originam um conhecimento coletivo. Ninguém é nulo nesse contexto, por isso a inteligência individual deve ser valorizada. É necessário encontrar o contexto onde aquele saber, aquele conhecimento pode ser considerado importante, o que só é possível a partir da mobilização efetiva de competências, em tempo real. Como define o conceito de Inteligência Coletiva de Lévy: [...] uma inteligência distribuída por toda parte, incessantemente valorizada, coordenada em tempo real, que resulta em uma mobilização efetiva das competências (LÉVY, 2000, p. 28).

Martino (2014) soma à discussão ao afirmar que a inteligência coletiva parte do princípio da reciprocidade, ou seja, o conhecimento de um indivíduo poderá sempre ser útil para outra pessoa. Tais interações são intensificadas no ciberespaço, na medida em que desterritorializam os saberes. Para Pierre Lévy o ciberespaço

> [...] É o novo meio de comunicação que surge da interconexão mundial dos computadores. O termo especifica não apenas a infraestrutura material da comunicação digital, mas também o universo oceânico de informações que ela abriga, assim como os seres humanos que navegam e alimentam esse universo (LÉVY, 1999. p. 17).

18 Mestranda do Programa de Pós-Graduação em Educação e Contemporaneidade/UNEB. E-mail: waniadc@gmail.com

19 Mestranda do Programa de Pós-Graduação em Educação e Contemporaneidade/UNEB. E-mail: thaismaialetras@gmail.com

Esse "universo" suscita outras reflexões sobre a educação em espaços informais de ensino e aprendizagem potencializados na contemporaneidade, visto que, há algumas décadas, acompanhamos o mundo digital inserir a humanidade em um novo contexto, reconfigurando as experiências de vida. Todo o modelo de comunicação e interação humana que conhecemos vem passando por expressivas transformações que tem estabelecido novas práticas culturais, sociais, educacionais.

Nesse contexto, a escola e o professor deixaram de ser a representação absoluta do saber, inaugurando um novo fazer pedagógico, que oportuniza ao aluno o protagonismo do seu aprendizado. Hoje, os estudantes, não só têm acesso irrestrito às informações, como também as produzem, as compartilham, debatem entre si, refletem e constroem o próprio discurso. Estão, então, muito propensos à autoria e não só ao consumo da informação pronta.

"O sujeito se torna autor quando o ato de escrever o engaja, quando ele se insere na cultura, assume uma posição no contexto histórico-social, aprende a se colocar" (SILVA, 2008, p. 359).

Assim, a partir do momento em que a realidade digital ampliou os horizontes de acesso à informação, tornando a rede uma gigantesca biblioteca, reduziu-se para um clique a distância entre o sujeito e o conhecimento. Logo, outros espaços de educação surgem desta nova aproximação. Libâneo (1999), através do conceito de educação informal, afirma que o processo de ensino e aprendizagem acontece no âmbito do meio social, por meio das relações e interações. Para ele, a Educação Informal

> corresponderia a ações e influências exercidas pelo meio, pelo ambiente sociocultural, e que se desenvolve por meio das relações dos indivíduos e grupos com seu ambiente humano, social, ecológico, físico e cultural, das quais resultam conhecimentos, experiências, práticas, mas que não estão ligadas especificamente a uma instituição, nem são intencionais e organizadas (LIBÂNEO, 1999, p. 31).

Ribeiro (2009) corrobora a ideia de ampliação dos espaços para a Educação. Ela afirma que a escola não é a única agência de letramento[20]; outros espaços também têm essa função, como a família, a comunidade, a igreja, ou mesmo o ciberespaço.

Esse caminho reflexivo nos remete a um questionamento: qual o lugar do conhecimento? Existe um? Freire (1996), em A Pedagogia da Autonomia, já afirmava que ensinar é criar possibilidades para a produção e construção do

20 Não se deve confundir o conceito de Letramento com Alfabetização. Soares explica que: "Embora correndo o risco de uma excessiva simplificação, pode-se dizer que a inserção no mundo da escrita se dá por meio da aquisição de uma tecnologia – a isso se chama alfabetização, e por meio do desenvolvimento de competências (habilidades, conhecimentos, atitudes) de uso efetivo dessa tecnologia em práticas sociais que envolvem a língua escrita – a isso se chama letramento (SOARES, 2003, p. 90).

conhecimento; e, sabemos, isso pode ser feito em uma sala de aula tradicional, embaixo de uma árvore ou navegando na internet.

Tais reflexões nos remetem a noção de que o saber já não está fixo, linear, tampouco verticalizado em uma instituição ou pessoa. O conhecimento está fluindo em trocas constantes entre coletivos inteligentes, nos quais a desterritorialização garante sua compartibilidade assimétrica. A ideia de desterritorialização também é abordada por Canclini (1997) ao ponto que discute "a perda da relação "natural" da cultura com os territórios geográficos e sociais e, ao mesmo tempo, certas relocalizações territoriais relativas, parciais, das velhas e novas produções simbólicas" (CANCLINI, 1997, p. 12). Nessa perspectiva, a educação na contemporaneidade precisa levar em consideração esse saber desterritorializado, independente de fronteiras geográficas e físicas, cujas relocações no ciberespaço permitem outras produções simbólicas.

Sendo assim, este artigo propõe tecer reflexões acerca da valorização e mobilização de saberes individuais, visando à construção de coletivos inteligentes nos quais as potencialidades sociais e cognitivas dos sujeitos possam ser desenvolvidas e ampliadas de forma recíproca.

A história da humanidade foi marcada por conhecimentos vivos responsáveis pela evolução. Lévy (2000), ao situar tais períodos evolutivos da humanidade em espaços antropológicos, nos apresenta um panorama de desenvolvimento que remonta o surgimento do *homo sapiens* e clarifica a importância da inteligência individual nesse processo. O espaço antropológico do saber, onde hoje estamos situados, é forjado a partir de três características definidoras: Velocidade da evolução dos saberes; Massa de pessoas convocadas a aprender e produzir novos saberes; e Ferramentas (as do ciberespaço) que podem fazer surgir novos conhecimentos. Tais elementos dão o tom da Educação na contemporaneidade e transformam os processos de ensino e de aprendizagem. Diante de um dilúvio informacional e da consequente dispersividade discursiva (MARCUSCHI, 2005), é necessário educar para a apropriação crítica das informações, de modo que os sujeitos possam interagir com elas, dando-lhes sentido e significado.

Contudo, para compreender como a inteligência coletiva vem se estabelecendo e quais transformações isso traz para a educação, é necessário, antes de tudo, compreender os processos civilizatórios que agem na constituição do sujeito histórico.

Desencaixe do tempo e espaço e as relações sociais

A relação entre tempo e espaço no mundo pré-moderno era diferente da modernidade. O cálculo de tempo que constituía a base da vida cotidiana sempre vinculou o tempo e o lugar, e era impreciso e variável. Não se podia dizer a hora do dia sem marcadores socioespaciais. O quando era conectado com o onde e identificado por ocorrências naturais regulares, ou seja, a temporalidade estava ligada a ocorrências da localidade.

Assim, as sociedades pré-modernas eram marcadas por encontros face a face. As relações dependiam de práticas localizadas, da presença física. Dessa forma, eram mantidas a solidez das identidades sociais e as tradições. Os vínculos, criados e fortalecidos a partir do olho no olho, das rotinas, do cotidiano, se davam entre pessoas de um mesmo grupo social. As fronteiras geográficas e sociais coincidiam. As conexões interpessoais aconteciam dentro do mesmo espaço. E a educação e seus processos seguiam essa mesma lógica, com cadeiras enfileiradas, professor como detentor absoluto do saber e os alunos como seres "sem luz", receptáculos a serem preenchidos. Um modelo tecnicista de educação, que, ainda hoje, baliza os currículos e as práticas pedagógicas.

A invenção do relógio mecânico, no século XVIII, foi um importante marco responsável por estabelecer significativas transformações sociais. Com essa tecnologia, houve a separação entre o tempo e o espaço o que desencadeou um dinâmico ritmo de mudanças na sociedade, interferindo diretamente na construção histórica da modernidade.

> O espaço nas sociedades pré-modernas se confundia com a localidade das práticas sociais. Mas, como resultado das viagens exploratórias que marcaram os séculos XIV e XV em diante, do progressivo processo de mapeamento de regiões remotas do globo e da construção de medidas padronizadas de distâncias, a dimensão do espaço passou a depender cada vez menos da referência à localidade (MONT'ALVÃO; NEUBERT; SOUZA, 2011, p. 191).

A partir da distribuição dessa tecnologia para todo o globo, ocorreram radicais transformações no senso de organização social, que não mais respeitava as fronteiras impostas pelas distâncias. É o que Antonny Giddens chama de desencaixe do tempo e espaço. Para o autor, trata-se do "deslocamento das relações sociais de contextos locais de interação e sua reestruturação através de extensões indefinidas de tempo-espaço" (GIDDENS, 1991, p. 29). Enquanto nas sociedades pré-modernas a presença estava vinculada a um tempo e espaço intrinsecamente relacionados, nas sociedades modernas rompe-se esse cordão umbilical, mudando os contextos de presença.

A partir do século XX, com a evolução dos meios de comunicação, como o telégrafo, o telefone, a televisão, o rádio e com a supressão das distâncias através da evolução dos meios de transportes cada vez mais rápidos, as relações sociais ganharam novos ares, deixando de se limitar apenas a um território ou comunidade específica.

As conexões ultrapassaram as fronteiras geográficas e possibilitaram vínculos com múltiplos grupos. No final do século XX, com as conexões sem fio e os dispositivos móveis como smartphones e tablets, as relações se desprendem dos grupos sociais. A conexão entre lugares é substituída pela conexão entre pessoas. Ou seja, não é mais necessário ir para um lugar quando se quer falar com alguém. É possível acessar a pessoa diretamente, sem a mediação de um espaço físico.

Para Jenkins (2009), a nova cultura do conhecimento surge ao mesmo tempo em que nossos vínculos com antigas formas de comunidade social estão de desfazendo. Emergindo novas formas de comunidades que

> são definidas por afiliações voluntárias, temporárias e táticas, e reafirmadas através de investimentos emocionais e empreendimentos intelectuais comuns. Um membro pode mudar de um grupo ao outro, à medida que mudam seus interesses, e podem pertencer a mais de uma comunidade ao mesmo tempo. As comunidades, entretanto, são mantidas por meio da produção mútua e troca recíproca de conhecimento (JENKINS, 2009, p. 57).

É a partir desse contexto que o olhar sobre a educação se amplia e novos fazeres pedagógicos despontam como potenciais possibilidades formativas. Desvinculam-se os saberes dos espaços tradicionais de ensino e aprendizagem, a partir da compreensão de que o conhecimento não está restrito apenas a espaços institucionalizados, ele está em toda parte e pode ser construído também a partir da interação entre sujeitos virtualmente conectados.

Para Couto (2014), três verbos sintetizam a vida na cibercultura avançada: participar, colaborar e compartilhar. Segundo o autor, os sujeitos conectados não criam apenas redes e afinidades, mas canais contínuos de solidariedade, "pois acessar uma rede significa acessar uns aos outros" (COUTO, 2014, p. 53).

> [...] onde antes só era possível ser espectador, agora é possível agregar valores por meio da participação. Participar quer dizer se colocar como agente, narrar, publicar, falar e intercambiar uns com os outros, em público, mas quer dizer, sobremaneira, colaborar e aceitar colaboração, fazem em conjunto, encontrar soluções por meio de parcerias (COUTO, 2014, p. 53).

Retomando o título deste artigo, qual seria, então, o lugar da educação na contemporaneidade? Na contramão das teorias que enquadram a construção do conhecimento em padrões hierárquicos impostos por uma elite intelectual detentora do saber, Lévy (1998) afirma que o conhecimento está em todo lugar e em cada um de nós, e que o ciberespaço é o espaço móvel de interação entre conhecimento e conhecedores de coletivos inteligentes desterritorializados. Para o autor, possuímos saberes essenciais ao desenvolvimento da humanidade, por isso a inteligência individual precisa ser valorizada, reconhecida e mobilizada globalmente, em tempo real. Na era do conhecimento, deixar de reconhecer o outro em sua inteligência é recusar-lhe sua verdadeira identidade social.

> [...] quando valorizamos o outro de acordo com o leque variado de seus saberes, permitimos que se identifique de um modo novo e positivo, contribuímos para mobilizá-lo, para desenvolver nele sentimentos de reconhecimento que facilitarão, consequentemente, a implicação subjetiva de outras pessoas em projetos coletivos (LÉVY, 1998, p. 30).

É nessa perspectiva que Lévy (1998) nos apresenta a evolução da humanidade dividida em espaços antropológicos. E, na contemporaneidade, o Saber é um deles.

Saber: um novo espaço antropológico

O caminho evolutivo da humanidade foi situado por Pierre Lévy (2000) em quatro espaços antropológicos: Terra, Território, Mercadorias e Saber. Cada um desses espaços, segundo o autor, representa um período específico de desenvolvimento da humanidade e traz consigo conhecimentos vivos que oportunizaram a evolução.

O Espaço do Saber que, para Lévy, representa um novo horizonte para a civilização, é forjado a partir de três características definidoras: **Velocidade** da evolução dos saberes; **Massa** de pessoas convocadas a aprender e produzir novos saberes; e **Ferramentas** (as do ciberespaço) que podem fazer surgir novos conhecimentos.

Jamais a evolução das ciências e das técnicas foi tão veloz e com tantas consequências diretas para a nossa vida cotidiana. Assim, tornou-se impossível reservar o conhecimento a classes de especialistas. É o conjunto do coletivo humano que se adapta, aprende, inventa e constrói saberes.

Possuímos mecanismos diversos de acesso às informações, somos bombardeados por tempestades informacionais. É a dispersividade discursiva, como nomeou Marcuschi (2005), a que estamos submetidos cotidianamente. Contudo, dispõe-se de um reduzido número de mecanismos que auxiliem o trânsito crítico dos sujeitos por esse fluxo.

> Constituir o Espaço do Saber seria, em especial, dotar-se dos instrumentos institucionais, técnicos e conceituais para tornar a informação navegável, para que cada um possa orientar-se e reconhecer os outros em função desses interesses, competências, projetos, meios, identidades recíprocos no novo espaço (LÉVY, 2000, p. 25).

É nesse ponto que o Espaço do Saber deixa de ser um objeto de constatação para tornar-se um projeto. Percebe-se, a necessidade de educar contextualizadamente, a partir da valorização do humano, "fonte das outras riquezas, critério e portador vivo de todo valor" (LÉVY, 2000, p. 47). É necessário educar não para a replicação de informações pré-moldadas por práticas educativas tecnicistas, mas sim educar com vistas à apropriação crítica desse conhecimento, de modo que os sujeitos possam interagir com a informação dando a ela sentido e significado.

Para extrair o sentido, diz Nelson Pretto, precisamos saber ler as informações e compreender o papel central da diferença nos contextos formativos.

> A leitura, aqui, ganha uma dimensão muito maior daquela que já estamos acostumados a associar às letras e, no máximo, aos números. Se antes já era desejável não ficar nessas duas dimensões do ler, agora é mandatório ampliar essa percepção da leitura. Uma leitura do mundo que inclua a leitura das imagens que circulam de forma frenética pelas redes e pelas ruas; a leitura do corpo cada vez mais preso a gadgets eletrônicos; a leitura dos códigos de programação dos computadores; e, a leitura do ambiente cada vez amis destruído, aqui, ali e acolá (PRETTO, 2017, p. 5-6).

A educação, então, começa a se estabelecer sobre uma nova concepção de ensino e aprendizagem, uma concepção dialógica, onde todos ensinam e todos aprendem, a partir da valorização dos saberes individuais, sejam eles tácitos ou explícitos. Aprender na era do conhecimento não se reduz a simples apropriação dos saberes acumulados pela humanidade. "O aprendizado ocorre de todas as formas, no decorrer da vida, na permanente conectividade entre os indivíduos. Todos os processos, vitais e cognitivos, convergem na constituição de um ser que se auto-organiza" (TRINDADE, 2010, p. 20).

Libâneo (1999) traz uma abordagem mais ampla sobre a educação em espaços não escolares, unindo o saber herdado e o saber adquirido.

> a **Educação Informal** corresponderia a ações e influências exercidas pelo meio, pelo ambiente sociocultural, e que se desenvolve por meio das relações dos indivíduos e grupos com seu ambiente humano, social, ecológico, físico e cultural, das quais resultam conhecimentos, experiências, práticas, mas que não estão ligadas especificamente a uma instituição, nem são intencionais e organizadas (LIBÂNEO, 1999, p. 31).

Compreendendo que o conhecimento está em toda a parte e em todos nós, e que estamos interligados virtualmente e em tempo real, seria possível afirmar que as Redes Sociais na Internet, são importantes *loci* formativos contemporâneos?

Para Couto (2012), as RSI fazem parte de tudo aquilo que hoje estrutura a nossa vida cultural e pessoal. Nesse sentido, podemos considerá-las como ambientes propícios para a educação, para estabelecer laços importantes entre as pessoas.

> São as pessoas conectadas, compartilhando experiências, criando coletivamente soluções para os problemas cotidianos, que são agentes educacionais ativos. Ou seja, a escola não é mais a sala de aula apenas, ela é todo e qualquer lugar ou ambiente de rede onde as pessoas produzem umas com as outras e aprendem o prazer de compartilhar o que descobre. E a educação não se faz mais apenas na sala de aula, a educação é tudo o que fazemos quando produzimos e compartilhamos saberes (COUTO, 2012)[21].

Assim, consideramos as redes sociais como grandes coletivos inteligentes, em vista da colaboração e compartilhamento coletivo de conhecimentos. Nessa perspectiva, entendemos que educar é compartilhar saberes. É possível afirmar, dessa forma, que as Redes Sociais na Internet não apenas democratizam o acesso ao conhecimento, mas, principalmente, oportunizam a construção de saberes, através da participação, da troca, da colaboração.

Considerações

O mundo mudou, o ser humano mudou. As tecnologias digitais passaram a estruturar a nossa vida e provocaram grandes transformações no indivíduo e na sociedade. Novas configurações sociais emergiram, e, por sua vez, trouxeram novas formas de vida em sociedade e de construção e difusão do conhecimento.

Ensinar e aprender na era da informação e comunicação ganharam novos significados. A informação não está mais apenas centralizada na escola, está em toda parte, acessível a um clique. Contudo, a partir da compreensão de Lévy sobre o Espaço do Saber enquanto projeto, é necessário adotar mecanismos que auxiliem os sujeitos, mesmo diante desse nevoeiro informacional, a navegar e construir conhecimento. Desse modo, inteligência é o nosso "fio de vantagem" (BURKE; ORNTEIN, 1998), representa a identidade social de cada um de nós, por isso precisa ser incessantemente valorizada e mobilizada em uma dimensão global.

A história da cultura humana, como retrata Burke e Orntein (1998), e também Lévy, em seus espaços antropológicos (1998), nos apresenta a evolução da humanidade a partir de conhecimentos específicos. Somos os fazedores de machados, criamos instrumentos que transformam o mundo. Somos, a partir da nossa inteligência individual conectada a tantas outras, responsáveis por nossa própria evolução.

Os machados de pedra concederam à humanidade o fio de vantagem, com instrumentos que iriam libertar para sempre os seus usuários do lento

21 Entrevista com o pesquisador em Educação Edvaldo Couto (UFBA), publicada em 27 de setembro de 2012, no Portal NET Educação. Disponível em https://www.institutonetclaroembratel.org.br/educacao/nossas-novidades/noticias/educacao-e-redes-sociais-cada-vez-mais-conectadas/, acesso em 1 abr. 2019.

desenvolvimento dos processos naturais. Segundo Burke e Orntein "a medida que os fazedores de machados mudavam o mundo e nos mudavam com seus instrumentos, alteravam também radicalmente nossa percepção desse mesmo mundo" (1998, p. 31).

Nós, os fazedores de machados, jamais paramos. Seguimos criando tecnologias cada vez mais elaboradas, dando origem a mudanças nas estruturas sociais e no próprio ser humano. A nossa história é a história da projeção desses instrumentos, das técnicas para solucionar demandas da sociedade.

A aceleração do processo evolutivo da humanidade, uma das marcas do Espaço do Saber, só é possível a partir do reconhecimento, valorização e mobilização das inteligências individuais, formando coletivos inteligentes nos quais as potencialidades sociais e cognitivas de cada um de nós possam se desenvolver de forma recíproca e desterritorializada. Portanto, na era do conhecimento, é imperativo que valorizemos e reconheçamos o outro em sua inteligência.

> Quando valorizamos o outro de acordo com o leque variado de seus saberes, permitimos que se identifique de um modo novo e positivo, contribuímos para mobilizá-lo, para desenvolver nele sentimentos de reconhecimento que facilitarão, consequentemente, a implicação subjetiva de outras pessoas em projetos coletivos (LÉVY, 1998, p. 30).

Esse é um novo lugar da educação na contemporaneidade.

REFERÊNCIAS

BURKE, P.; ORNTEIN, R. **O presente do fazedor de machados**: os dois gumes. Rio de Janeiro: Bertrand, 1998.

CANCLINI, Néstor García. **Culturas Híbridas – estratégias para entrar e sair da modernidade**. Trad. Ana Regina Lessa e Heloísa Pezza Cintrão. São Paulo: EDUSP, 1997. p. 283-350. (Culturas híbridas, poderes oblíquos).

COUTO, Edivaldo S. **Educação e redes sociais, cada vez mais conectadas**. Entrevistadora: Carolina Pires, [set. 2012]. Instituto NET Claro Embratel. Disponível em: <https://www.institutonetclaroembratel.org.br/educacao/nossas--novidades/noticias/educacao-e-redes-sociais-cada-vez-mais-conectadas/>. Acesso em: 20 abr. 2019.

______. Pedagogias das conexões: compartilhar conhecimentos e construir subjetividades nas redes sociais digitais. In: PORTO, C.; SANTOS, E. (Orgs.). **Facebook e educação**: publicar, curtir, compartilhar [online]. Campina Grande: EDUEPB, 2014. p. 47-65. Disponível em: <http://books.scielo.org/id/c3h5q/pdf/porto-9788578792831-04.pdf>. Acesso em: 13 abr. 2019.

FREIRE, Paulo. **Pedagogia da autonomia**: saberes necessários à prática educativa. São Paulo: Paz e Terra, 1996.

GIDDENS, Anthony. **As consequências da modernidade**. São Paulo: Ed. UNESP, 1991.

HALL, S. **A Identidade Cultural na Pós-Modernidade**. Rio de Janeiro: DP&A Editora, 2006.

JENKINS, Henry. **Cultura da Convergência**. 2. ed. São Paulo: Aleph, 2009.

LÉVY, P. **A inteligência coletiva**: por uma antropologia do ciberespaço. 4. ed. São Paulo: Loyola, 1998.

______. **Cibercultura**. 2. ed. São Paulo: Editora 34, 1999.

LIBÂNEO, José Carlos. **Pedagogia e Pedagogos, para quê?** São Paulo: Cortez, 1999.

MARCUSCHI, L. A. A Coerência no Hipertexto. In: COSCARELLI, Carla; RIBEIRO, Ana Elisa. **Navegar lendo, ler navegando. Notas sobre a leitura de jornais impressos e digitais**. Belo Horizonte: InterDitado, 2009. (Coleção Indie).

MARTINO, Luís Mauro Sa. **Teorias das Mídias Digitais**. Linguagens, ambientes e redes. Petrópolis: Vozes, 2014.

MATTOS, Leopoldo de. **Rubem Alves – A Escola Ideal – o papel do professor**. Youtube, 14 de junho de 2011. Disponível em <https://www.youtube.com/watch?v=qjyNv42g2XU>. Acesso em: 07 ago. 2017.

MONT'ALVÃO, A.; NEUBERT, L. F.; SOUZA, M. Espaço e tempo na "teoria da estruturação. **Revista de Ciências Sociais**, Minas Gerais. n. 35, p. 187-200, out. 2011.

PRETTO, Nelson. Polêmicas Contemporâneas: formando professores ativistas comprometidos com a sociedade. **Revista Observatório**, Palmas, v. 3, p. 32-55, jul./set. 2017.

PROGRAMA Roda Viva. **Entrevista Pierre Lévy**. Concedida em 8 de janeiro de 2001. Disponível em: <https://www.youtube.com/watch?v=DzfKr2nUj8k>. Acesso em: 17 out. 2017.

SILVA, Obdália Santana Ferraz. Entre o plágio e a autoria: qual o papel da universidade?. **Rev. Bras. Educ.**, v.13, n. 38, p. 357-368, 2008. ISSN 1413-2478. Disponível em: <http://www.scielo.br/pdf/rbedu/v13n38/12.pdf>. Acesso em: 27 jul. 2014.

SOARES, Magda. Letramento e escolarização. In: RIBEIRO, Vera Masagão (Org.). **Letramento no Brasil**: reflexões a partir do INAF 2001. São Paulo: Global, 2003.

TRINDADE, Elizabeth Sarates Carvalho. **Contribuições da formação de professores para o uso das TICs nas escolas**: um estudo de caso no curso de graduação – Licenciatura em Pedagogia a Distância da Universidade Federal do Rio Grande do Sul. Dissertação (Mestrado). Porto Alegre. p. 19.

FILHO DE NEGRO, NEGUINHO É[22]?! – UM ESTUDO ACERCA DA INFLUÊNCIA DA FAMÍLIA E ESCOLA SOBRE A NEGRITUDE

Antonio José de Souza

Itinerâncias metodológicas: bússola em direção ao estudo

Quem somos? De onde viemos? Para onde vamos? São perguntas clássicas, clichês que sugestionam o desafio de provocar um autoconhecimento, ou mesmo, o reconhecimento do "outro" que circunda a nossa volta. Servem também para criar um sentimento de pertencimento a algum grupo. Ou seria a múltiplos grupos? Visto que embarcamos na locomotiva pós-modernista, transitando, cruzando e constituindo complexas diferenças e identidades, num movimento exploratório, como o termo francês *au-delà* apreende – com maestria –, "[...] aqui e lá, de todos os lados, para lá e para cá, para frente e para trás" (BHABHA, 2013, p. 19). No entanto, esse trabalho tem, na sua gênese, a característica de um estudo que oportunize o retorno a "uma posição social: está [localizada] numa família determinada [...] a se definir pelas relações sociais mais primárias [...]" (CIAMPA, 1998, p. 20).

Por conseguinte, trata-se de uma breve pesquisa de **abordagem qualitativa**, isto é um tipo de investigação que tem como interesse central a busca da significação humana da vida social e dos inimitáveis símbolos arquitetados pelas pessoas para comunicar sentidos atribuídos à vida cotidiana, utilizando a análise e a interpretação da realidade, por meio do contato direto e interativo do pesquisador com o objeto de estudo (MOREIRA; CALEFFE, 2008). Digo isso para situar a o estudo não como algo distante e isolado da docência, mas localizá-la "bem dentro das atividades normais do profissional da educação, [...] tornando-a um instrumento de enriquecimento do seu trabalho" (LÜDKE; ANDRÉ, 2014, p. 3).

Desse modo, para a efetivação do objetivo, que consiste na compreensão da influência da família e escola no reconhecimento ou não da negritude,

22 Paráfrase da expressão "filho de peixe, peixinho é", muito popular no nosso dia a dia, significa que alguém é muito semelhante ao pai ou à mãe, em aparência ou personalidade.

foi preciso lançar mão da metodologia **(auto)biográfica**, na perspectiva da educação, por permitir a relação estreita entre biografização e formação, entre biografia e aprendizagem. Nesse sentido, Delory-Momberger (2011) afirma que o movimento de biografização se revela como um procedimento propício à formação do ser individual, visto que essa relação (biografar e formar-se) é legítima e privilegiada, pois foi no âmbito da formação que surgiu o princípio de "[...] que 'fazer sua história de vida' – ou seja, construir uma narrativa de sua própria existência – podia, em certas condições, ter um efeito formador [...]" (DELORY-MOMBERGER, 2011, p. 49).

> A história-de-vida é aqui utilizada como técnica de organização do material. Esta técnica tem uma tradição nas ciências sociais [...]. Mais recentemente, a Psiquiatria e a Psicanálise têm-se utilizado das autobiografias para o estudo aprofundado do seu objetivo (SOUZA, 1983, p. 70-71).

À vista disso, coloquei-me envolto em situações reflexivas, pensando na condição de "ser-estar-mundo" para que, dessa forma, compondo fragmentos retirados da minha história de vida, através da condição de sujeito narrador (autobiografia), fosse possível, também, compreender o "outro". Nesse sentido, vale destacar, que não se espera, no ato de 'escritura de si', colidir com uma "verdade" subjacente ao ato de (auto)biografar, contudo, trata-se do objetivo de conjecturar como os indivíduos arquitetam suas vivências ao que antes não possuía um aparente sentido e como constroem a consciência histórica de si e de suas aprendizagens, nos territórios onde habitavam, mediante o transcurso da (auto)biografização.

No começo, o prelúdio em palavras

Naquele tempo eu era o coordenador pedagógico das escolas da roça[23] multisseriadas[24] no município de Itiúba[25]. Visitá-las também fazia parte de meu ofício. Então, invariavelmente, estava acompanhado por livros infantis para uma contação deleite e, posteriormente, a reflexão e apropriação do conhecimento, "[...] através do círculo hermenêutico: compreensão-interpretação-nova compreensão [...]" (MASINI, 1994, p. 63). De fato, julgava-me sabedor e

23 O termo roça é entendido aqui a partir da concepção de Rios (2011, p. 13), tomando-o como uma "'ruralidade específica' envolta, principalmente, na semiótica da terra".

24 Escolas multisseriadas são aquelas organizadas a partir das classes multisseriadas, ou seja, uma forma de estruturação de ensino na qual o/a docente trabalha, na mesma sala de aula, com várias séries do Ensino Fundamental, simultaneamente, atendendo a alunos/as com idades e níveis de conhecimento diferentes.

25 Itiúba, município do interior da Bahia, localizado na região centro-norte, faz parte do semiárido baiano e do Território do Sisal. Está localizado aproximadamente a 378 km de Salvador, e, segundo o censo do IBGE (2010), possui uma população de 36.112 habitantes.

detentor exímio da metodologia da leitura crítica. No entanto, a sala de aula, de quando em vez, surpreende-nos.

Eu havia reservado para aquela escola um livro intitulado *O cabelo de Lelê*[26], o qual considerei apropriado, pois, durante a dinâmica de apresentação, eu conheci Anita, uma menininha negra, entre quatro e cinco anos de idade, de cabelos lindos, encrespados, encaracolados e fartos como os cabelos da personagem Lelê, que não gostava do que via, por isso, vivia se perguntando sem saber o que fazer: "[...] de onde vêm tantos cachinhos?" (BELÉM, 2007, p. 9). Como toda pergunta reclama por resposta, no livro, Lelê foi encontrar-se com a história e a beleza da herança africana.

Ao término da leitura, com as crianças sentadas de pernas cruzadas no chão, passei a provocá-las a respeito da cor da pele de Lelê e dos seus cabelos pretos volumosos. Em um determinado momento, presumi favorável relacionar os cabelos da personagem com os de Anita que, para o meu absoluto desatino, não gostou do que ouviu. Logo, chorou. Chorando, gritou. Gritando, puxava os cachos dos seus cabelos.

A professora da turma, testemunha da minha hesitação atônita, moveu-se, por ela e por mim, na tentativa de remediar as lágrimas derramadas de Anita. Aturdido, lancei mão das titubeantes palavras de expiação, afinal, sentia que a havia ofendido. Se as minhas reações eram cambaleantes e meu discurso vago, o mesmo não acontecia com os meus pensamentos, pois eram convulsivamente frenéticos, levando-me para além do que se pode compreender em um primeiro contato.

Sim, eu havia ressentido Anita, evidentemente, sem saber e querer. Compará-la a Lelê foi um golpe certeiro na sua autoestima, afinal, tornou-se, o negro, o "estranho familiar", hostilizado por robustas correntes de pensamento racista do século XIX, como o racismo científico, a antropometria[27], o darwinismo social, que "[...], primeiro [apostava] na ideia de Tipos Perfeitos (indivíduos que não eram miscigenados), segundo [considerava] a mestiçagem como uma praga para a sociedade 'civilizada' que precisava ser evitada e eliminada" (SILVA; SANTOS, 2012, p. 1).

Além disso, as teorias evolucionistas que influenciaram, no Brasil, as reproduções simbólicas pejorativas atribuídas à figura do negro[28], como o

26 Livro infantil da autora Valéria Belém, voltado para a construção da autoidentificação positiva das crianças negras com a personagem principal, bem como para introduzir a contribuição do continente africano na cultura brasileira.

27 De forma geral, a Antropometria é o conjunto de técnicas utilizadas para medir as partes do corpo humano.

28 Observe que nesse trabalho os substantivos são apresentados e flexionados no gênero masculino, no entanto concernentes também ao gênero feminino, apenas por uma questão de estrutura textual. Mas, ressalto que não pretendo com isso reforçar velhas crenças patriarcais ou falocêntricas, nem mesmo discutir aspectos culturais e sociais das relações entre os sexos.

mito da "vadiagem" e da "preguiça", além do mito da "mulata sensual", todas arraigadas à estrutura social brasileira da época, a ponto de perpetuar-se nas estruturas contemporâneas que permanecem categorizando o negro como integrante de uma raça inferior. Portanto, um legado deixado pela experiência de uma Abolição tardia, proclamada oficialmente, mas que, na verdade, catapultou o negro na sarjeta, afinal, "[...] para serem livres, eles tiveram de arcar com a opção de se tornarem 'vagabundos', 'boêmios', 'parasitas de suas companheiras', 'bêbados', 'desordeiros', 'ladrões' etc." (FERNANDES, 2017, p. 80).

Sendo assim, o negro é transfigurado em um espectro, visto que nas representações sociais existem elementos determinantes para a classificação no regime de castas que, para tal, considera o desembarque pretérito dos africanos, desenvolvendo um imaginário de degenerações culturais, sociais e também biológicas, por isso a mestiçagem significava, para as já mencionadas doutrinas raciais da segunda metade século XIX, uma descendência corrompida. Com efeito, o afastamento da eminente ameaça viria pelo branqueamento[29] da sociedade brasileira, por meio da eliminação gradativa do sangue "subalterno", resolvendo, sumariamente, a questão da formação identitária nacional, considerada incômoda, por conta da pluralidade racial.

> Por que o negro? Porque ele sofreu todas as humilhações e frustrações da escravidão, de uma Abolição feita como uma revolução do branco para o branco e dos ressentimentos que teve de acumular, vegetando nas cidades e tentando ser gente, isto é, cidadão comum. O negro surgia como um símbolo, uma esperança e o teste do que deveria ser a democracia como fusão de igualdade com liberdade (FERNANDES, 2017, p. 23).

Mas eu, sinceramente, compreendo a Anita, pois na minha tenra infância não me percebia negro, muito embora os traços ancestrais da negritude[30] estivessem presentes em minha bisavó, meu avô, mãe e pai. Tenho de reconhecer, contudo, que quando os adultos da família me perguntavam com quem casaria, prontamente respondia que seria com uma vizinha loira, de olhos claros e de pele alva, que estudava comigo. Após a resposta, podia-se ouvir um coro, declarando-me como uma criança racista. Definitivamente, faltava-me lucidez para entender o que significava ser racista, afinal, todos diziam que eu era

29 Processo que pressupõe a herança da raça branca como superior e capaz de sobrepor-se à herança das consideradas raças inferiores. Trata-se de uma ideologia defendida por homens como Joaquim Nabuco, Rui Barbosa e Euclides da Cunha, entre outros. Todos eles eram contrários à escravidão, mas impregnados do racismo e da inferioridade inata dos negros. Na obra O abolicionismo, Joaquim Nabuco dá uma explicação para o que se pretendia ao abolir a escravidão: "[....] absorver o sangue caucásico vivaz, enérgico e sadio que certamente embranqueceria o nosso povo" (apud CHIAVENATO, 1987, p. 173). Ou seja, pretendia-se, com a ideologia do branqueamento, erradicar com o "problema negro" e a presença indígena, através da emigração europeia. Eis, portanto, a expectativa de tornar o Brasil "puro e belo", como no velho mundo.

30 Segundo Munanga (2012, p. 58), a partir do caráter biológico ou racial, "[...] a negritude seria tudo o que tange à raça negra; é a consciência de pertencer a ela.".

moreno com cabelos lisos demais, distanciando-me do "ser negro". Portanto, nasci negro, após os meus dezesseis anos de idade.

A imersão nas lembranças da minha infância traz um aspecto sobrelevado a respeito da "Síndrome de Cirilo". A minha geração (hoje, homens e mulheres com mais 30 anos, aproximadamente) acompanhou os 375 capítulos da telenovela mexicana Carrossel, exibida entre os anos de 1991 e 1992 pelo canal de televisão SBT, que, recentemente, ganhou uma versão no Brasil. Na trama, Cirilo é um garotinho heterossexual negro que passa toda a história sendo menosprezado e minimizado pela garotinha rica e loira, Maria Joaquina, pela qual ele se encanta.

O mais constrangedor dessa representação é a resignação passiva à condição de "inferior" do personagem Cirilo, pois, apesar da hostilidade e rejeição por não pertencer ao "grupo superior", ele, Cirilo, não percebe isso e, por essa razão, não reage aos ataques racistas, demonstrando submissão e tristeza por, apesar dos esforços empreendidos, não estar "à altura da sua amada"; daí a "síndrome".

Inclusive, em um dos mais vexatórios episódios, Cirilo chega a pintar o rosto de branco a fim de transubstanciar-se a partir da brancura como consequência do efeito alienante e hipnótico do fetiche do branco, assim, ele, o negro, vê-se condenado a negar tudo aquilo que contradiga a branquitude, desse modo, abandonando a marca do insólito, do diferente, tornando-se "um outro *outro*" (CIAMPA, 1998, p. 79).

Irrevogavelmente, na infância, a "Síndrome de Cirilo" deteve-me através de dois de seus tentáculos. O primeiro refere-se ao racial com o impulso aviltante e determinante da ideologia do branqueamento, isto é, a maneira de pensar a partir da égide do racismo, estabelecendo, desse modo, a supremacia de uma aparência física mais próxima da raça caucasiana, as feições comuns a todos os europeus, na qual se destaca o cabelo, exercendo a impiedosa tendência que atrofia a identidade[31] negra. O segundo trata-se da heteronormatividade com sua lógica na qual as orientações sexuais diferentes da heterossexual são marginalizadas, ignoradas ou perseguidas por práticas sociais, crenças ou políticas.

Fui uma criança negra, mas sem saber que era negra, nem podia ser diferente, afinal, foi principalmente a escola quem me ensinou, por meio

31 Como o conceito de identidade varia de acordo com o referencial teórico, busquei em Bauman (2005) uma proposta mais atualizada. O sentido que Bauman (2005) dá para identidade parte da compreensão de um tempo em que as relações adquirem um significado escorregadiço, liquefeito e, consequentemente, fadado a desembocar na foz da situação tendenciosa; adotando o contorno, desde que revele pendor ao contexto determinado. Por isso, é eloquente a compreensão de que as "identidades" se agitam ao vento e entre várias, algumas tremulam por nosso próprio discernimento, enquanto que outras são infladas e arremessadas por pessoas próximas, bem como distantes de todo e qualquer lugar. Por conseguinte, estou falando de um momento assinalado por determinadas transformações que estabelecem uma fronteira, todavia, não arraigada e nem tão perceptível entre o que é "moderno" e "pós-moderno" (BAUMAN, 2005, p. 310).

dessas veiculações e reproduções imagéticas do "ser" negro, estereotipado e subordinado, o inconsciente recalcamento e inferiorização diante do "outro".

Isto é, o meu ingênuo imaginário infantil foi facilmente assolapado pela capciosa ideologia que destituía a identidade negra e abria precedente para a dissimulação dos meus trejeitos efeminados, cedendo, com desespero, "[...] a lógica binária de divisão das atividades humanas em 'coisas de homem' e 'coisas de mulher' – retificada pelo machismo e pelo heterossexismo [...]" (ASSUNÇÃO, 2018, p. 56-57).

Isto posto, reitero minha genuína complacência acerca da reação intensa e carregada da Anita, afinal, "[...] saber-se negra é viver a experiência de ter sido massacrada em sua identidade, confundida em suas perspectivas, submetida a exigências, compelida a expectativas alienadas [...]" (SOUZA, 1983, p. 17-18). Anita era apenas uma criança que, de alguma maneira, percebia, na correlação com a personagem Lelê, a "intenção" de forjá-la no mesmo discurso que fabricou o mito do negro feio, ruim e sujo.

A natureza relacional da identidade é o cerne onde residem os nossos sentimentos, pensamentos e ações, posto que, em conformidade com Ciampa (1998, p. 34), "[...] é o sentido da atividade social que metamorfoseia o real e cada uma das pessoas". Por esse ângulo, a interação social parte do princípio e da compreensão de que a experiência do ver e também ser visto não significa apenas um detalhe desprezível, mas um efeito do olhar que sugestiona uma perspectiva, uma intencionalidade, preconizando a visualidade sutil do bom e do bonito, do ruim e do feio. Isso implica, como destaca Hall (2014, p. 110), o fato de "que as identidades são construídas por meio da diferença e não fora dela. [...] apenas por meio da relação com o Outro [...]" o que, irrevogavelmente, descarta o caráter impositivo e chancelador desse "outro".

Nessa dinâmica de apreender as imagens representativas do 'outro', muitas vezes expostas como ícones padronizadores, impondo o corpo perfeito, o cabelo ideal, as medidas exatas e o comportamento aceitável; faz com que nos percebamos diferentes desse 'outro' e isso, ao passo que é "positivo", no aspecto de que 'ver e si vê', expõe nossa individualidade, nossas diferenças e põe em questão a materialidade da identidade humana, que como esclarece Ciampa (1998) "é concreta, está sempre se concretizando [...] a concretude da identidade, que se desenvolve pelo desejo e pelo trabalho, reconhecemos, necessariamente, sua socialidade e sua historicidade" (p. 198-202).

Em contra partida, revela-se perigoso, pois uma vez que é intencionalmente determinado por um pacto de poder, muito parecido com o que Foucault (1987) chamou de "tecnologia política do corpo" (p. 28), pois na mesma proporção que o corpo é submergido numa relação de poder e de dominação, por meio do cárcere da sujeição, também é enclausurada a identidade, quando forjada pela estratégia usada para aniquilar a existência de uma identidade cultural negra, por meio de uma estrutura desfavorável que nutre o fetiche do negro (homem e mulher) pela brancura, estimulando a ânsia de ser transfigurado em branco, pois conforme o grifo de Costa (1983):

> Ela, a brancura, permanece branca. Nada pode macular esta brancura que, à ferro e fogo, cravou-se na consciência negra como sinônimo de pureza artística; nobreza estética; majestade moral; sabedoria científica etc. O belo, o bom, o justo e o verdadeiro são brancos. O branco é, foi e continua sendo a manifestação do Espírito, da Idéia da Razão. O branco, a brancura, são os únicos artífices e legítimos herdeiros do processo e desenvolvimento do homem. Eles são a cultura, a civilização, em uma palavra, a "humanidade" (p. 5).

Essas representações são absorvidas, muitas vezes, de maneira tão exitosa que nos tornam, como diz Saramago (2001, p. 310), "[...] cegos, cegos que veem, cegos que, vendo, não veem", isto é, olhamos porque temos o sentido da visão, no entanto não enxergamos. Vemos, todavia, perdemos a capacidade de observar e analisar uma situação qualquer, pois parece que nosso maior embaraço é justamente conseguir enxergar além do superficial. É a essa cegueira que se refere Saramago, pois parece que o poder da alienação enclausurou o homem (mulher) numa bestial ilusão, limitando-o/a a uma miopia que não deixa olhar e ver o que as imagens mostram e omitem, revelam e subliminarmente escondem.

À vista disso, Anita foi o germe da minha autoanálise e livre associação e, consequentemente, da pesquisa que durante o mestrado eu desenvolvi, cujo objetivo foi identificar como a identidade e a cultura afro-brasileira emergiam nas histórias de vida e formação-profissão de docentes de classes multisseriadas na roça, buscando compreender, ainda, os sentidos construídos pelos/as docentes, a partir da relação entre educação e questões étnico-raciais.

A pesquisa-formação revelou, entre outras coisas, o quão distantes estão os/as docentes de classes multisseriadas da roça dos estudos, leituras e materiais pedagógicos que os auxiliem na prática educativa, no tocante às identidades e à cultura afro-brasileira. No entanto, percebeu-se que, antes mesmo de se recorrer às informações contidas em compêndios, livros e pesquisas acerca das questões já mencionadas, seria preciso refletir sobre o lugar do negro nas histórias de vida desses professores/as para que, dessa maneira, fosse possível pensar em uma proposta construída com eles/elas, a partir de suas próprias trajetórias de vida/formação/negação.

As falas dos/as professores/as desvelaram o que se fora escondido e marginalizado nas suas relações, na iniciação escolar e em todo o percurso da educação básica, culminando nos espaços formativos intrínsecos à profissão docente acerca do estudo da identidade e da cultura afro-brasileira. Logo, a hipotética "mediocridade" utilizada como explicação para o não cumprimento da Lei 10.639/2003[32] pelos/as professores/as, definitivamente não se sustenta.

32 A referida lei alterou a Lei 9.394/1996 (LDB – Lei Diretrizes e Bases), passando a vigorar acrescida do artigo 26-A, que torna obrigatório, nos estabelecimentos de ensino fundamental e médio, públicos e particulares, o ensino da temática História e Cultura Afro-Brasileira (BRASIL, 2005).

No processo de negação da minha negritude, a escola contribuiu notadamente. Penso que colaborou, também, para a "ausência" de Anita, no entanto, tem um outro aspecto que merece atenção: a família, pois, no que diz respeito à construção e à negação/aceitação da identidade negra, torna-se essencial o papel da família.

Nesse sentido, no Brasil, são escassos estudos que se debruçam sobre a relação intrínseca entre a subjetividade[33] das crianças negras e a influência da família, à vista disso, pretendo, neste projeto, compreender como as famílias, portanto, um sistema tradicional e territorializado, são capazes de reconhecer ou arruinar a identidade e a consciência negra.

Família, pode se sentar, a identidade está servida! – derradeiras palavras

As minhas primeiras experiências de exclusão e negação foram ambientadas na escola. Ali, andando pelos corredores, nas aulas de educação física, na fila da oração ou da merenda, eu pude conhecer o êxito da mentalidade racista e discriminatória que me lançava a um lugar inferiorizado por ser filho de mãe solteira, por ser pobre, por meus trejeitos efeminados ou ainda por ser negro.

Diante do exposto é a escola instituída como o 'lugar do saber', para onde convergem aqueles/as que 'não tendo saber algum' precisam consultar os conhecimentos acumulados pela história e guardados em palavras escritas nos suntuosos compêndios. Sendo assim, a escola tem o poder de instruir os "ignorantes", e durante muito tempo o exerceu no interior das "relações de poder" (FOUCAULT, 1987), concebendo as diferenças como "transvios", pejorativamente representadas pelas designações excludentes e homogeneizantes.

"§ 1º O conteúdo programático a que se refere o caput deste artigo incluirá o estudo da História da África e dos Africanos, a luta dos negros no Brasil, a cultura negra brasileira e o/a negro/a na formação da sociedade nacional, resgatando a contribuição do povo negro nas áreas social, econômica e política pertinentes à História do Brasil.

§ 2º Os conteúdos referentes à História e Cultura Afro-Brasileira serão ministrados no âmbito de todo o currículo escolar, em especial nas áreas de Educação Artística e de Literatura e História Brasileiras. [...] Art. 79-B. O calendário escolar incluirá o dia 20 de novembro como 'Dia Nacional da Consciência Negra'" (BRASIL, 2005, p. 35).

33 O conceito de subjetividade é assimilado aqui a partir do entendimento de Molon (2009, p. 15), que, entre outras coisas, ressalta a associação imediata da palavra subjetividade com a "psicologia, tanto no senso comum quanto nas produções científicas, aparecendo nos mais diversos contextos e apresentando vários significados. [...] [O primeiro] diz respeito à experiência da subjetividade privatizada, ou seja, às experiências do indivíduo que são sentidas e vividas como íntimas, pessoais e únicas, sendo, portanto, totalmente originais e quase incomunicáveis".

A escola me ensinou as baixas classificações que eram a mim atribuídas, a partir de uma escala de desigualdades sociais, econômicas, raciais e de gênero, pois conhecer esses sistemas classificatórios significou conhecer os meus pertencimentos, os lugares que eu ocupava na hierarquia social e as estruturas básicas de minha personalidade. Dessa forma, aprendi, como aluno, a repugnância por todas as formas de rejeição e descarte da dignidade humana e, assim, aprendi que ser professor é ser algo a mais.

As aulas de história, por exemplo, tinham o objetivo de tornar o africano visível, em invisível e descuidado, do ponto de vista etnográfico e antropológico. Eram aulas que cheiravam a sangue de negro escravizado, numa divulgação horrenda de ilustrações brutais dos negros sendo espancados, chicoteados e violentados em sua dignidade. As páginas dos livros didáticos estavam ensopadas de preconceito subliminar, contra os negros e os índios que nunca figuravam como protagonistas ou, quando surgiam, em menções que os inferiorizavam perante os brancos.

Essas representações modelaram e inscreveram a existência negra num imaginário socialmente marginal, projetando-a numa "não existência", assim, "não sendo" só poderia "ser" um "bicho-selvagem" de traços grosseiros e negroides, apenas "a coisa" negra, ignorante e "beiçuda", que só pode despertar repulsa, ou mesmo ojeriza. Como se perceber negro/a perante uma educação segregacionista e eurocêntrica, mancomunada a estereótipos racistas? Logo, afastar-se dos símbolos que lembrem a "mancha e vexação negra" seria inevitável.

Também na escola, eu tive os meus primeiros contatos com determinadas obras literárias infanto-juvenis de Monteiro Lobato[34], um dos mais influentes escritores brasileiros de todos os tempos, mas que deixa escapar velhas representações racistas em vários dos seus livros. É bastante compreensível que as minhas antigas professoras quisessem, com as melhores intenções, inseri-me no universo literário através dos personagens lobatianos. No entanto, nunca saberei se elas tinham lucidez quanto às imagens postas que, de modo geral, estampavam um negro serviçal, submisso e ridicularizado[35].

---

34 Eu aprofundo essa discussão sobre a presença do racismo em determinadas obras de Monteiro Lobato no meu livro infanto-juvenil *Quem é esse nego?!*, obra que reflete, debate e dialoga em torno dos ideários de negação e submissão dos povos negros e sobre a contribuição da escola para o processo de negação da negritude, sendo mais uma opção de leitura para crianças e jovens que tiveram o seu ser negro estereotipado e subordinado a um inconsciente recalcamento e inferiorizarão diante do outro, evitando que sejam alcançadas pela capciosa ideologia do branqueamento que destitui a identidade negra (SOUZA, 2016a).

35 Em relação a esta questão, destaco o Parecer CNE/CEB Nº: 15/2010, que teve como relatora a professora Nilma Lino Gomes, na função de conselheira do Conselho Nacional de Educação, emitindo um parecer crítico sobre o livro *Caçadas de Pedrinho*, que declara o seu conteúdo estereotipado em relação ao negro e ao universo africano. Apontou, também, algumas ações a serem implementadas, a fim de que a obra não continuasse servindo como um elemento naturalizador do racismo, na sociedade brasileira. Ressaltou, ainda, que tal postura não representa

Até aqui, eu apresentei a fase inaugural da construção da minha identidade, e de alguma forma a de Anita, circunscrita no âmbito escolar e, de certo modo, literário. Portanto, "[...] ainda na fase inicial do desenvolvimento psíquico onde [...] sua identidade é desenhada a partir de uma dupla perspectiva: 1.º) [...] olhar e do desejo do agente que ocupa a função materna; 2.º) [...] imagem corporal produzida pelo [...] perceptivo da criança" (COSTA, 1983, p. 3), isto é, antes de qualquer coisa, é comum definirmos uma posição social localizando-nos numa família determinada, portanto, a busca inicial por "[...] diferença encontra a igualdade [...]. Sua identidade transcende sua individualidade [...]" (CIAMPA, 1998, p. 21-22).

> A socialização torna possível à criança a compreensão do mundo por meio das experiências vividas, ocorrendo paulatinamente a necessária interiorização das regras afirmadas pela sociedade. Nesse início de vida a família e a escola serão os mediadores primordiais, apresentando/significando o mundo social (CAVALLEIRO, 2017, p. 16).

Isto posto, antes de ter meu exclusivo dueto (minha mãe e eu) interrompido, para em seguida ter a presença de outros pares, que correspondem a "todos os outros sujeitos exteriores à comunidade familiar" (COSTA, 1983, p. 3), eu vivi, de certo modo, alheio as minhas diferenças. Apenas tinha consciência de ser o último filho. Nas fotos de infância, estávamos, eu e meus irmãos, com frequência vestidos com roupas da mesma cor e tecido. Impressionante era o absoluto desconhecimento, à época, sobre o fato de que tínhamos figuras paternas diferentes, afinal, eles estavam ausentes de nossas vidas, por isso, o meu olhar, por uma determinada fase, concentrava-se na mãe.

Lembro que foi minha mãe quem me alfabetizou e, desde cedo, escrevia cartinhas com desenhos representando-a. Eu a desenhava linda, de cabelos encaracolados, boca farta e vermelha, olhos grandes e pele marrom. Não tinha resistência com o marrom, éramos todos marrons: minha bisavó, mãe e irmãos, exceto minha vó, mas tinha traços fenótipos fortes. Era assim minha família! Não falávamos das diferenças, nem as usávamos como pretextos duvidosos. Também não usávamos como bandeira hasteada em honra e orgulho. O meu mundo era minha casa, cheia de gente com quem me identificava, por conseguinte, se eles não se identificavam com raça alguma, eu também não.

Essa constatação remeteu-me à Teoria Sócio-Histórica de Vygotsky que, segundo Neves e Damiani (2006), tem sido aceita por muitos como uma teoria da aprendizagem, pois elucida o quanto o meio social é determinante para o desenvolvimento humano, mediatizado pela aprendizagem da linguagem, que acontece fundamentalmente a partir da imitação.

o banimento da obra de Monteiro Lobato, mas, sim, uma chamada para uma leitura mais crítica e contemporânea acerca das questões raciais.

De acordo com as referidas autoras, Vygotsky compreende o homem como um ser histórico, portanto uma confluência oriunda dos emaranhados sociais, engendrando a consciência a partir das relações que os homens estabelecem entre si, por meio da linguagem. Desse modo, "[...] torna-se difícil educá-los [...]", pois "[...] só se torna educado quem se vale da educação para progredir no 'tornar-se pessoa', o que implica fazer parte de uma comunidade" (SILVA, 2010, p. 186).

Mesmo com a exclusividade do dueto (minha mãe e eu) interrompida por "ruídos" vindos de outras comunidades partícipes, principalmente na escola, igreja e no bairro onde morava, ainda, nesse momento, minha mãe ditava a "ordem do existente".

> [...] as atitudes e os comportamentos sociais não serão obrigatoriamente cópias fiéis das atitudes e dos comportamentos de seus mediadores. Porém, dizer isto não significa diminuir o papel dos mediadores, nem desconsiderar o fato de as crianças se identificarem com seus familiares: pais, irmãos mais velhos e outros adultos. Elas podem, inconscientemente, copiar a conduta do adulto exatamente como elas veem o adulto atuando à sua volta (CAVALLEIRO, 2017, p. 16).

Desse modo, quando alguém na rua ou escola me xingava de "bichinha" ou "viadinho"; era minha mãe quem dizia: "você não é 'boiola', apenas educado". Ou quando uma professora afirmava que o seu filho era melhor, porque tinha pai presente; era minha mãe quem dizia: "eu sou seu pai e mãe". Foi minha mãe quem desvendou a fantasia do Papai Noel quando disse: "eu sou o Papai Noel, mas não tenho dinheiro, por isso não terá presente". Não sei se ela mediou da melhor forma, apenas sei que isso me fortaleceu para suportar as trincheiras do preconceito durante toda minha vida na escola pública. Mas, reconheço que o seu silêncio sobre a identidade racial deve ter contribuído para o sono profundo de minha negritude.

> As identificações normativo-estruturantes, propostas pelos pais aos filhos, são a mediação necessária entre o sujeito e a cultura. Mediação que se faz através das relações físico-emocionais criadas dentro da família e do estoque de significados linguísticos que a cultura põe à disposição dos sujeitos (COSTA, 1983, p. 3).

Conforme já estabelecido no corpo do texto, a questão do desenvolvimento da identidade passa por processos que sugerem estruturas de identificação do indivíduo com o "outro", nesse aspecto, a função da família foi, determinantemente, imprescindível para análise desse estudo.

REFERÊNCIAS

ASSUNÇÃO, I. Heterossexismo, patriarcado e diversidade sexual. In: NOGUEIRA, L.; HILÁRIO, E.; PAZ, T. T.; MARRO, K. (Orgs.). **Hasteemos a bandeira colorida**: diversidade sexual e de gênero no Brasil. São Paulo: Expressão Popular, 2018. p. 55-83.

BAUMAN, Z. **Identidade**. Rio de Janeiro: Jorge Zahar, 2005.

BELÉM, Valéria. **O cabelo de Lelê**. São Paulo: Companhia Editora Nacional, 2007.

BHABHA, H. K. **O local da cultura**. Belo Horizonte: Editora da UFMG, 2013.

BRASIL. Câmara de Educação Básica. Conselho Nacional de Educação. **Parecer n. CEB 15/2010**, de 1º de setembro de 2010. Aprova as orientações para que a Secretaria de Educação do Distrito Federal se abstenha de utilizar material que não se coadune com as políticas públicas para uma educação antirracista. Brasília, DF, 2010.

______. Ministério da Educação/Secretaria de Educação Continuada, Alfabetização e Diversidade/Secretaria Especial de Política de Promoção da Igualdade Racial. **Diretrizes Curriculares Nacionais para a Educação das Relações Étnico-Raciais e para o Ensino de História e Cultura Afro-Brasileira e Africana**. Brasília, DF: MEC/SECAD/SEPPIR, 2005.

CAVALLEIRO, E. **Do silêncio do lar ao silêncio escolar**: racismo, preconceito e discriminação na educação infantil. São Paulo: Contexto, 2017.

CHIAVENATO, J. J. **O negro no Brasil**: da senzala à Guerra do Paraguai. 4. ed. São Paulo: Brasiliense, 1987.

CIAMPA, A. da C. **A estória do Severino e a história da Severina**: um ensaio de psicologia social. São Paulo: Brasiliense, 1998.

COSTA, J. F. Da cor ao corpo: a violência do racismo. In: SOUZA, N. S. **Tornar-se negro**: as vicissitudes da identidade do negro brasileiro em ascensão social. Rio de Janeiro: Graal, 1983. p. 1-16.

DELORY-MOMBERGER, C. Os desafios da pesquisa biográfica em educação. In: SOUZA, E. C. de (Orgs.). **Memória, (auto)biografia e diversidade**: questões de método e trabalho docente. Salvador: EDUFBA, 2011. p. 43-58.

FERNANDES, F. **Significado do protesto negro**. São Paulo: Expressão Popular e Fundação Perseu Abramo, 2017.

FOUCAULT, M. **Vigiar e punir**: nascimento da prisão. Petrópolis, RJ: Vozes, 1987.

HALL, S. Quem precisa da Identidade? In: SILVA, T. T. (Org.). **Identidade e diferença**: a perspectiva dos estudos culturais. Petrópolis, RJ: Vozes, 2014. p. 103-133.

IBGE. Instituto Brasileiro de Geografia e Estatística. **Censo Demográfico 2010**. Disponível em: <http://censo2010.ibge.gov.br/>. Acesso em: 2 maio 2015.

LOBATO, M. **Caçadas de Pedrinho**. São Paulo: Editora Brasiliense, 2004.

LÜDKE, M.; ANDRÉ, M. E. D. A. **Pesquisa em educação**: abordagens qualitativas. Rio de Janeiro: E.P.U., 2014.

MASINI, E. F. S. Enfoque fenomenológico de pesquisa em educação. In: FAZENDA, I. (Org.). **Metodologia da pesquisa educacional**. 3. ed. São Paulo: Cortez, 1994. p. 47-58.

MOLON, S. I. **Subjetividade e constituição do sujeito em Vygotsky**. Petrópolis, RJ: Vozes, 2009.

MOREIRA, H.; CALEFFE, L. G. **Metodologia da pesquisa para o professor pesquisador**. Rio de Janeiro: Lamparina, 2008.

MUNANGA, K. **Negritude**: usos e sentidos. Belo Horizonte: Autêntica Editora, 2012.

NEVES, R. de A.; DAMIANI, M. F. Vygotsky e as teorias da aprendizagem. **UNIrevista**, São Leopoldo-RS, v. 1, n. 2, p. 1-10, abr. 2006.

RIOS, J. A. V. P. **Ser e não ser da roça, eis a questão! Identidades e discursos na escola**. Salvador: EDUFBA, 2011.

SARAMAGO, J. **Ensaio sobre a cegueira**. 19. ed. São Paulo: Cia. das Letras, 2001.

SILVA, P. B. G. e. Aprender a conduzir a própria vida dimensões do educar-se entre afrodescendentes e africanos. In: BARBOSA, L. M. de A. et al. (Org.). **De preto a afro-descendente**: trajetórias de pesquisa sobre relações étnico-raciais no Brasil. São Carlos: EdUFSCar, 2010. p. 181-197.

SILVA, T. D. da.; SANTOS, M. R. dos. A abolição e a manutenção das injustiças: a luta dos negros na Primeira República brasileira. **Cadernos Imbondeiro**, João Pessoa, v. 2, n. 1, 2012.

SOUZA, A. J. de. **Identidades e cultura afro-brasileira na docência da roça**: documento de referência para educação básica. 2016. 147 f. Dissertação (Mestrado em Educação e Diversidade) – Universidade do Estado da Bahia, UNEB, Jacobina – BA, 2016b.

SOUZA, N. S. **Tornar-se negro**: as vicissitudes da identidade do negro brasileiro em ascensão social. Rio de Janeiro: Edições Graal, 1983.

SOUZA, T. de. **Quem é esse Nego?!** São Paulo: Scortecci Editora, 2016a.

EMANCIPAÇÃO E DESCOLONIZAÇÃO DA EDUCAÇÃO NA FAVELA

Marcelo de Jesus Arouca
Ana Cristina Leal Ribeiro
Jamille Santos de Araújo
Natanael Reis Bomfim

Notas iniciais... O que somos e onde estamos?

Onde estão nossos contos? Nossos sonhos? Nossas peles? Nossos orixás? Nossos heróis, nossas histórias? Nossas roupas, nossos cabelos? Nosso cocar? Nossos olhares, nossas lógicas? Nossas poesias? Nossas veias e nossas vias? Onde estão nossos medos, desejos, lampejos e ensejos? Das estantes estamos distantes. Nas escolas estamos fora... Lá, elementos caros à constituição da favela estão fora dela: a linguagem, a estética, as questões de gênero e raça. Os jovens estão nas escolas, mas as escolas estão fora dos jovens, ou seja, o mundo da escola na maioria das vezes não valoriza as representações sociais desses sujeitos que trazem em seu conteúdo: ideais, opiniões, crenças, valores, identidades que constituem os saberes do senso comum. Essa ideia é reforçada quando Bomfim (2004) afirma que, em contexto brasileiro, as práticas pedagógicas de professores negligenciam experiências que os alunos têm com o seu espaço vivido, significa dizer que apesar das orientações dos Parâmetros Curriculares Nacionais – PCN's (1997), os professores não utilizam as representações que os alunos tem do espaço favelar no ensino/aprendizagem da geografia escolar.

Na contemporaneidade estamos imersos em pluriversos multiculturais. Polissemias culturais constelam o mosaico das ruas, cidades e bairros. A escola compõe este cenário multicultural. Microcosmo da sociedade, encontramos nela pessoas e grupos sociais de diferentes constituições. Entretanto, segundo Mathieu (1997), há uma necessidade de uma nova aproximação espacial da exclusão social nos tipos de resistências que representam os "excluídos". Nesse sentido, a nossa provocação persegue uma reflexão sobre as reações dos indivíduos em relação aos tipos de ambientes e valores socio-simbólicos que eles atribuem aos lugares.

O multiculturalismo é uma das marcas das favelas. O inchaço populacional nas favelas conduz ao convívio de diferentes grupos sociais, étnicos e culturais. E este efervescente caldeirão de diversidades traz marcas identitárias próprias expressas em suas linguagens, estéticas, músicas, hábitos e outros elementos culturais. A diversidade cultural que emerge na globalização encontra eco nas vielas das favelas e reverberam nas escolas que atendem suas populações. Deste modo, a diversidade, que tem sido tema de muitos debates na academia, encontra nas escolas favelares um dos seus lócus de prestígio.

A favela, segundo aponta Silva et al. (2009), é um espaço em que a ausência do Estado é refletida na escassez de políticas públicas, de infraestrutura e de recursos financeiros, mas é também um local de autoconstrução pela própria comunidade e de uma riqueza enorme expressa em sua diversidade sociocultural. O autor, define a favela numa dimensão estrutural do espaço geográfico, em concordância com o IBGE (2013), aponta para a predominância negra em espaços favelares[36], o que indica um processo de racialização além das questões de classe. Sendo assim, as favelas são espaços que refletem a exclusão social na contemporaneidade. Bomfim (2004), para além dessa dimensão, apresenta o conceito de favela pela ótica dos sujeitos que nela vivem, quando a traduz como um espaço composto por diferentes tipos de lugares, estruturados pelas ações de investimento e interpretação dos atores sociais e ligadas às dimensões estéticas, afetivas e sociosimbólicas. Assim, essa estrutura fornece a base para o reconhecimento e juízo de valor em dois polos que se transversalizam pelas interações sociais, problemas socioeconômicos e ambientais. Esses dois polos constituem a tensão socioespacial de inserção e marginalização, que são interligados e conciliados por atributos socio-simbólicos, dando sentido às questões sociais do meio no qual as práticas de socialização, valorização e pertença são espacializadas.

Nesta perspectiva, as questões que se formulam são: poderia a escola ser um espaço para a politização dos sujeitos objetivando contribuir para a busca de caminhos outros que sugiram saídas para o contexto de exclusão em que estamos? Quais princípios deveriam fundamentar a educação escolar em espaços favelares?

Para discutirmos estas questões é necessário construir um panorama sobre a modernidade, que é criticada e percebida por alguns pesquisadores enquanto ideologia de dominação política, econômica, social, cultural e epistêmica (QUIJANO, 2005; MIGNOLO, 2008; PINTO E MIGNOLO, 2015; DUSSEL, 2016). Apesar da (pós) modernidade ser reconhecida como uma lógica global, estes autores têm desenvolvido estudos que evidenciam o caráter eurocêntrico e colonizador da modernidade.

A modernidade se sustenta por meio do aporte da colonização, que produz as condições para o domínio europeu por meio da barbárie e se estende até os dias atuais por meio da máxima do falso discurso da civilidade e desenvolvimento globalizado e universal (QUIJANO, 2005; MIGNOLO, 2008; PINTO;

36 De acordo com a região em que a comunidade está situada.

MIGNOLO, 2008, 2015; DUSSEL, 2016). A colonialidade será compreendida a partir destes autores por sinalizarem possibilidades outras, fora da lógica do capital neoliberal imperialista.

Neste sentido, a descolonização é o caminho contra-hegemônico de superação desta modernidade. É nesta perspectiva que propomos o olhar para a favela. Não o olhar hegemônico e racializado eurocêntrico, mas sim o olhar para suas singularidades e produções, com horizontalidade crítica, sem sobreposições hierarquizadas por racializações e estigmas.

O pensamento de Dussel (2016) acerca da Transmodernidade vem a ser bastante profícuo para o presente trabalho e Mignolo (2008) ao discutir o "significado de identidade política" traz pensamentos que somam-se à tentativa aqui presente de subsidiar a construção de outros caminhos para superarmos os problemas vivenciados no contexto social e político que estamos atravessando no momento. Pinto e Mignolo (2015) contribuirão com a crítica à pretensão de universalidade presente no discurso da modernidade.

No presente trabalho Favela será compreendida a partir de Silva et al (2009) e Gerardo Silva (2011) para quem a favela é espaço de resistência. Somando-se a esta compreensão, será trazido o conceito de favela de Arouca (2017)[37] cunhado na pesquisa monográfica de conclusão de curso de graduação em pedagogia na UNEB, produzido através do cruzamento do pensamento de autores como, Silva et al. (2009), Silva (2011) Munanga (2009), Ramos (2013) e Hall (2005) e dos conceitos formulados com/entre os sujeitos da pesquisa (jovens que se reconheciam afirmativamente enquanto sujeitos de favela) e nossas vivências enquanto tais.

O termo favela demarca a dimensão sociocultural, como apresentado por Silva et al. (2009), e ampliando-o, passa a ser conceituado por Arouca (2017), não apenas como espaço, mas também como identidade cultural de grupos sociais que constroem uma relação de pertencimento e afirmação com os espaços favelares. Assim o termo favela extrapola a noção de território e compreende também a identidade cultural dos sujeitos de favela. Vale salientar que optamos por este termo (que em muito se aproxima de periferia e comunidade) por sermos também sujeitos de favela e acreditarmos na importância política do esvaziamento do sentido pejorativo atribuído a ela historicamente, visto que muitos moradores se identificam enquanto favela, além de produções artísticas, como músicas, por exemplo, que valoram afirmativamente a identidade. Vale citar que hoje já temos no Brasil o partido político Frente Favela Brasil, o que mais uma vez evidencia a afirmação do termo.

Para o presente trabalho, educação emancipadora será compreendida a partir de Freire (1987), Gadotti, (2012), Brandão (2006) e Arroyo (2012).

37 Favelas Pedagógicas: Distanciamentos e aproximações entre a cultura escolar e a cultura da (o) educanda (o) de favela.

Estes autores discutem a importância do reconhecimento da cultura e história dos discentes para o processo de politização dos sujeitos. A emancipação é construída com o reconhecimento do sujeito do seu papel sociohistórico na sociedade. Neste sentido, relacionamos o termo emancipação ao termo descolonização, considerando que no contexto favelar a emancipação e a descolonização precisam estar alinhadas.

A discussão iniciará com diálogos acerca da importância da perspectiva descolonização no debate sobre a luta por direitos e reconhecimento das culturas ditas periféricas. Em seguida a favela será analisada a partir de suas singularidades e expressões, considerando a negritude como elemento da constituição favelar. No terceiro momento o debate enveredará pelo campo da educação emancipação e descolonização, para, enfim, costurar os diálogos em favor de possibilidades para educações emancipadoras e descolonizadoras a partir dos contextos favelares.

Colonialidade modernidade eurocêntrica x descolonização periférica

A colononialidade, de acordo com Quijano (2005) se concretiza e manifesta através da sectarização dos grupos sociais, atribuindo papeis sociais hierarquizados para cada grupo. Pinto e Mignolo (2015) apontam para a pretensão homogeneizadora e universalizante da modernidade. Esta homogeneização hierarquizada privilegia grupos sociais eurocentrados em detrimento dos demais.

Quijano (2005) aponta para a divisão social com base na ideia de raça a partir da colonização. Para o autor, "raça converteu-se no primeiro critério fundamental para a distribuição da população mundial em níveis, lugares e papéis, na estrutura de poder da nova sociedade" (QUIJANO, 2005, p. 118). A divisão social, então, não acontece com base apenas nas condições financeiras e de classe, mas sim de raça, assumindo dentro do sistema colonial capitalista a exclusão com base na racialização.

Em diálogo com E. W. Said, Contreras (1999) afirma que, a experiência imperialista atravessa as construções identitárias dos europeus e dos não europeus. Deste modo na atualidade, a ocidentalização do mundo está em curso, promovendo a dominação cultural, impondo as categorias do pensamento ocidental europeu hegemônico sobre todo o globo. A interpretação de outras culturas se dá pelos meios (disciplinas, conceitos) definidos pelo pensamento da objetividade européia. Portanto podemos compreender que as leituras realizadas sobre as outras culturas serviram por muito tempo ao interesse colonizador (seja no período colonial ou pós-colonial). Partindo da análise discursiva dominante, podemos compreender que por meio desta objetivação das outras culturas se pretende justo o domínio e colonização do poder hegemônico ocidental sobre aqueles países e povos lidos (definidos) como subdesenvolvidos e inferiores. Assim se produz a "necessidade" de levar o desenvolvimento moderno universal civilizatório aos países subalternizados.

Esta mesma lógica de hierarquização e representação, para além dos processos culturais, se projeta também nos espaços geográficos e geopolíticos, definindo os valores e as simbologias que constituem o imaginário sobre o chamado terceiro mundo (sul) em oposição ao primeiro mundo (norte). Desta forma, a partir da visão hegemônica se define o que é necessário para superar os problemas enfrentados nos países subdesenvolvidos. Os países desenvolvidos devem então salvar os demais países, lançando mão de planos eurocentrados por serem os únicos legitimados para esta tarefa. Contreras (1999) questiona tais conceitos de desenvolvimento por partirem de princípios essencializados e excludentes. Neste processo os países de primeiro mundo introjetam seus mercados e cultura nos países dominados, beneficiando a si em detrimento do "outro". Neste sentido se faz fundamental compreender a natureza histórica destes conceitos de "desenvolvimento" para que se possa reconhecer suas intencionalidades de dominação hegemônica de pretensão universal e consequência excludente. É neste contexto que se define o que é pobreza e quais ações devem ser universalmente adotadas para superá-la. Pinto e Mignolo (2015, p. 383) argumentam que:

> A desumanização de habitantes não europeus do globo foi necessária para justificar o controle de tais "seres humanos inferiores". Racismo como o conhecemos hoje foi estabelecido àquela época. Racismo não é biológico, mas sim epistêmico; é a classificação e a hierarquização de umas pessoas por outras que controlam a produção do conhecimento, que estão em posição de atribuir credibilidade a tal classificação e hierarquização e que estabelecem a si mesmas como o padrão: "os humanos" – todos os demais são apenas diferentes graus de quase ou semi-humanos.

Partindo destes pressupostos, é possível compreender que a colonização se estrutura com base na negação e exclusão do "outro", abrindo espaço para a entronização do pensamento eurocentrado, ou seja, do modelo europeu de civilização e desenvolvimento. Como contrapartida à modernidade e colonidade ainda em curso, Mignolo (2008) sugere a ruptura epistêmica com a hegemonia eurocêntrica. Para o autor, descolonizar significa desvelar a lógica colonial e romper com os efeitos totalitários da episteme ocidental.

Defende ainda que se faz necessário pensarmos em políticas em identidade, com base nas identidades locais resistentes à hegemonia eurocentrada.

> Irei argumentar que a identidade em política é crucial para a opção descolonial, uma vez que, sem a construção de teorias políticas e a organização de ações políticas fundamentadas em identidades que foram alocadas (por exemplo, não havia índios nos continentes americanos até a chegada dos espanhóis; e não havia negros até o começo do comércio massivo de escravos no Atlântico) por discursos imperiais (nas seis línguas da modernidade européia – inglês, francês e alemão a pós o Iluminismo; e italiano, espanhol e português durante o Renascimento), pode não ser possível desnaturalizar a construção racial e imperial da identidade no mundo moderno em uma economia capita-lista. As identidades construídas pelos discursos europeus modernos eram raciais (isto é, a matriz racial colonial) e patriarcais (MIGNOLO, 2008, p. 289-290).

Com isto o autor propõe o empoderamento político por meio do reconhecimento das identidades para a tomada de decisões na gestão pública. Neste sentido, Mignolo (2008) aponta para a necessidade de princípios descoloniais e sugere a solidariedade, a complementaridade (produção e distribuição visando o bem-estar comum), a reciprocidade e a correspondência (compartilhar responsabilidades), elementos presentes em culturas indígenas, como possibilidade de contribuição para outros caminhos de política, e acredito que também, de sociabilidade.

Dussel (2016) discursa sobre a perspectiva da transmodernidade como caminho necessário para superar os problemas modernos na contemporaneidade. Defende a cultura popular como resistência, autovalorização e reconhecimento como meio para superar a colonização. Neste sentido a afirmação dos próprios valores se faz necessária. Acreditando na necessidade de construirmos um diálogo intercultural na contemporaneidade, sugere que o mesmo tome por ponto de partida a "cultura periférica oprimida pela cultura imperial" (DUSSEL, 2016, p. 53).

Para Mignolo (2008) a interculturalidade se faz fundamental no processo de descolonização, pois a compreende como processo inter-epistemológico. Dentro do universo multicultural das comunidades favelares a escola deve se orientar em busca da inter-culturalidade inter-epistêmica e do reconhecimento das culturas locais objetivando educações descolonizadoras.

Favela, negritude e afirmação cultural

O termo favela é atualmente um termo que em geral é atribuído a espaços de extrema pobreza, violência, abandono social e descaso político. Silva (2011) faz um levantamento histórico do termo favela trazendo à tona as representações negativas da favela ao longo da história, entretanto o autor propõe a superação dos estigmas que giram entorno do termo. Para o autor, favela:

> É uma determinação subjetiva, isto é, um desejo dos pobres de permanecer na cidade, de construir estratégias cotidianas para uma vida melhor mesmo em situações de precariedade, violência e risco. As conquistas da favela, tanto no plano material quanto simbólico, pressupõem esse momento anterior, primeiro e constituinte, que é o sentido (pleno) da permanência na cidade (SILVA, 2011, p. 43).

Silva afirma que:

> A minha contribuição final aponta no sentido de conceituar favela como instância afirmativa, como poder constituinte (NEGRI, 2002). Isso já foi observado no encontro do Observatório. Contudo, falta, nesta última definição, tornar ainda mais explícita a dimensão de resistência (de luta) que a favela expressa (SILVA, 2011, p. 43).

É com esse sentido de afirmação resgatado pelo autor, que trazemos o termo Favela para o presente artigo. Assim como, por sermos nós, sujeitos, moradores de favela e identificados como tal. Muitos dos nossos vizinhos se afirmam favela e é com o objetivo político de negar seus estigmas que optamos por utilizá-lo. Entretanto compreendemos sua proximidade com outros termos que se referem ao mesmo espaço e cultura, tais como periferia e comunidade.

Partindo deste lugar de fala, enquanto "forasteiros de dentro"[38], é que trazemos a pesquisa monográfica de graduação de Arouca (2017) que trata sobre as aproximações e distanciamentos entre a cultura escolar e a cultura dos discentes de favela. Na pesquisa o conceito de favela foi tecido em diálogos entre: (a) teóricos como Silva et al (2009), Silva (2011), Hall (2005), Ramos (2013) e Munanga (2009); (b) com nossos saberes construídos em nossas vivências; e (c) com os saberes trazidos pelos estudantes participantes dos grupos focais[39]. Desta forma, a pesquisa monográfica evidenciou que existem singularidades na constituição das identidades dos sujeitos de favela. Na pesquisa:

> A favela foi compreendida a partir das dimensões sociocultural e étnico/racial, na qual a diversidade cultural e a predominância da população negra são elementos centrais do conceito. Para a compreensão da identidade dos sujeitos de favela, a negritude trouxe elementos indispensáveis para a análise do sujeito de favela, como a solidariedade enquanto estratégia

38 Djamila Ribeiro traz o conceito "forasteira de dentro", criado por Patricia Hill Collins referindo-se às mulheres negras. Aqui utilizamos amplamente o conceito para se referir a nós, que marginalizados pelas estruturas hegemônicas sociais e ideológicas, somos empurrados para as margens da sociedade. Entretanto, segundo a autora, deste lugar, temo percepções mais amplas e densas dos contextos sociais nos quais estamos imersos do que aqueles que são do "centro" e vêm para cá fazer análises conjecturais. Ser forasteiro de dentro é como ser estrageirado dentro da própria terra. Para nós é reconhecer-se centro da/na periferia.

39 Dos estudantes participantes da pesquisa apenas uma não se identificava enquanto sujeito de favela.

> de resistência. A estética e a música são elementos imprescindíveis na constituição e compreensão das identidades negras e da cultura de favela. Quanto às dimensões espaciais, o conceito de bairros negros propiciou a compreensão de elementos importantes na conceptualização da favela. A autoconstrução do bairro, a caminhalidade, a conviviabilidade, a multifuncionalidade são aspectos presentes nas favelas que interagem com as identidades dos sujeitos (AROUCA, 2017, p. 67).

Deste modo foi possível perceber elementos presentes na constituição da favela que superam e trazem outros significados ao termo "favela".

Silva et al. (2009) traz a compreensão da favela em diferentes perfis: sociopolítico – relação estabelecida pelo Estado, marcado pela ausência de políticas públicas, serviços e precariedade também no que tange à infraestrutura urbana; socioeconômico – espaço de pouco investimento do mercado formal, onde prevalecem as relações de trabalho característicos do subemprego, além de baixos índices de escolaridade, saúde, acesso à tecnologia e renda; socio-urbanístico – marcado pelas edificações erguidas em processos de autoconstrução, com maior finalidade de moradia; e sociocultural – que, a depender da localização, evidencia a presença de negros ou índios, bem como sendo reconhecido como espaço de grande diversidade cultural. Ainda que no presente trabalho todos os perfis sejam de certo modo discutidos e considerados, a dimensão sociocultural será a mais discutida.

De acordo com dados do IBGE (2013), a favela é constituída em sua maior parte de negros e pardos. Partindo desta premissa, defendemos que os debates acerca de sua compreensão levem em consideração a negritude como elemento basilar nas relações socioculturais e políticas. Neste sentido são trazidos para o debate os estudos de Kabenguelê Munanga (2009), Frantz Fanon (2008), bell hooks (2008) e Stuart Hall (2016). Estes referenciais versam sobre elementos constitutivos das identidades negras. Munanga (2009) traz como elementos constitutivos da identidade negra a resistência, a coletividade e a solidariedade como estratégias de sobrevivência – elementos presentes na favela. Frantz Fanon (2008) e bell hooks (2008) trazem a dominação por meio da linguagem. Fanon traz ainda outros elementos de dominação e colonização presentes nos processos históricos que atravessam as identidades da população negra nos países colonizados pelos europeus.

Em contextos multiculturais, os povos negros diasporizados também são vítimas do racismo. Hall (2016) traz a estereotipação como um processo de hierarquização de valores que são atribuídos a grupos sociais por meio de fenótipos. Para o autor as características tidas como negativas são potencializadas nos sujeitos. Desta forma fixa-se nestes os elementos negativos e negam-se os positivos. Hall (2016) e Fanon (2008) denunciam os processos de esterotipação sofridos pela população negra em veículos midiáticos criando representações negativas sobre a população negra.

Fanon (2008) e bell hooks (2008) apontam para a colonização por meio da linguagem sinalizando para o processo de aculturação sofrida pelo negro colonizado. Anunciam que os negros estadunidenses criaram por necessidade e de forma estratégica a Língua Vernácula negra como forma de resistência de suas culturas e identidades. Fanon aponta para problemas decorrentes da violência do racismo sobre a população negra colonizada.

Stuart Hall (2003) traz elucubrações acerca do multiculturalismo. Para ele, não é algo acabado, mas sim processos e estratégias que se relacionam ao universo multicultural, tendo como problemática o convívio entre diferentes grupos culturais, sem detrimento de suas identidades singulares. Ele aponta ainda para relações de poder que existem nas relações em sociedades marcadas pelo multiculturalismo, relações oriundas dos períodos coloniais e que se reconfiguram na pós-colonialidade. Para o autor o que antes era visto como diferenças entre colônia e metrópole, no pós-colonial se desloca para dentro dos Estados, e então, as diferenças culturais se configuram e se manifestam nas novas (velhas) relações de poder.

A educação favelar precisa considerar estas dimensões e trazer para o seio das suas práticas, saberes e conhecimentos sócio, históricos e culturais que dialoguem com as problemáticas e com as culturas diferentes que convivem na favela contemporânea.

Educação, descolonização e emancipação favelar

A educação de caráter descolonizador deve ser emancipadora. Para Freire (1987) o sujeito precisa reconhecer-se enquanto sujeito oprimido, reconhecendo o contexto no qual está imerso para superar seu estado de opressão. Freire defende que a educação deve ser meio de libertação do sujeito, e para tanto sugere que a prática educativa se desenvolva propondo "aos homens a sua situação como problema" (1987, p. 103). Com isto, ele propõe a reflexão sobre seu contexto. Neste sentido, os processos de colonização e racialização discutidos nas seções anteriores apontam para a necessidade de trazer à tona, por meio da educação, as estratégias de dominação e inferiorização presentes no cotidiano da sociedade.

> Nosso papel não é falar ao povo sobre nossa visão do mundo, ou tentar impô-la a ele, mas dialogar com ele sobre a sua e a nossa. Temos de estar convencidos de que a sua visão do mundo, que se manifesta nas várias formas de sua ação, reflete a sua situação no mundo, em que se constitui. A ação educativa e política não pode prescindir do conhecimento crítico dessa situação, sob pena de se fazer "bancária" ou de pregar no deserto (FREIRE, 1987, p. 120).

Freire (1987) chama atenção para que a educação, por meio da problematização, contribua para a construção da consciência emancipadora, do sujeito histórico que busca alternativas para superar a condição de opressão em que historicamente ele está imerso. A realidade na qual o sujeito de favela está situado está permeada pela cultura popular. Para Dussel o popular:

> Seria um setor social de explorados ou oprimidos de uma nação, mas que guardaria também certa "externalidade" [...]. Oprimidos do sistema estatal, este setor mantém uma alteridade livre nesses momentos culturais, desprezados pelos dominantes apenas como folclore, música, comida, roupas, festivais, a memória de seus heróis, os feitos emancipatórios, as organizações sociais e políticas etc. (2016, p. 56)

Brandão e Fagundes (2016) defendem a importância contra hegemônica da cultura popular. Para eles:

> O respeito e o reconhecimento da existência de distintos reconhecimentos e culturas, componentes da ação cultural, expressava muito mais do que uma mera tática de aproximação com as massas populares, mas o entendimento de que seria esse o caminho para a construção de um processo de revolução cultural e de libertação (BRANDÃO; FAGUNDES, 2016, p. 104).

Em acordo com Freire, Brandão e Fagundes (2016) defendem a importância da educação que se proponha a contribuir para a conscientização dos sujeitos por meio da cultura popular. Os autores trazem a cultura popular em contraposição à cultura hegemônica.

> Considerando que na sociedade capitalista há uma produção e uso sistemático das manifestações culturais, a serviço de sua preservação, caberia aos promotores da cultura e educação populares empreender no trabalho ideológico de recriação com o próprio povo, de sua própria cultura (BRANDÃO; FAGUNDES, 2016, p. 96).

Brandão e Fagundes (2016) trazem um elemento de grande valor na citação acima: A recriação da cultura a partir de sua base, como contraposição às forças capitalistas impositivas, re-afirmando a cultura popular. Neste sentido o papel do educador se faz de legítima importância. Valores presentes na favela como a solidariedade precisam ser reconhecidas e valorizadas em detrimento da competitividade individualista do sistema capital colonial hegemônico.

Brandão (2006) e Gadotti (2012) apontam para a importância da educação enquanto ato político e politizador. Para tanto se faz importante que os elementos a serem trabalhados nas escolas venham do povo. Gadotti (2012) aponta algumas contribuições de Freire para a educação popular, dentre elas:

> 2 – O reconhecimento da legitimidade do saber popular, da cultura do povo, suas crenças, numa época de extremado elitismo (academicismo sem prática social); [...] 6 – Uma ciência aberta às necessidades populares: a relevância social como critério de qualidade da ciência (GADOTTI, 2012, p. 21).

O combate ao racismo, à misoginia, LGBTQIfobia, a pobreza e a exploração do ser humano são demandas urgentes da contemporaneidade vivenciadas pelas populações favelares. Arroyo (2012) sinaliza para as Pedagogias que centradas nas lutas dos movimentos sociais desestabilizam as pedagogias tradicionais dominantes. O autor aponta para a importância de trazer a periferia para o centro curricular da escola, trazendo a história do seu povo, bem como suas lutas por transformação social em busca de equidade. As histórias das lutas de resistência e de conquistas de direitos devem estar nas escolas de modo que os sujeitos possam reconhecer em sua história suas potencialidades e possibilidades, bem como as contradições do sistema opressor em que estamos imersos.

Silva (2010) afirma que o currículo pós-colonial precisa trazer o ponto de vista dos povos subalternizados como resistência ao enfoque dominante. Para o autor:

> As obras literárias escritas por pessoas pertencentes aos grupos colonizados são analisadas como narrativas de resistência ao olhar e ao poder imperiais. As narrativas subordinadas são vistas em contraposição às formas literárias dominantes que buscam fixar o Outro colononizado como objeto da curiosidade, do saber e do poder metropolitanos. Numa concepção mais restrita, a teoria pós colonial deveria estar focalizada precisamente nas manifestações literárias e artísticas dos próprio povos subjugados, vistas como expressão de sua experiência da opressão colonial e pós colonial (SILVA, 2010, p. 125-126).

Silva (2010) e Arroyo (2012) concordam com a importância dos movimentos sociais na construção de currículos contra hegemônicos e dominantes. Por serem porta vozes das lutas sociais, seus saberes construídos nas lutas por direitos sociais, seus sujeitos são imprescindíveis para a educação emancipadora de perspectiva descolonizadora.

A Cultura Popular e seus agentes são elementos centrais na construção de currículos emancipadores e descolonizadores. Seus lugares de fala são de grande e singular riqueza na luta pela igualdade social e combate à opressão excludente do sistema eurocêntrico de caráter colonizador e opressor. E como nos traz, Djamila Ribeiro (2017), o movimento de se incorporar em causas que são "tão suas" é como quebrar o silêncio, dar voz a quem foi excluído e romper com estas invisibilidades e tentativas de subalternização.

Considerações finais

A discussão em torno da colonialidade eurocêntrica, da educação, emancipação e descolonização se faz preemente na contemporaneidade. Nos espaços favelares esta é uma discussão imprescindível e fundante para pensarmos os rumos dos projetos educacionais.

Partindo das argumentações expostas ao longo do presente trabalho, ainda vivemos sobre a lógica da colonialidade, mediada por outras estratégias diferentes daquelas dos quatro séculos que antecederam o século XX (nas Américas e até meados do século XX em outros continentes, como o africano, por exemplo).

A colonialidade se manifesta sob forma de dominação ideológica, de hierarquização racial, da legitimação e deslegitimação de grupos sociais tendo por base o racismo. O eurocentrismo conduz os olhares e pensamentos do mundo para a superioridade da cultura européia. Neste sentido o outro (não europeu) está relegado à margem, de onde, sem poder de fala não tem legitimidade para manifestar-se sobre seu contexto e demandas. Destituídos desta legitimidade, resta-lhes esperar ajuda dos "mais desenvolvidos". Esta é a lógica de dominação que, imposta ao mundo mantém o domínio social, cultural, político, econômico e epistêmico das metrópoles coloniais sobre o resto do mundo. É de grande importância que esta i-lógica seja desvelada pelos povos subalternizados e que nossas experiências emerjam propondo outros caminhos para nossas problemáticas.

As favelas estão no centro desta discussão. Espaços pejorativizados, são hoje reconhecidos como espaços de resistência e já é possível perceber esta mudança de paradigma. Afirmar-se positivamente é um passo, mas reconhecer seu contexto social, cultural, histórico e político é fundamental para que seus sujeitos possam propor e construir meios de superação dos problemas que eclodem em seu cotidiano.

Neste sentido a educação é um caminho necessário. Os espaços educacionais precisam remontar a história do povo, trazer para o centro do debate a cultura popular, dialogar com os movimentos sociais e propor pedagogias críticas focadas na emancipação e descolonização. Hoje, para nós, a emancipação e a descolonização são demandas concomitantes, uma não se faz possível sem a outra. É necessário a construção do binômio "emancipação-descolonização".

O reconhecimento do contexto de opressão que estamos imersos – se construído com as problematizações dos olhares das exterioridades do sistema colonial, das margens em que favelas e subalternizados se encontram – seja elemento fulcral na luta pela emancipação-descolonização, entretanto ela só se faz profícua para a transformação social em favor da equidade, se estiver atrelada à busca por caminhos outros, que sejam contra hegemônicos.

Desta discussão pode-se concluir ainda que para haver educações emancipadoras, se faz necessário que esta emancipação seja descolonizadora, desvelando os processos estruturantes das desigualdades pautadas em categorizações sociais como raça, gênero, sexualidade, classe e nacionalidade. É de fundamental importância trabalhar os elementos sociais culturais, históricos e políticos que convergem para a constituição da favela na contemporaneidade. Reconhecendo seu multiculturalismo de forma afirmativa. Trazendo elementos da negritude, da diáspora, dos mecanismos de dominação e aculturação que buscam fixar a população negra em espaços de inferioridade e subalternização. A luta por equidade social demanda a transformação das escolas com bases pós colonialistas em perspectivas descolonizadoras em seus programas e currículos, visando a superação das problemáticas enfrentadas nesta contemporaneidade de barbáries e exclusões sistemáticas em nome de um desenvolvimento unilateralmente eurocêntrico.

REFERÊNCIAS

ARROUCA, Marcelo de J. **Favelas Pedagógicas**: distanciamentos e aproximações entre a cultura escolar e a cultura da (o) educanda (o) de favela. 2017. 78 f. Trabalho de conclusão de curso (Graduação) – Pedagogia, Universidade do Estado da Bahia, Bahia. 2017.

ARROYO, Miguel. G. **Outros sujeitos, outras pedagogias**. Petrópolis: Vozes, 2012.

BOMFIM, Natanael R. **Représentation sociale de l'espace et enseignement/apprentissage de la géographie scolaire chez les élèleves "favelados" d'une ville au nord-est du Brésil**. 2004. Tese (Doutorado) – Universidade do Quebec em Montreal, Canadá, 2004.

BRANDÃO, Carlos R. **O que é educação popular**. 2006. Disponível em: <http://forumeja.org.br/go/sites/forumeja.org.br.go/files/o_que_ed_popular_Brand%C3%A3o.pdf>. Acesso em: 22 abr. 2018.

BRANDAO, Carlos R; FAGUNDES, Maurício C. V. Cultura popular e educação popular: expressões da proposta freireana para um sistema de educação. **Educar em Revista**, Curitiba, n. 61, p. 89-106, jul./set. 2016. Disponível em: < http://www.scielo.br/scielo.php?pid=S0104-40602016000300089&script=sci_abstract&tlng=pt >. Acesso em: 22 abr. 2018.

CONTRERAS, Joan P. La construcción social del subdesarrollo y el discurso del desarrollo. In: BRETÓN, Victor; GARCÍA, Francisco; ROCA, Albert (Orgs.). **Los limites del desarrollo**: modelos, 'rotos' ymodelos 'por construir' em América Latina y África. Barcelona: Içaria, 1999.

DUSSEL, Enrique. Transmodernidade e interculturalidade: interpretação a partir da filosofia da libertação. **Sociedade e Estado**, Brasília, v. 31, n. 1, p. 51-73, abr. 2016. Disponível em: <http://www.scielo.br/scielo.php?script=sci_arttext&pid=S0102-69922016000100051&lng=en&nrm=iso>. Acesso em: 04 set. 2018.

FANON, Frantz. **Pele Negra, Máscaras Brancas**. Trad. Renato de Silveira. Salvador: Ed. EDUFBA, 2008

FREIRE, Paulo. **Pedagogia do Oprimido**. 57. ed. Rio de Janeiro: Paz e Terra, 1987.

GADOTTI, Moacir. Educação Popular, Educação Social, Educação Comunitária: conceitos e práticas diversas, cimentadas por uma causa comum. In: CONGRESSO INTERNACIONAL DE PEDAGOGIA SOCIAL: domínio epistemológico. Brasília, v. 18, n. 1, dez. 2012.

HALL, Stuart. **A identidade cultura na pós-modernidade**. 10. ed. Rio de Janeiro: DP&A, 2005.

______. **Cultura e Representação**. Org. ITUASSU, Arthur. Trad. MIRANDA, Daniel; OLIVEIRA, William. Rio de Janeiro: Ed. PUC-Rio: Apicuri, 2016.

______. **Da diáspora**: identidades e mediações culturais. Belo Horizonte: Editora UFMG/Brasília: UNESCO, 2003.

HOOKS, bell. Linguagem: ensinar novas paisagens/novas linguagens. **Revista Estudos Feministas**, Florianópolis, v. 16, n. 3, p. 857-864, dez. 2008.

IBGE. **Censo demográfico 2010**: aglomerados subnormais – informações territoriais. Rio de Janeiro, 2013. Disponível em: <http://biblioteca.ibge.gov.br/visualizacao/periodicos/552/cd_2010_agsn_if.pdf>. Acesso em: 12 dez. 2018.

MATHIEU, Nicole. Pour une nouvelle approche spatiale de l'exclusion sociale. **Cybergéo**, n. 33, 24 oct. 1997.

MIGNOLO, Walter D. Desobediência epistêmica: a opção descolonial e o significado de identidade em política. **Cadernos de Letras da UFF**: Dossiê: Literatura, língua e identidade, n. 34, p. 287-324, 2008.

MUNANGA, Kabengele. **Negritude**: usos e sentidos. 3. ed. Belo Horizonte: Autêntica, 2009.

PINTO, Júlio R. S.; MIGNOLO, Walter. A modernidade é de fato universal? Reemergência, desocidentalização e opção decolonial. **Civitas**: Revista de Ciências Sociais, v. 15, n. 3, p. 381-402, 2015.

QUIJANO, Aníbal. Colonialidade do poder, Eurocentrismo e América Latina. In: A COLONIALIDADE do saber: eurocentrismo e ciências sociais. Perspectivas latino-americanas. Buenos Aires: CLACSO, 2005.

RAMOS, Maria E. R. **Bairros Negros**: uma lacuna nos estudos urbanísticos. Um estudo empírico – conceitual no bairro do Engenho Velho da Federação, Salvador, (Bahia). 2013. 333 f. Tese (Doutorado em Arquitetura e Urbanismo) – Faculdade de Arquitetura, Universidade Federal da Bahia, Salvador. 2013.

RIBEIRO, Djamila. **O que é lugar de fala?** Belo Horizonte: Letramento, 2017.

SILVA, Jailson de S. et al. (Orgs.). **O que é favela, afinal?** Rio de Janeiro: Observatório de Favelas, 2009.

SILVA, Tomaz T. da. **Documentos de identidade**: uma introdução às teorias do currículo. Belo Horizonte: Autêntica, 2010.

EDUCAÇÃO POPULAR E TURISMO DE BASE COMUNITÁRIA: possibilidades para desenvolvimento local do povoado Alto, em Tucano-BA

Juliana Andrade do Carmo Martins
Francisca de Paula Santos da Silva
Alfredo Eurico Rodrigues Matta
Leandro Souza Martins

Introdução

Este artigo versa sobre como a educação popular e o Turismo de Base comunitária podem contribuir para o processo de desenvolvimento local do Povoado Alto, localizado na zona rural do município de Tucano-BA. O despertar para trabalhar com a ocorreu frente à realidade do povoado, um lugar com riquezas históricas e culturais indiscutíveis, no entanto sua população vive sem perspectivas de desenvolvimento. Pensando nisto, surgiram questões e anseios por buscar e promover ações que possibilitem a comunidade desenvolver-se nas esferas sociais, culturais, educacionais, econômicas, da cidadania e nas relações da e na comunidade onde vivem.

A partir de um trabalho anterior já desenvolvido, que resultou no *blog* Alto: o meu lugar no Sertão[40], a necessidade de estudar estratégias que pudessem contribuir para o desenvolvimento da comunidade, se acentuou ainda mais. Consideramos que o estudo em andamento no mestrado, visa mobilizar a comunidade por meio da educação popular para a organização do Turismo de Base Comunitária, como uma estratégia para contribuir com o processo de desenvolvimento do Povoado.

O estudo ainda está em fase inicial. Por isso, o que apresentamos aqui são ideias ancoradas no contexto histórico do Povoado, bem como em alguns estudos de autores como Rocha (1987 e 2010), sobre a história de Tucano; Brandão (1998), Gadotti (2008), Educação Popular; Freire (1996), educação emancipatória; Dowbor (2006) e Mance (2008), Desenvolvimento Local; e Silva (2006 e 2012), Turismo de Base Comunitária. Neste sentido, almejamos melhorias para a comunidade local, mas, principalmente, promover ações valorizando e respeitando sua história, cultura e diversidades, bem como as habilidades e o potencial criativo de cada sujeito envolvido.

40 Disponível em: <https://altoomeulugarnosertao.blogspot.com>.

Para uma melhor exposição do estudo, organizamos o artigo em seções, na primeira, iniciaremos a contextualização teórica, na qual abordaremos o contexto histórico do Povoado Alto e sua relação com a temática; na segunda, realizaremos a fundamentação teórica sobre a educação popular e desenvolvimento local; e na terceira, tratamos sobre o Turismo de Base Comunitária e suas possibilidades para o desenvolvimento de ações no Povoado e, por fim, a conclusão.

Contexto histórico do Povoado Alto

Para compreendermos o contexto histórico do povoado Alto é necessário destacar alguns aspectos que contribuíram para o seu surgimento. Para isto, iremos realizar uma breve abordagem sobre a formação do município de Tucano, do qual o Alto faz parte. A cidade de Tucano está localizada a aproximadamente 299 km de Salvador, faz parte da região compreendida pelo polígono da seca no território de identidade e da cidadania do Sisal, na Bahia, conforme podemos observar nas imagens a seguir.

Figura 1 – Imagem da localização Tucano nos mapas da Bahia e do Brasil e do território da cidadania

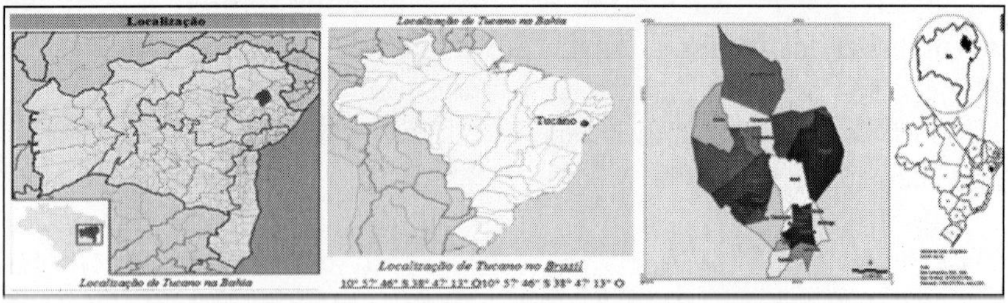

Fonte: <https://pt.wikipedia.org/wiki/Tucano_(Bahia)>. Acesso em: 02 dez. 2018.

A história da localidade onde está Tucano, conforme os mapas acima tem sua origem imbricada com o desbravamento do sertão nordestino. Seu surgimento possui relação direta com o domínio e avanço da Fazenda Casa da Torre, fundada por Garcia D'ávila, no século XVI. De acordo com Alfredo Matta (2010), durante este período com a intenção de promover o povoamento das terras mais afastadas do litoral, utilizou-se da criação de gado bovino para penetrar as terras do sertão, bem como abastecer a cidade de Salvador. Ainda segundo o autor supracitado, a Casa da Torre avançava combatendo e "amansando" índios e instalando currais de criação de bois principalmente, mas também de animais de pequeno porte favorecendo o estabelecimento das roças. Segundo Rubens Rocha (1987), neste período notava-se um aumento da criação de gado na região, multiplicando rebanhos de bovinos, éguas, jumentos, ovelhas, porcos e cabras, estabelecendo-se currais no nordeste.

Segundo Matta (2010), "a extensão do território da Casa da torre começava no bairro da Pituba em Salvador, até o estado de Piauí". Logo, a localidade que compreende o município de Tucano está inserida no antigo território da Casa da Torre. Com o processo de criação de gado, muitas comunidades surgiram a partir dos currais estabelecidos pela Casa da Torre, e Tucano foi uma delas. Os vaqueiros dos currais eram os homens de confiança dos senhores da terra, aos quais era permitido criar animais de pequeno porte como cabras, carneiros, porcos e galinhas, e assim pequenas comunidades de criadores iam se formando na região. Os pequenos núcleos de populações surgiam acompanhando rios e as estradas por onde os bois passavam ou contornando a caatinga, os quais se tornavam centros de trocas de gado, ou de pousos para as boiadas e o Povoado Alto foi um deles.

O município de Tucano é banhado pelo rio Itapicuru Mirim, o qual concentra em suas margens e proximidades os principais aglomerados de pessoas. E foi nas margens do rio Itapicuru Mirim que surgiu o povoado Alto, localizado a 28 km da sede Tucano.

Figura 2 – Imagem via satélite do Povoado Alto e mapa de Tucano

Fonte: Google Maps. Acesso em: 13 dez. 2018.

O fato de sua localização estar próxima ao rio e permitir acesso a outros povoados, inclusive de outras cidades, pode ter influenciado a criação de um antigo curral, o qual teria sido importante no processo de formação do vilarejo. Isto por que, este curral servia como local de pouso e descanso para vaqueiros e tropeiros, com suas boiadas e tropas. Após as longas viagens, utilizavam o curral para prender os animais, e no dia seguinte seguiam viagem (CARMO, 2016). Segundo relatos de moradores antigos, a localidade é originária deste antigo curral.

A localidade a princípio era habitada pela família de um senhor, chamado João, que por morar em uma serra, o chamavam de João que mora no Alto, o qual ficou conhecido como o João do Alto. Por isto, o vilarejo passou a ser chamado de Fazenda Alto, e por volta de pouco mais de 20 anos, passou a ser conhecido por Povoado Alto. A comunidade é habitada por pessoas que comumente trabalham na roça, praticando a agricultura de subsistência, criação de gado, de ovelhas e cabras, assim como também desenvolvendo atividades em olarias de tijolo e telha. Em parte, isto se dá pelo fato de ser uma localidade com períodos de contraste entre secas e enchentes.

Em desuso há mais de 35 anos, o curtume de couro era uma atividade econômica importante para o Povoado, pois sua localização, às margens do rio Itapicuru, facilitava a prática de curtição do couro. Próximo ao rio haviam coxos feitos de cimento, onde o couro era curtido. Após a lavagem e secagem, o couro passava era chamado de sola, e vendido na sede do município, na feira de livre de Tucano e em lugarejos vizinhos. O transporte e venda das solas era realizado pelos tropeiros e carreiros, que saiam com os animais ou carro de boi carregados de carne seca, feijão, farinha, sola e lenha, para vender em outros vilarejos. E, ao retornar para casa, traziam chapéus de palha, jalecos, celas, gibões, perneiras e chapéus de couro, pois no Alto eles não confeccionavam artefatos de couro. Todos estes artefatos eram utilizados pelos vaqueiros, que se embrenhavam na caatinga atrás de bois, e precisavam estar com os corpos protegidos.

Para além da influência na economia local, as rezas e aboios dos tropeiros e carreiros também influenciaram a cultura do povoado, cantados nas festas de São João, por exemplo, como forma de agradecimento. As festas juninas, que infelizmente estão quase extintas, eram um dos períodos mais esperados pelos altenses, as fogueiras defronte às casas, a queima de fogos, os caminhos de formiga. Rodear a fogueira queimando era uma tradição, e não poderia faltar uma bacia esmaltada branca com água, colocada bem próxima à fogueira, na qual as pessoas deveriam olhar para ver se conseguiam ver o reflexo de seu rosto na água, caso isso não fosse possível era um sinal de que a pessoa morreria em breve.

Além disso, na fogueira eram realizados batizados e casamentos, os juramentos eram feitos e após isto, ambos pulavam a fogueira em sinal de confirmação dos votos. Este era um período em que a comunidade toda se mobilizava, e ao som de sanfonas e triângulos o forró durava desde a noite até o dia amanhecer. Esta cultura tem decaído a cada ano. Mas, ainda assim, continua presente na sociedade altense contemporânea

A sociedade altense na contemporaneidade

O Povoado Alto é habitado por aproximadamente 270 pessoas, herdeiros das tradições históricas sertanejas de índios, tropeiros e da Casa da Torre. Sua população sobrevive basicamente do Programa Bolsa Família e aposentadoria, devido à decadência de algumas fontes de renda, que existiam no povoado.

A geração de renda era movida basicamente pela criação de gado, ovelhas, cabras e pela agricultura de subsistência, além da produção de tijolos e telhas nas olarias. Contudo, devido à incidência de secas na região, tanto a agricultura quanto a criação de animais ficaram afetadas pela escassez de chuva. Mas, mesmo assim, ainda existem alguns pequenos produtores que se arriscam a criar e plantar para o próprio sustento.

A produção de telhas e tijolos no Alto gerava empregos, pois, além dos oleiros que faziam as telhas, mulheres e homens trabalhavam nas enfornagens, queimas e desenfornagens de fornos e no carregamento de caminhões, o que movimentava a renda local, pois além de fornecer telhas e tijolos para a comunidade e regiões circunvizinhas, vendiam para outras cidades no Sul da Bahia e estados como Sergipe e Ceará. Contudo, com a implantação de fábricas de cerâmicas no Distrito de Rua Nova, a produção no Povoado entrou em decadência e hoje restam apenas algumas olarias desativadas, as quais poderiam ser utilizadas para fins de visitação, sendo uma alternativa para o Turismo de Base Comunitária e os fornos podem ser reutilizados pela comunidade.

Em 2019, conta apenas com uma pequena fábrica de porta-cartões, material utilizado na produção de carteiras com pouco mais de 7 funcionários e uma tenda que trabalha com a produção de carteiras. Contudo, estes ainda são resquícios da civilização do Couro, da qual Tucano faz parte até hoje, visto que esses trabalhos em tendas e fabricas de acessórios, geralmente são voltados para atender à indústria do couro. Com isso, em busca de emprego é comum à migração de pessoas do povoado para a sede do município e grandes cidades como São Paulo.

O deslocamento de altenses para estudar também é comum, visto que o povoado conta apenas com uma escola municipal que atende alunos da educação infantil e fundamental I. Os estudantes do fundamental II estudam no distrito de Rua Nova e o ensino médio é ofertado na sede do município. A escola tem um papel fundamental na comunidade, além da oferta de ensino, o espaço físico é utilizado para a realização de eventos e reuniões. A parceria com estas escolas foram essenciais na construção e difusão da história e cultura local por meio do blog Alto: O meu lugar no Sertão, o que permitiu a descoberta do potencial da comunidade para o Turismo de Base Comunitária.

Diante dos aspectos históricos do Povoado, acreditamos que o Alto é um lugar com muitas possibilidades, apesar da realidade local não apresentar perspectivas de desenvolvimento e de melhorias nas condições de vida e existência dos altenses. Neste sentido, ao tratarmos sobre desenvolvimento, estaremos nos referindo aos aspectos sociais, econômicos e culturais da comunidade, a qual tem um povo forte, alegre, solidário e esperançoso, que vive em busca de dias melhores. Por isso, é necessário promovermos ações de educação para o desenvolvimento local, a qual discutiremos a seguir.

Educação e desenvolvimento local

Nesta seção, buscaremos estabelecer uma relação entre os principais conceitos utilizados neste estudo, educação e desenvolvimento local, a fim de melhor compreender a proposta deste artigo. Entendemos que a educação é um campo muito amplo, abrange inúmeros processos que perpassam os muros da escola e os espaços formais. Por tanto, optamos por uma educação em espaços não formais, por entendermos que muitos dos processos educativos ocorrem através e nas relações sociais estabelecidas fora da escola, optando pela educação popular.

A educação popular

A Educação Popular é devidamente apropriada para o estudo e criação de ações que possam contribuir para o desenvolvimento local do Povoado. Para Brandão (1998, p. 29) a Educação Popular é "dirigida a sujeitos, grupos e classes populares em suas comunidades de vida e trabalho e, cada vez mais, um assunto, um trabalho e um sistema de que o povo participe como presença e, no limite, como poder". Assim, o que se espera é que por meio da educação popular, possamos mobilizar a comunidade para pensar em estratégias de ações para o seu desenvolvimento.

Para isso, vale ressaltarmos alguns aspectos relevantes da educação popular, para Gadotti (2012, p. 26) "um dos princípios originários da educação popular tem sido a criação de uma nova epistemologia baseada no profundo respeito pelo senso comum que trazem os setores populares em sua prática cotidiana, problematizando-o". Ou seja, o que buscamos é desenvolver ações conjuntas para mobilizar os sujeitos e para isto a valorização seus saberes é algo fundamental, partindo da problematização e estudo da sua realidade, para buscar soluções e melhorias para a localidade. Haja visto que, para promover mudanças com e na comunidade é imprescindível o envolvimento dos seus habitantes, como diz Gadotti (2012, p. 26) "mudar o mundo depende de todos nós: é preciso que cada um tome consciência e se organize." Para isso, é necessário que os sujeitos envolvidos, conheçam sua realidade e se posicione frente a ela.

Dessa maneira, buscaremos pautar nossas ações em uma educação que valorize e respeite os aspectos políticos, econômicos, sociais e culturais, considerando seus conhecimentos prévios, seu saber popular para a construção de novos saberes. Para Brandão (1998, p. 51) a educação popular "se caracteriza como uma entre outras práticas sociais cuja especificidade é lidar com o saber, com o conhecimento". Diferentemente da educação bancária, a qual segundo Freire (1996) considera o sujeito como um receptor de informações, a Educação Popular é emancipadora, visa desenvolver um olhar crítico do sujeito, estimula o dialogo e a participação comunitária.

Contudo, promover ações de educação popular junto com a comunidade é uma possibilidade de articular os sujeitos para pensar em seu próprio caminho de desenvolvimento, assumindo uma posição ativa e engajada na sociedade local. De acordo com Dowbor (2006, p. 2) "a educação não deve servir apenas como trampolim para uma pessoa escapar da sua região: deve dar- lhe os conhecimentos necessários para ajudar a transforma-la. Pelo contrário, o que se espera é uma educação que possa possibilitar ao sujeito a opção de se deslocar para outra região ou permanecer em seu local de origem com sua cidadania garantida, ou seja, a educação deve servir para contextualizar os sujeitos sobre a realidade que os cercam, visando compreender sua história e suas potencialidades.

Educação para o desenvolvimento local

Para se pensar em educação para o desenvolvimento, é necessário considerarmos os aspectos do contexto histórico local. Nesse sentido, o tipo de desenvolvimento que nos referirmos neste artigo, não condiz com lógicas de dominação em nome daquele que visa apenas os interesses das classes dominantes. Corroborando com o pensamento de Contreras (1999), o qual critica de forma veemente as formas de desenvolvimento capitalista que obedecem as regras de imposições culturais e de estilos de vida, baseados em uma logica de dominação e homogeneização cultural. Porém, ao contrário disto, a ideia, é justamente pensar em outras possibilidades, o que Santos (2002) chamaria de desenvolvimento alternativo.

Segundo Menezes e Campos (2013, p. 49), "o conceito de desenvolvimento deve estar pautado na valorização simultânea dos recursos naturais, e, sobretudo, na valorização das potencialidades humanas". Assim, podemos estabelecer uma relação de coerência entre os princípios da educação popular, de valorização dos saberes locais e a perspectiva de desenvolvimento proposta. Neste sentido, Arroyo (2009) considera que a educação popular como formas diversas de educação inspiradas em modelos de orientação "freiriana", que se caracterizam por sua intencionalidade política para transformar as condições de vida da população e por sua flexibilidade. Logo, a Educação Popular pode ajudar a formar sujeitos que possam intervir em sua própria realidade.

Diante disso, a educação popular essencialmente, respeita os saberes dos sujeitos, pautada em princípios da ética e da solidariedade, contribuindo para a transformação social. Preparando o sujeito para que possa pensar por si mesmo e confrontar sua própria realidade, posicionando-se contra formas de opressão e imposição. Afinal, como afirma Demo (2002, p. 33), "muito mais grave do que ser ajudado pelos outros, é ser pensado pelos outros". Logo, podemos atribuir aos processos de educação para o desenvolvimento local a importância de atribuir à comunidade a condição de agente de mudança e não apenas de receptor passivo dos benefícios do desenvolvimento.

Contudo, é preciso conhecer o contexto e a realidade em que vive para poder criar estratégias para transformar a realidade, quem não conhece sua realidade não terá como operar sobre ela. Para Dowbor (2006):

> A idéia da educação para o desenvolvimento local está diretamente vinculada a esta compreensão, e à necessidade de se formar pessoas que amanhã possam participar de forma ativa das iniciativas capazes de transformar o seu entorno, de gerar dinâmicas construtivas. Hoje, quando se tenta promover iniciativas deste tipo, constata-se que não só os jovens, mas inclusive os adultos desconhecem desde a origem do nome da sua própria rua [...] (DOWBOR, 2006, p. 1).

É nesse sentido, que os processos de formação dos sujeitos são indispensáveis para a criação e execução de ações voltadas para o desenvolvimento local. Porém, para promovermos uma educação para o desenvolvimento local, esta deve estar vinculada à necessidade de formar pessoas críticas e participativas, que assumam uma posição ativa na busca por transformações do seu entorno, mas principalmente pessoas que conheçam sua própria história e o seu lugar de origem.

Para isso, é importante pensarmos no diálogo com as ideias de Freire (1996) sobre educação emancipadora, considerando que os sujeitos locais devem ser os protagonistas de seu próprio desenvolvimento. E, assim não fiquem a espera do desenvolvimento de fora para dentro, pois este deve ocorrer de dentro para fora. Mas, para isto é preciso ter a visão e consciência de que podemos sim ser donos da nossa própria transformação econômica e social. Logo, o desenvolvimento não se espera acontecer, se faz.

Portanto, promover o desenvolvimento local, para Dowbor (2006, p. 3) "não significa voltar as costas para os processos mais amplos, inclusive planetários: significa utilizar as diversas dimensões territoriais segundo os interesses da comunidade". De maneira que a comunidade, de fato, seja a dona do seu desenvolvimento, e não apenas objeto de enriquecimento das grandes empresas ou de grupos dominantes. Criando assim, condições para a autogestão da comunidade, considerando a educação como umas das condições que permeia todas as outras, por considerar que as estratégias educacionais mudam os sistemas sociais, e consequentemente as pessoas.

Formando pessoas para lutar por novos sonhos de superação das desigualdades na vida das pessoas, superando a lógica desumanizadora do capital, que acentua ainda mais o individualismo e a busca exacerbada pelo lucro.

Afora a educação popular, a organização social para produção coletiva e colaborativa, associada à possibilidade de organização do turismo de base comunitária, como forma de valorização do legado socio-histórico da localidade de Tucano, e, consequentemente, do Povoado do Alto.

O turismo de base comunitária como proposta para o desenvolvimento local

O Turismo convencional é uma das principais atividades econômicas do município de Tucano, o qual está inserido no mapa do turismo brasileiro apresentado na Figura 3, e faz parte da zona turística denominada Caminhos do Sertão. No entanto, a atividade turística fica concentrada nos distritos de Caldas do Jorro e Jorrinho. Logo, compreendemos que o Turismo como vem sendo desenvolvido no município não contribui com o desenvolvimento e visitação de pequenos povoados, como o Alto.

Figura 3 – Mapa das zonas turísticas da Bahia

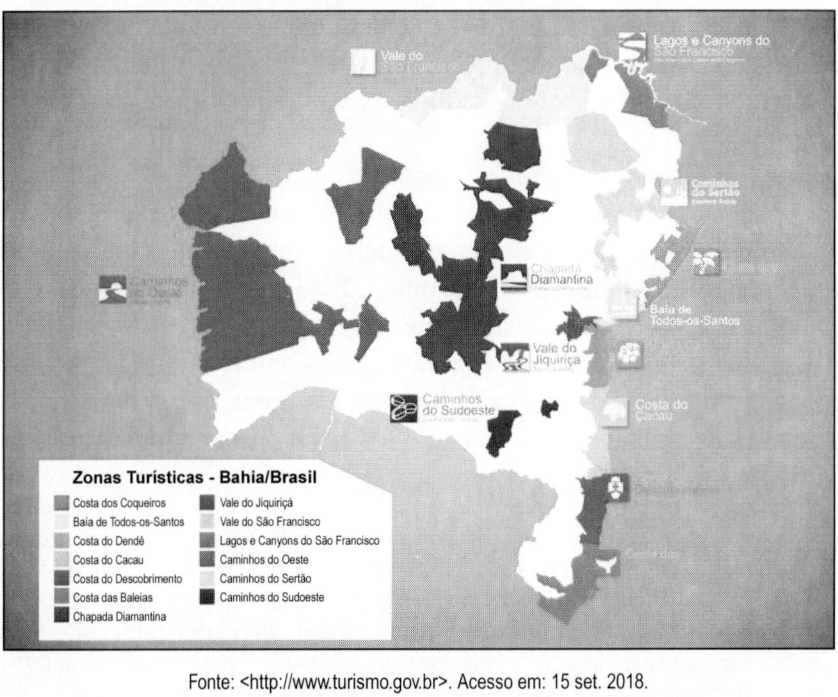

Fonte: <http://www.turismo.gov.br>. Acesso em: 15 set. 2018.

Contudo, o Turismo de Base Comunitária (TBC) – diferentemente do turismo convencional, que tem como meta o lucro e enriquecimento de grandes empresas do ramo – visa o desenvolvimento da comunidade não só na área econômica, como também o fortalecimento e valorização da cultura local. Para Irving (2009, p. 113), o TBC pode ser entendido como uma "proposta de desenvolvimento local, através da valorização da cultura e identidade, dos modos de vida, respeitando as dimensões de uma sociedade em seus aspectos sociais, políticos, culturais e humanos". Assim, apresenta-se como uma proposta de desenvolvimento alternativo aos modelos capitalistas vigentes.

Nesse sentido, para um melhor entendimento sobre a importância de sujeitos engajados nas propostas de TBC, Silva (2012), o define:

> [...] como uma forma de planejamento, organização, autogestão e controle participativo, colaborativo, cooperativo e solidário da atividade turística por parte das comunidades que deverão estar articuladas em diálogo com os setores público e privado, do terceiro setor e outros elos da cadeia produtiva do turismo, primando pelo benefício social, cultural, ambiental, econômico e político das próprias comunidades (SILVA, 2012, p. 11).

Assim, é possível entendermos que a organização do TBC, pressupõe que a comunidade seja a gestora das ações, na qual deve se considerar a cultura, o modo de viver dos sujeitos, bem como o incentivo a preservação e valorização do meio ambiente. O que certamente implicará no desenvolvimento e transformação do contexto no qual o sujeito está inserido, mas sem degradar ou até mesmo agredir a comunidade. Assim, as práticas do turismo desenvolvidos na comunidade estarão aliadas aos princípios de sustentabilidade ambiental e das relações sociais locais. O que corrobora com o pensamento de Santos (2002), que defende um desenvolvimento pautado na igualdade cidadania, incluindo os sujeitos marginalizados nas ações, e garantindo que a própria comunidade possa usufruir verdadeiramente dos resultados do seu desenvolvimento.

Entretanto, para isso, é necessário que a comunidade conheça e se aproprie de sua potencialidade, afinal, para a organização do TBC, é essencial a participação direta dos sujeitos locais. Segundo Silva, Matta e Sá (2016):

> A comunidade é protagonista de todo o processo de organização e gerenciamento do turismo na sua localidade, significando que a gestão do turismo é da base comunitária na qual emergem roteiros e serviços criados pelos sujeitos sociais a partir do legado cultural, das habilidades e dos saberes populares, ao tempo em que eles são também os negociadores e anfitriões, sem intermediários (SILVA; MATTA; SÁ, 2016, p. 83).

Para que a comunidade possa protagonizar as ações do TBC, é fundamental que a mesma se reconheça enquanto potencial para o desenvolvimento de tais ações. Para isso, é preciso mobilizar a comunidade para o reconhecimento de suas condições, potencialidades e possibilidades. Nessa perspectiva o Turismo de Base Comunitária direcionado para desenvolvimento local, faz todo sentido, visto que para se pensar ações de desenvolvimento local segundo Mance (2008):

> Considera todos os fluxos que atravessam um território: a) sejam naturais – chuvas, rios, ventos, energia solar, as cadeias do ecossistema local; b) sejam econômicos – fluxos de consumo, produção, poupanças, circulação de bens e serviços nesse território, fluxos de valores monetários etc.; c) sejam fluxos culturais – conhecimentos, comunicação, linguagens, realimentação de padrões éticos e morais, aprimoramentos tecnológicos, fluxos de poder na dinâmica própria de manutenção das comunidades nesses territórios e de seus arranjos institucionais [...] (MANCE, 2008, p. 3).

Assim, oferece possibilidades da participação direta da comunidade, garantindo a valorização dos seus aspectos históricos, culturais e ambientais no desenvolvimento de ações para sua melhoria. Logo, o TBC pode incentivar a cultura da cooperação, solidariedade, o resgate de saberes da comunidade local e o respeito às diferenças.

Nessa perspectiva, podemos pensar que para educar para o desenvolvimento, nesse caso para o TBC como estratégia de desenvolvimento local, é preciso preparar a comunidade para assumir o protagonismo das ações tendo em vista que os primeiros passos para a organização do Turismo de base comunitária, segundo Silva, Matta e Sá (2016):

> [...] consiste na identificação pelas comunidades do potencial cultural, ambiental, social, tecnológico, político e econômico do contexto onde habitam. Além disso, pressupõe o desejo de perpetuação das heranças e legados dos seus antepassados como hospitalidades, crenças e valores. Faz também necessária a valorização de suas práticas, saberes e tecnologias sociais, e com isso, a ampliação de suas rendas por meio da produção associada (SILVA; MATTA; SÁ, 2016, p. 81).

Portanto, o Turismo de Base Comunitária configura-se como uma rede solidária na comunidade, organizando roteiros com base na identificação do potencial cultural e histórico, utilizando os aspectos naturais de forma consciente. Visando contribuir o desenvolvimento pautado na igualdade e cidadania, possibilitando que a comunidade possa participar e usufruir verdadeiramente dos resultados do seu desenvolvimento.

Potencialidades para organização do turismo de base comunitária no Povoado Alto

A partir do contexto histórico do Povoado Alto, acreditamos que a proposta de organização do Turismo de Base Comunitária é viável. O mesmo faz parte do sertão nordestino, o qual se apresenta como um grande potencial, segundo Seabra (2007, p. 26), "a história do Sertão nordestino é rica de fatos e feitos heroicos sempre presentes na vida cotidiana dos sertanejos e representados nas diversas formas de manifestações cultural". O autor acima citado caracteriza o que pode ser chamados de atrativos para visitações por meio do TBC em comunidades rurais como o Povoado Alto.

Vale ressaltar que segundo Maldonado (2009) os primeiros registros sobre a prática de Turismo de Base Comunitária surgiram em comunidades rurais da América Latina. Logo, o fato de tratar-se de uma comunidade rural já está interligado com o TBC. Como bem afirma Seabra (2007, p. 16) "o sertão corresponde às terras situadas distantes do litoral, cujo isolamento proporcionou o desenvolvimento de uma cultura própria, baseada numa história rica em acontecimentos marcados por lutas, bravuras, lendas, ritos e mitos ". Neste sentido, é que as belezas das pequenas comunidades rurais se apresentam como atrativos e possibilidades para a organização e criação de roteiros para o TBC.

Diante do exposto, é preciso desenvolver estratégias de formação para a comunidade sobre o Turismo de Base Comunitária através de práticas da educação popular. Para isto, o contexto histórico e a participação da comunidade serão de grande relevância. Visto que, para o desenvolvimento do TBC a participação dos sujeitos locais é indispensável. O processo de formação da comunidade para o TBC será realizado por meio de rodas de conversas, oficinas, diálogos presenciais e através do *blog* Alto: o meu lugar no Sertão, pois acreditamos que este será um espaço virtual de formação dos sujeitos e também de divulgação dos roteiros elaborados.

O primeiro passo será promover formações de primeiras aproximações com o Turismo de Base Comunitária, para que a comunidade conheça a proposta do trabalho e os seus princípios. Em seguida, realizaremos o mapeamento dos atrativos e atrações da comunidade, com base no contexto e na realidade do Povoado. Neste momento, os diversos aspectos culturais e históricos, como mitos e lendas, rezas, paisagens, rios, os contos locais, as tradições, as celebrações religiosas e culturais, locais de trabalho, como olarias de tijolo e telhas e casas de farinha, deverão estar inseridas no mapeamento. Após o mapeamento, de acordo com o diálogo com a comunidade, poderemos enfim, organizarmos os roteiros de visitação, no qual os visitantes conhecerão o cotidiano da comunidade e seus costumes, com hospedagens domiciliares e comidas típicas.

Conclusão

Consideramos o estudo apresentado como uma evidência de que diante do contexto histórico do povoado é possível prosseguir o estudo sobre a formação da comunidade para a organização do Turismo de Base Comunitária. Acreditamos que o trabalho inicial com o *blog* com o levantamento da história local, resgatando elementos históricos importantes na formação e desenvolvimento do povoado, possibilitou a identificação do mesmo como potencial para a implantação do Turismo de Base Comunitária, o qual pode ainda servir para um mapeamento preliminar dos possíveis dos futuros roteiros de visitação.

Vincular Educação Popular, Turismo de Base comunitária e Desenvolvimento Local, faz muito sentido, visto que buscamos promover a formação da comunidade para a organização do TBC, não de forma impositiva, mas dialogando sempre com os saberes dos sujeitos locais, respeitando suas singularidades. E assim, criar meios de conscientização sobre o valor de sua história e cultura, incentivando a participação e engajamento para pensar e desenvolver ações que beneficiem a coletividade.

Portanto, o respeito e o reconhecimento dos saberes e cultura local, serão imprescindíveis, o que dialoga certamente com princípios da educação popular, para isso, vale ressaltar o que Arroyo (2009) diz sobre um dos principais objetivos da educação popular que é retirar o povo do silenciamento a que está submetido, valorizando assim sua forma de ser e existir no mundo. E assim, buscar formas de superar as dificuldades impostas, no sonho por um viver melhor na comunidade local.

REFERÊNCIAS

ARROYO, Miguel G. Educação popular, saúde, equidade e justiça social. **Cadernos CEDES**, Campinas, v. 29, n. 79, 2009.

BRANDÃO, Carlos Rodrigues. **O que é educação popular**. São Paulo: Brasiliense, 1998.

CARMO, Juliana Andrade do. **O uso de um blog como elemento difusor da história do Povoado Alto, em Tucano/ Ba**. 137 f. Juliana Andrade do Carmo. Salvador, 2016.

CONTRERAS, Joan P. La construcción social del subdesarrollo y el discurso del desarrollo. In: BRETÒN, Victor et al. (Ed.). **Los límites del desarrollo**: modelos "rotos" y modelos "por construir" en América a y África. Barcelona: Icaria, 1999.

DEMO, Pedro. **A educação pelo avesso**: assistência como direito e como problema. 2. ed. São Paulo: Cortez, 2002.

DOWBOR, Ladislau. **Educação e Desenvolvimento**. Disponível em: <http://www.apodesc.org/sites/documentos_estudos/arquivos/DesenvolvimentoEDUCACAO_E_DESENVOLVIMENTO_LOCAL_Ladislau%20Dowbor.pdf>.

FREIRE, Paulo. **Pedagogia da Autonomia**: saberes necessários à prática educativa. São Paulo: Paz e terra, 1996.

GADOTTI, Moacir. Educação Popular, Educação Social, Educação Comunitária: conceitos e práticas diversas cimentadas por uma causa comum. **Revista Diálogos**: pesquisa em extensão universitária, Brasília, v. 18, n. 1, 2012.

IRVING, Marta A. Reinventando a reflexão sobre turismo de base comunitária: inovar é possível? In: BARTHOLO, Roberto; SANSOLO, Davis Gruber; BURSZTYN, Ivan (Orgs.). **Turismo de Base Comunitária**: diversidade de olhares e experiências brasileiras. Rio de Janeiro: Letra e imagem, 2009.

MALDONADO, Carlos. O turismo rural comunitário na América Latina: gênesis, características e políticas. In: BARTHOLO, Roberto; SANSOLO, Davis Gruber; BURSZTYN, Ivan (Orgs.). **Turismo de Base Comunitária**:

diversidade de olhares e experiências brasileiras. Rio de Janeiro: Letra e imagem, 2009.

MANCE, Euclides A. **Desenvolvimento local sustentável**: conceitos e estratégias. Apresentado no "Curso de Formação de Gestores Públicos em Economia Solidária", Fortaleza, STDS, 2008. Disponível em: <http://www.solidarius.com.br/mance/biblioteca/Desenvolvimento_Local_Sustentavel-Conceitos_e_Estrategias.pdf>. Acesso em: 27 ago. 2017.

MATTA, Alfredo. **A extensão da Casa da Torre**. Nota de Aula, 20 maio 2014.

MENEZES, Ana Maria Ferreira; CAMPOS, Maria de Fátima Hanaque. Políticas Públicas e Desenvolvimento Local. In: SILVA, Francisca de Paula S. da (Org.). **Turismo de base comunitária e cooperativismo**: articulando pesquisa e ensino no Cabula e entorno. Salvador: EDUNEB, 2013.

ROCHA, Rubens. **História de Tucano**. Feira de Santana: Impressão Oficinas da Bahia Artes Gráficas, 1987.

SANTOS, Boaventura Sousa. Um mapa de alternativas de produção. In: **PRODUZIR para viver**: os caminhos da produção não capitalista. Rio de Janeiro: Civilização Brasileira, 2002. p. 32-57. (Reinventar a emancipação social: para novos manifestos; 2).

SEABRA, Giovani. **Turismo Sertanejo**. João Pessoa: UFPB 2007.

SILVA, Francisca de Paula Santos da, et al. **Cartilha (in) formativa sobre Turismo de Base Comunitária "O ABC do TBC"**. Salvador: EDUNEB, 2012.

SILVA, Francisca de Paula Santos da; MATTA, Alfredo Eurico Rodrigues; SÁ, Natália Silva Coimbra de., Turismo de base comunitária no antigo Quilombo Cabula. **Caderno Virtual de Turismo**, Universidade Federal do Rio de Janeiro Rio de Janeiro, Brasil, v. 16, n. 2, p. 79-92, abr. 2016..

EDUCAÇÃO POPULAR E QUESTÕES DE GÊNERO NOS ASSENTAMENTOS DE REFORMA AGRÁRIA DO TERRITÓRIO DO SISAL NA BAHIA

Losângela da Cunha Araújo[41]

1. Introdução

Muitas são as questões que envolvem a descriminação e invisibilidade feminina no Brasil, principalmente em comunidades rurais tradicionais, exemplo dos assentamentos de reforma agrária. Estas mulheres são excluídas pelo patriarcado que oprime as mesmas em diversos espaços sociais, inclusive dentro do processo educacional. Dessa forma, estes sujeitos passaram a viver submissas aos companheiros, tendo suas ações e práticas cotidianas invisibilizadas. O Ministério de Desenvolvimento Agrário do Brasil (2006, p. 52 – 54) aborda que:

> A dimensão da invisibilidade do trabalho feminino no campo pode ser visualizada, inicialmente, pela proporção de mulheres ocupadas sem remuneração, que é significativamente mais elevado na agropecuária, em comparação com os demais setores da economia. [...] É nesse sentido que pode afirmar que o trabalho da mulher, sobretudo na agropecuária reproduz a invisibilidade que cerca a percepção da sociedade sobre o papel feminino.

Destaca-se que as mulheres assentadas, mesmo não tendo seu trabalho no campo reconhecido por muitos anos, contribuem com a renda familiar através da comercialização de produtos da agricultura familiar, bem como, vêm conquistando cada vez mais espaços em associações comunitárias, grupos de produções agrícolas e por meio do trabalho coletivo.

41 Graduada em Comunicação Social – Radialismo (Universidade do Estado da Bahia – UNEB). Graduada em Serviço Social pela Universidade Norte Pará – UNOPAR. Graduada em Licenciatura em Sociologia pela Faculdade Regional de Filosofia, Ciências e Letras de Candeias – FAC. Pós Graduada em Gestão de Serviços Sociais e Políticas Públicas (Instituto Pro Saber). Pós Graduada em Políticas Públicas para Gênero e Raça (Universidade Federal da Bahia – /NEIM – UFBA). Pós Graduada em Gestão do Ensino Superior (Instituto Pro Saber). Pós Graduada em Interdisciplinar, Estudos Sociais e Humanidades (Universidade do Estado da Bahia – UNEB) Mestra em Ciências Sociais: Cultura, Desigualdade e Desenvolvimento (Universidade Federal do Recôncavo da Bahia – UFRB). Doutoranda em Estudos Interdisciplinares sobre Mulheres, Gênero e Feminismo (Universidade Federal da Bahia – UFBA).

Um fator essencial para o empoderamento e superação da invisibilidade das mulheres assentadas é o acesso à educação popular, que acontece por meio de formações sobre políticas públicas, autonomia no meio rural, cooperativismo solidário, pelas experiências vividas no cotidiano e conhecimentos que são passados pelas mulheres mais velhas na comunidade. A educação popular, também de caráter interdisciplinar, vem incentivando a luta por direitos. Gohn (2006) destaca que a educação social, popular e comunitária também é desenvolvida fora do modelo da educação formal e tradicional.

Freire (1981) aborda a educação popular como forma de garantir a integração e participação dos diversos sujeitos na sociedade, baseada no acesso a conhecimentos que direcionam para a sensibilização política do educando, onde estes se tornam capazes de transformar a sua realidade.

Buscando fortalecer o desenvolvimento rural, o extinto Ministério de Desenvolvimento Agrário – MDA, a partir de 2002, criou o Território do Sisal que está localizado no semiárido do Estado da Bahia, integrado por 20 municípios: Araci, Candeal, Cansanção, Itiúba, Monte Santo, Nordestina, Queimadas, Quijingue, Serrinha, Teofilândia, Valente, Barrocas, Biritinga, Conceição do Coité, Ichu, Lamarão, Retirolândia, Santaluz, São Domingos e Tucano. Uma das principais características deste território é a organização social e política que vem garantindo ao longo dos anos à implantação de um processo de desenvolvimento sustentável para os pequenos agricultores/as familiares e assentados/as de reforma agrária.

> Os diferentes tipos de intervenção a que se denomina “assentamento” implicam, pois, diversos tipos de beneficiários diretos: posseiros, com longa história de permanência no campo, embora sem título formal de propriedade; filhos de produtores familiares pauperizados que, diante das dificuldades financeiras para o acesso à terra, optam pelos acampamentos e ocupações como caminho possível para se perpetuarem na tradição de produtores autônomos; parceiros em busca de terra própria (MEDEIROS; LEITE, 2004, p. 17-18).

Dentro da diversidade que marca o contexto rural das mulheres no Território do Sisal, estão aquelas assentadas que demandam melhores condições de vida. As mesmas começaram a se organizar na década de 1980 e reivindicam direitos sociais através de manifestações contra a opressão que enfrentam pela sua condição de gênero. Com isso, destaca-se que a participação social, educação popular e formação política das mulheres assentadas são instrumento de lutas e resistências na região sisaleira. Dantas (2011, p. 8) afirma:

> Fundamental perceber que a inserção das mulheres rurais em outros espaços pois significa a participação delas na esfera pública, que o processo de participação qualifica sua ação política e ressignifica o seu papel enquanto

> sujeito no espaço público e privado. Assim, ao colocar as mulheres rurais na esfera pública, espaços como grupos produtivos contribuem para um questionamento da invisibilidade política, social e econômica, em que essas estão imersas, bem como para a denúncia e o enfrentamento das desigualdades estruturantes (direitos sociais, bens e serviços) e das desigualdades culturais (violência sexista, divisão sexual do trabalho), abrindo caminho para a democratização do meio rural brasileiro (DANTAS, 2011, p. 8).

O processo de participação social das mulheres foi influenciado pela desigualdade de gênero na sociedade contemporânea, onde sempre foram estigmatizadas. Tratando do patriarcado nos espaços rurais subalternos, ressalta-se que o acesso a pressupostos que direcionam a luta das mulheres por autonomia, refletiu no avanço das militâncias pela superação da sua invisibilidade. Todos estes fatores demostraram a necessidade aprofundar o debate sobre a resistência das mulheres, principalmente nas entidades de representação da classe trabalhadora no campo e em comunidades tradicionais.

A formação política das mulheres agricultoras no Brasil começou a se destacar com a organização feminina nos Sindicatos de Trabalhadores Rurais – STRs e através do Movimento de Mulheres Trabalhadoras Rurais – MMTR. São mobilizações instituídas que buscam garantir a valorização do trabalho das mulheres do campo. Esses movimentos vêm se destacando e é uma bandeira de luta destes sujeitos reconhecida em todo país.

No Território do Sisal a participação social e a formação política das mulheres assentadas são apoiadas por organizações civis, tendo o Movimento de Organização Comunitária – MOC[42] como pioneiro nesse processo em parceria com os STRs. Atualmente destaca-se também a atuação da Fundação de Apoio à Agricultura Familiar do Semiárido da Bahia – FATRES[43], que luta pelo fortalecimento das ações direcionadas para a valorização do trabalho feminino dentro dos assentamentos de reforma agrária.

---

42 O Movimento de Organização Comunitária – MOC em funcionamento desde outubro de 1967, com atuação no semiárido da Bahia, é uma entidade civil, de direito privado, para fins filantrópicos e não econômicos, de caráter beneficente, educacional, voltado para o desenvolvimento sustentável da sociedade humana. O MOC tem como público prioritário de suas ações órgãos paritários de gestão, como Conselhos de Políticas Públicas, trabalhadoras e trabalhadores rurais, agricultores e agricultoras familiares, pequenos produtores urbanos, professores rurais, excluídos dos meios de produção, organizações populares, crianças e adolescentes em situação de risco social.

43 Criada em 1996, na perspectiva de organizar os sujeitos do Semiárido baiano na busca dos seus direitos. O objetivo maior e mais importante da FATRES sempre foi fortalecer o movimento sindical, despertar trabalhadores/as rurais e agricultores/as familiares para seus direitos, incentivá-los/as a se organizarem para que, deste modo, pudessem exercer a sua cidadania. Buscando garantir a capacitação, formação e qualificação profissional de lideranças sindicais, agricultores/as familiares e educadores/as populares (homens, mulheres e jovens), para melhor implementarem ações locais e regionais voltadas para a mudança do entorno social.

As principais organizações e movimentos sociais do Território do Sisal que incentivam o empoderamento das mulheres assentadas visam ter como reflexo que Paulo Freire (1999) denominou de pedagogia libertadora, almejando o aprendizado desses sujeitos fora dos espaços formais de educação, com o objetivo de contribuir para o acesso de seus direitos, garantindo autonomia dentro dos espaços subalternizados no campo.

A metodologia utilizada no presente estudo baseia-se em uma pesquisa bibliográfica e qualitativa, desenvolvida junto às mulheres agricultoras nos assentamentos de reforma agrária da região sisaleira na Bahia. Foram utilizadas entrevistas semiestruturadas com grupos focais para dar conta do seguinte problema sociológico: de que forma a educação popular coopera para formação social e política das mulheres assentadas, e como isso impacta nas lutas por autonomia e superação da sua invisibilidade no espaço rural?

Portanto, partindo dos conceitos de educação libertadora e social, este trabalho busca analisar como a educação popular contribui para a autonomia, visibilidade e reconhecimento das mulheres agricultoras assentadas no Território do Sisal na Bahia.

2. Uma análise bibliográfica sobre a educação popular no Brasil

O processo educacional brasileiro é um ambiente marcado por várias tendências e concepções, baseadas principalmente em estudos tradicionais e conservadores. Mas, a educação, como já tem sido comprovada por vários teóricos, não é estática e também foi superado esse conceito de educação bancária, na qual a transmissão de saberes só é válida dentro do espaço formal da sala de aula, com a hierarquia do professor sobre o aluno.

Algumas vertentes pedagógicas nos apresentam mudanças no conceito de educação, podendo ser destacada a teoria transformadora defendida por Paulo Freire, que aborda a educação como um espaço de libertação para as classes oprimidas. Freire (1981) nos apresenta a educação popular enquanto ferramenta de resistência contra a desigualdade social. Outros teóricos também ressaltam os conhecimentos populares como um meio de libertação das amarras do conservadorismo excludente, reafirmando a tese de que a educação legítima não ocorre apenas dentro do espaço da escola.

> [...] os alunos não são indivíduos abstratos que competem em condições relativamente igualitárias na escola, mas atores socialmente constituídos que trazem, em larga medida incorporada, uma bagagem social e cultural diferenciada e mais ou menos rentável no mercado escolar. O grau variado de sucesso alcançado pelos alunos ao longo de seus percursos escolares

> não poderia ser explicado por seus dons pessoais – relacionados à sua constituição biológica ou psicológica particular -, mas por sua origem social, que os colocaria em condições mais ou menos favoráveis diante das exigências escolares (NOGUEIRA; NOGUEIRA, 2002, p. 3).

É importante destacar as conquistas das classes menos favorecidas no Brasil através dos movimentos populares e das lutas sociais, onde também são recintos de formação política. Essa mudança não ocorreu de forma tranquila, já que antes o conhecimento acadêmico era acessível apenas para uma pequena minoria elitista. Foram inúmeros conflitos e embates dentro da sociedade, esses movimentos começaram a ganhar visibilidade em meados da década de 1980, quando estávamos passando ainda por um período turbulento no país, a ditadura militar.

A educação popular como uma concepção geral de educação vem impulsionando uma nova epistemologia, baseada no conhecimento do cotidiano e nas experiências grupais de movimentos sociais que apresentam os setores populares como fontes de saberes capazes de problematizar seus contextos e reivindicar direitos.

Assim, a educação popular, por meio da teoria da libertação, implica na autonomia dos sujeitos, visa garantir a humanização, o respeito aos direitos humanos, a justiça, a conscientização política e igualdade através de militâncias contra injustiças. Essa é uma situação concreta nas transformações da realidade social das mulheres assentadas no Território do Sisal, que estão ganhando cada vez mais respeito e visibilidade nas suas lutas contra as diversas formas de opressões e desigualdades.

2.1 Educação popular e mulheres rurais

Guedes (1995) aborda que é fundamental compreender como o processo de lutas das mulheres tem resultado no avanço da superação da hierarquia do poder de dominação dos homens sobre sua categoria. Ou seja, a sociedade precisa estar atenta em como a relação de dominação é construída, colocando as mulheres em uma posição de inferioridade e submissão. Estes sujeitos vêm lutando pelos seus direitos, sendo que este cenário demonstra a urgência de fortalecer ações para minimizar a exclusão feminina.

As questões de discriminações envolvendo gênero sempre marcaram a sociedade brasileira, porém, essa realidade vem se transformando e cada vez mais. Siliprandi (2015) destaca que no Brasil até o início da década 1980 os movimentos das mulheres rurais praticamente não existiam, nesse período, a principal força organizada era o movimento sindical, porém, sem muitas ações, pois, o contexto político da ditadura militar não permitia a expansão das reivindicações populares.

A Marcha das Margaridas é um grande exemplo de luta pelos direitos das mulheres rurais, na busca pelo empoderamento e pela conquista de espaços no país. Margarida Maria Alves, alagoana, fundadora do movimento, foi uma ativista sindical brasileira e suas afrontas estavam direcionadas principalmente para garantir os direitos sociais das mulheres do campo.

Por outro lado, ainda levando em consideração as teorias de Freire (1981), é possível destacar que não é apenas a ciência que produz conhecimento, as vivências e as experiências cotidianas também são formas de transmissão de saberes. Assim, podemos afirmar que em diversos ambientes, além da tradicional sala de aula, também são espaços de construção de conhecimentos, exemplo disso é a Marcha das Margaridas.

Fazendo um paralelo com a Pedagogia do Oprimido de Freire (1981) os sujeitos que usam o saber popular para lutar pelos seus direitos são aqueles que foram e são desumanizados pelos opressores, pois, são privados do acesso à educação formal e possuem vários outros direitos negados. Com isso, as pelejas das mulheres do campo são ferramentas de transformação social e de educação popular, pois, são através desses movimentos que muitas ganharam visibilidade em seus contextos sociais.

É apegando-se aos movimentos como importante espaço de formação política que as mulheres estão alcançando inúmeros resultados positivos. Estes fatores refletem na superação da sua invisibilidade em uma sociedade extremamente preconceituosa e machista, na qual elas até recentemente não possuíam autonomia financeira e nem social. Schefler (2013, p. 16) ressalta que:

> A autonomia econômica das mulheres poderia significar, para além da melhoria de suas condições de vida, a possibilidade de a mulher passar a dispor de recursos sob seu controle pessoal, ampliando o poder de decisão sobre seu uso, a perspectiva de transformar as tradicionais estruturas de dominação, influenciando, inclusive, as manifestações de violência presentes nestes contextos. Neste caso, admite-se que a desigualdade econômica entre homens e mulheres se constitui uma das fortes variáveis preditivas da prevalência da violência contra a mulher, visto que respalda, simbolicamente, o sentido de propriedade e de domínio que subjaz às relações de gênero no meio rural.

Freire (1996) afirma que o papel da educação deve ser o de preparar os sujeitos para libertar-se. Entretanto, o que estamos passando nos dias de hoje é novamente a restrição dos direitos sociais que outrora vivenciamos. São registrados cortes na educação que é nosso principal instrumento de luta contra as desigualdades, além disso, o governo está direcionando suas ações para implantar um modelo educacional sem debates e nem formação crítica, através do projeto "escola sem partido". Assim, é preciso saber:

> [...] que ensinar não é transferir conhecimento, mas criar as possibilidades para a sua própria produção ou a sua construção. Quando entro em uma sala de aula devo estar sendo um ser aberto as indagações, à curiosidade, às perguntas dos alunos, as suas inibições: um ser crítico e inquiridor, inquieto em face da tarefa que tenho – a de ensinar e não de transferir conhecimento (FREIRE, 1996, p. 21).

Reforça-se que estamos regredindo em nossos direitos, direitos esses que foram garantidos recentemente através da Constituição Federal de 1988, conquistados com pelejas dos movimentos sociais e populares, que conseguiram derrubar a ditadura militar que vigorou no Brasil de 1964 a meados de 1985. Entretanto, a partir de 2016 vivenciamos uma ditadura disfarçada por trás da falsa ideia de democracia. Através do governo atual, eleito em 2018, à educação libertadora corre ainda mais risco, tentam usurpar a emancipação de classes subalternas, reprimindo a formação crítica da população oprimida.

Diante do contexto atual de congelamento de gastos públicos na área social e educacional e principalmente com uma proposta de educação tradicional que não contribui para a emancipação de sujeitos, agrava-se a situação das classes que sempre foram excluídas socialmente e as mulheres estão inseridas nesse índice pela sua condição de gênero.

3. A educação popular como um instrumento de transformação social: um olhar sobre as mulheres assentadas do Território do Sisal-BA

De acordo com Oliveira (2008), no Território do Sisal a população agricultora pode ser citada como exemplo de organização social, participação popular e planejamento rural, pois, as pequenas propriedades apresentam mudanças positivas e sustentáveis, principalmente na maioria dos assentamentos de reforma agrária da região. Essa evolução do contexto social das famílias rurais e assentadas é resultado das políticas públicas que se fortaleceram no semiárido, sobretudo através das reivindicações dos movimentos sociais até meados do ano de 2016.

Este território possui uma população total de aproximadamente 583 (quinhentos e oitenta e três mil) habitantes com 57% (cinquenta e sete por cento) residente no espaço rural. É caracterizado pela predominância de uma economia agrícola e por ter a maioria da sua população estabelecida na zona rural.

O Projeto de Assentamento – PA Lagoa dos Bois, conhecido também como Comunidade de Rose, no Município de Santa Luz – BA foi fundado em 10 de julho de 1989, como área de reforma agrária. Inicialmente foi ocupada por 78 (setenta e oito) famílias acampadas que receberam o título da terra em 1996. Atualmente no PA residem 484 (Quatrocentos e oitenta e quatro) famílias totalizando 587 (quinhentos e oitenta e sete) pessoas que têm sua história de vida marcada por várias conquistas sociais, e também inúmeras dificuldades.

Historicamente a população de Lagoa dos Bois luta pelo bem-estar das suas famílias e contribui com a estruturação de outros assentamentos do território através da troca de experiências. Para alcançar os objetivos e garantir a qualidade de vida dos residentes, foi fundada na década de 1990 a Associação dos Pequenos Agricultores da Comunidade Rose – APACOR, o Grupo de Mulheres Produtoras do Rose – GMPR e a Liga Desportiva e Cultural dos Assentamentos da região do Sisal – LIDER.

Residem no PA aproximadamente 235 (duzentos e trinta e cinco) mulheres que trabalham na agricultura familiar e ajudam os companheiros através da produção e comercialização de produtos da agricultura familiar, fazem parte do grupo de produção agrícola e também desenvolvem o samba de roda. A raça predominante entre a população é a negra, a faixa etária da maioria dos sujeitos está entre 20 (vinte) e 40 (quarenta) anos, porém, também se faz presente neste contexto alguns idosos, inclusive que foram reconhecidos mestres da tradição oral (griôs) pelo extinto Ministério da Cultura.

É importante ressaltar que o êxodo rural é quase insignificante no Assentamento de Lagoa dos Bois, segundo os líderes comunitários, nos últimos anos, não houve nenhum registro de jovens que saíram da comunidade para trabalhar em outras regiões de forma permanente. As mulheres de 21 (vinte e um) a 30 (trinta) anos trabalham no lar, na agricultura e na extração do sisal. Por fim, é necessário ressaltar também que inicialmente quando a comunidade ainda era acampamento algumas pessoas não se adaptaram em Lagoa dos Bois e 23 (vinte e três) famílias migraram para outras regiões, mesmo tendo recebido o título da terra.

Já tratando do Assentamento de Nova Palmares em Conceição do Coité-BA, esse foi fundado no dia 12 (doze) de janeiro de 1998 quando vários pequenos agricultores denominados "sem-terra" da região do sisal ocuparam a fazenda Berimbau, pertencente ao município de Conceição do Coité no sertão da Bahia.

A fazenda Berimbau possuía 7.500 (Sete mil e quinhentas) hectares e a ocupação contou com o apoio dos Sindicatos dos Trabalhadores Rurais da região, do Movimento de Organização Comunitária – MOC, da igreja católica e das lideranças sociais da região, ressalta-se que o processo de implantação do assentamento também teve o apoio de organizações públicas do Território do Sisal.

Atualmente a comunidade possui aproximadamente 579 (quinhentos e setenta e nove) habitantes, com moradia fixa, ou seja, que residem no assentamento. Desde sua fundação, alguns moradores de Nova Palmares voltaram para seus municípios ou migraram para outras regiões, pois não resistiram às inúmeras lutas e dificuldades enfrentadas inicialmente no PA. Uma característica marcante da comunidade é a luta pelo acesso à educação do campo para atender a população local, justamente por entender que essa política é essencial para a melhoria da qualidade de vida da população, principalmente para a transformação do ser humano enquanto sujeito de direitos.

O assentamento possui uma média de 158 (cento e cinquenta e oito) mulheres, a população negra também é predominante no PA e sua diversidade se formou através da miscigenação dos diferentes sujeitos que se uniram na comunidade. Dentro do processo da agricultura familiar as mulheres organizam-se através de cooperativas e redes de produtoras. Entretanto, na comunidade de Nova Palmares o trabalho da mulher assentada que se destaca é na produção do sisal. Oliveira (2008) ressalta que no Território do Sisal uma das principais atividades agrícolas advém da produção do sisal, o cultivo dessa planta é desenvolvido em pequenas propriedades e o processo de extração da fibra é feito de modo semiartesanal por meio de uma máquina desfibradora conhecida como paraibana ou motor de sisal.

Através da pesquisa de campo foi constatado que nos dias atuais houve um grande empoderamento das mulheres assentadas no Território do Sisal, muitas sem o acesso a educação formal passaram a participar dos encontros das igrejas, associações de moradores locais e até fundaram cooperativas de produção e comercialização de produtos da agricultura familiar. Dentro dos ambientes de participação popular as mesmas vêm lutando contra todas as formas de desigualdades e exclusão que estão inseridas.

Patrícia Santiago[44], assentada de Lagoa dos Bois em Santaluz-BA destaca na entrevista realizada em 20 de fevereiro de 2017:

> Nós vivíamos para os maridos e filhos, cuidávamos da casa, dos animais e até da roça, mais não era valorizada. Aos poucos com o apoio de algumas organizações começamos a nos organizar e hoje temos nosso próprio dinheiro e a nossa vida própria. Em Lagoa dos Bois, as mulheres fazem parte do Grupo de Cantiga Rosas Vivas, da associação de moradores e também conseguimos até uma cozinha comunitária

44 Agricultora familiar, assentada 39 anos, negra, mãe de 3 filhas, casada, residente no assentamento de Lagoa do Bois em Santaluz-BA.

> para produzir e vender produtos da agricultura familiar. Hoje, fazemos parte do PAA[45] e PNAE[46] , tudo isso graças a nossa união, trabalho em grupos e da participação de todas. Somos outras mulheres!

Além do acesso as diversas formações sociais e populares através das experiências cotidianas que levaram essas mulheres a reivindicarem direitos e sua autonomia dentro desses espaços, elas se organizam em grupos de trabalho que resultam na geração de renda por meio da comercialização de produtos da agricultura familiar (beijus, animais de pequeno porte, bolos de fubá, tapioca etc.). É importante destacar também a educação de jovens e adultos. O Programa Todos pela Alfabetização – TOPA foi essencial para que muitas dessas mulheres passassem a assinar o próprio nome e até aprenderam ler e escrever, mesmo de que forma simples. Nos relatos elas destacaram que muitos companheiros proibiram as mesmas de estudar, mas estas enfrentaram o machismo e o analfabetismo é quase inexistente entre elas.

Edna Santiago[47], residente do Assentamento de Nova Palmares em Conceição do Coité-BA ressalta que:

> Eu sou uma das poucas mulheres do assentamento que tem nível superior, mas isso não aconteceu por eu ter concorrido igualmente nas universidades do país não, fiz parte do programa PRONERA[48], se não fosse uma forma de acesso diferenciado, através do projeto do governo de garantir a educação para as famílias do campo e em comunidades tradicionais, jamais tinha conseguido. A educação popular e do campo também tem que ser feita de forma diferente, jamais teremos o acesso às oportunidades dentro dessa sociedade excludente. O TOPA foi marcante, principalmente para os idosos que nunca frequentaram a escola, estes hoje assinam seu próprio nome, isso é fantástico.

É visível que houve inúmeros avanços na educação popular em comunidades tradicionais no Brasil, esses fatores têm contribuído para o empoderamento da invisibilidade das mulheres dentro dos cenários populares rurais.

---

45 O Programa de Aquisição de Alimentos (PAA) é uma ação do Governo Federal para colaborar com o enfrentamento da fome e da pobreza no Brasil e, ao mesmo tempo, fortalecer a agricultura familiar. Para isso, o programa utiliza mecanismos de comercialização que favorecem a aquisição direta de produtos de agricultores familiares ou de suas organizações, estimulando os processos de agregação de valor à produção.

46 O Programa Nacional de Alimentação Escolar (PNAE), implantado em 1955, contribui para o crescimento, o desenvolvimento, a aprendizagem, o rendimento escolar dos estudantes e a formação de hábitos alimentares saudáveis, por meio da oferta da alimentação escolar e de ações de educação alimentar e nutricional.

47 Professora, casada, 34 anos, mãe de 2 filhos, também trabalha na agricultura familiar, residente no Assentamento de Nova Palmares – Conceição do Coité-BA.

48 Programa Nacional de Educação na Reforma Agrária (Pronera) propõe e apoia projetos de educação voltados para o desenvolvimento das áreas de reforma agrária.

> A inegável precarização histórica da educação oferecida aos sujeitos sisaleiros, especificamente aos jovens, adultos e idosos, muitas vezes deslocada da sua realidade, baseia-se numa matriz urbanocêntrica de sociedade, homem e mundo. Daí surge a necessidade de uma intensa mobilização dos movimentos sociais populares do campo para afirmar o direito à educação e à vida com dignidade para os camponeses, especialmente no planejamento, implementação e avaliação destas políticas (FARIA, 2014, p. 141-142).

Conforme foi destacado por Faria, os movimentos sociais da região sisaleira foram essenciais nesse processo de lutas femininas no campo, através projetos sociais coordenados pela FATRES e MOC, muitas formações de mulheres foram desenvolvidas nos assentamentos de reforma agrária da região sisaleira como: orientações sobre a constituição de cooperativas, acesso ao PAA e PNAE, Lei Maria da Penha, violência doméstica, direitos sobre Licença Maternidade, acesso às políticas públicas, Bolsa Família, etc.

As secretarias de mulheres dessas organizações civis, assim como dos Sindicatos dos Trabalhadores Rurais são fundamentais para o fortalecimento autonomia da mulher assentada no Território do Sisal, principalmente para o acesso desses sujeitos a educação popular.

Tratando ainda do desenvolvimento da educação popular para mulheres nos assentamentos, destaca-se também Dona Maria Baia[49], assentada de Lagoa dos Bois em Santaluz-BA. Mesmo sem ter o nível médio, com a ajuda de outras moradoras, Dona Baia lançou um livro de culinária alternativa com várias receitas preparadas com plantas nativas da caatinga e produtos da agricultura familiar. O livro "Cabeça de Frade faz Doce" foi lançado na 6ª Feira de Agricultura Familiar e Reforma Agrária realizada pela FATRES no Território do Sisal em 2015. Desde 2004 dona Baia começou a desenvolver experiências com culinária alternativa. As principais receitas são criadas com os cactos da Caatinga entre eles estão: Cabeça de Frade, Mandacaru, Babosa e Palma. Sorvetes, bolos e doces fazem parte dos inúmeros tipos de comidas feitas pela agricultora. Dona Baia afirma que as receitas foram criadas para "não deixar os filhos morrerem de fome" em épocas que a seca castigava a região.

4. Considerações finais

Por fim, é possível concluir que, o processo de lutas sociais desde a organização das famílias em acampamentos já é um ambiente de formação

49 Aposentada rural, mãe de 6 filhos, casada, 67 anos, ainda trabalha na agricultura, recebeu o reconhecimento do Ministério da Cultura de griô, residente no assentamento de Lagoa dos Bois – Santaluz-BA.

popular. As reuniões para a discussão de estratégias para reivindicar a terra, mesmo antes da posse da mesma são meios de participação popular. Podemos identificar nas resistências e lutas das mulheres assentadas da região do sisal o que Freire (1999) sempre defendeu enquanto educação popular, como espaço de labutas constantes pela liberdade da classe oprimida.

A educação não formal, juntamente com as políticas públicas, o apoio das organizações civis e da educação do campo contribuem para o empoderamento das mulheres rurais, exemplo disso são as assentadas do Território do Sisal que conseguem viver de forma simples, porém, com dignidade em contextos rurais onde foram oprimidas pela elite rural da região por muitos anos.

Dessa forma, os movimentos sociais podem ser classificados como ações coletivas que se ampliam numa esfera sociocultural, sendo também ferramentas de discussões políticas dos diferentes sujeitos que podemos considerar como um meio de educação popular. Assim, a educação das classes menos favorecidas cria espaços de solidariedade, desenvolve a cidadania, vivencia práticas educativas que propiciam múltiplas aprendizagens, induzindo a reivindicação de direitos e permitindo que a sociedade transforme sua realidade.

Portanto, podemos afirmar que mulheres assentadas da região do sisal ganharam visibilidade, têm seu trabalho na agricultura reconhecido e comercializam seus próprios produtos. Muitas saem de seus contextos para encontros de mulheres outros municípios, fazem parte de grupos de samba de roda e se apresentam em feiras regionais. Superaram o machismo e nos provam que a educação popular emancipa sujeitos.

REFERÊNCIAS

BRASIL. Ministério de Desenvolvimento Agrário. **Gênero, agricultura familiar e reforma agrária no MERCOSUL**. Ministério de Desenvolvimento Agrário do Brasil. Brasília, 2006.

CASSELL, Catherine; SYMON, Gillian. **Métodos qualitativos na pesquisa organizacional**. London: Sage Publications, 1994.

DANTAS, Isolda. **Autonomia e Cidadania**: políticas de organização produtiva para mulheres no meio rural. Isolda Dantas. Brasília: Ministério de Desenvolvimento Agrário, 2011.

FARIA, Edite Maria da Silva de. **A luta social ensina**: o direito à educação na vida de mulheres e homens sisaleiros – assentamento Nova Palmares – Conceição do Coité- Bahia / Edite Maria da Silva de Faria. – 2014.

FREIRE, Paulo. **Educação como prática da liberdade**. 23. ed. Rio de Janeiro: Paz e Terra, 1999.

______. **Pedagogia da Autonomia – Saberes necessários à prática educativa**. Paulo Freire. São Paulo. Brasil: Paz e Terra, 1996.

______. **Pedagogia do Oprimido**. 10. ed. Rio de Janeiro: Paz e Terra, 1981.

GOHN, Maria da Glória. "Educação Não-Formal na pedagogia social". In: I CONGRESSO INTERNACIONAL DE PEDAGOGIA SOCIAL, 1. **Anais...** 2006.

GUEDES, Mª Eunice Figueiredo. Gênero, o que é isso? **Psicol. cienc. prof.** [online], v. 15, 1995.

MAY, Tim. **Pesquisa Social**: questões métodos e processos. 3. ed. Porto Alegre: Artimed, 2004.

MEDEIROS, Leonilde Servolo de; LEITE, Sérgio. **Assentamentos Rurais**: mudança social e dinamica regional. Rio de Janeiro: Mauad, 2004.

NOGUEIRA, Claúdio Marques Martins; NOGUEIRA, Maria Alice. **A sociologia da educação de Pierre Bourdieu**: limites e contribuições. Scielo. São Paulo, 2002.

OLIVEIRA, Ildes Ferreira de. **Plano Territorial de Desenvolvimento Rural Sustentável do Sisal**. Bahia, 2008.

SCHEFLER, Maria de Lourdes Novaes. Gênero, Autonomia Econômica e Empoderamento. O real e o aparente: Sistematização de Processos de Investigação, Ação e/ou de Intervenção Social. **Revistas Feminismos**, Salvador, v. 1, 2013.

SILIPRANDI, Emma. **Mulheres e agroecologia**: transformando o campo, as florestas e as pessoas. Rio de Janeiro: Editora UFRJ, 2015.

TELLES, J. A. "É pesquisa é? Ah, não quero, não, bem!" Sobre pesquisa acadêmica e sua relação com a prática do professor de línguas. **Linguagem & Ensino**, v. 5, n. 2, 2002.

CIRANDA NA EJA: relatos de um estudo de pesquisa-ação com mulheres-mães em contexto de (re)existência

Katiuscia da Silva Santos
Davi da Silva Costa

> *"Não pense você que ao se tornar mãe uma mulher abandona todas as mulheres que já foi um dia. Bobagem. Ganha mais mulheres em si mesma. Com seus desejos aumentam sua audácia, sua garra, seus poderes."* (GUERRA, 2010).

Este artigo aborda a experiência de Ciranda na EJA, realizada na Escola Municipal João Pereira de Pinho na comunidade de Tapuio, Araci/Ba, pautada na metodologia de pesquisa-ação, atrelado ao pioneirismo das experiências do MST em Cirandas, e os estudos sobre salas de acolhimento aos filhos de estudantes dos programas ProJovem (MEC) e Filhos da EJA (Cidade de João Pessoa – PB), juntamente com as reflexões sobre a mulher na contemporaneidade.

Pensar a Educação para uma população trabalhadora (sobretudo a feminina) não é simples, e, principalmente, não deve ser feita apenas a partir da situação atual, mas considerar todo o processo histórico de exclusão e invisibilidade social os quais jovens e adultos(as) foram e são submetidos(as). A complexidade de compreender a Educação de Jovens e Adultos (EJA), deve ser então observada através de várias nuances, diversos focos, em especial com a sensibilidade de perceber através dos processos históricos e das peculiaridades regionais, locais e individuais, as dinâmicas sociais e econômicas as quais criam subalternidades e possibilidades de sobrepujar a condição de liminaridade social em que essa população é submetida.

Para iluminar e perceber a obscuridade da educação na atualidade faz-se necessário rememorar a precariedade da história da educação de jovens e adultos no Brasil, em especial para as mulheres, possibilitando a reflexão de sua reverberação na atualidade.

Breve histórico da educação brasileira com enfoque na dimensão de gênero

A Educação (no sentido amplo proposto por Brandão, 1985) promovida pelos primeiros habitantes do nosso país, processava-se de maneira informal, no cotidiano da vida, em tarefas bem definidas entre o homem e a mulher, contudo, com uma relação de participação comunitária entre ambos. Com a chegada dos europeus vieram a subserviência e a subalternidade feminina.

Após a chegada dos portugueses ao Brasil, os padres Jesuítas iniciaram a investida na catequização dos índios, com a intenção de domesticá-los, tornando-os bons selvagens de corpo dócil (FOUCAULT, 2009) para as atividades necessárias do reino. Porém, promover um "ensino" a uma população com uma cultura já enraizada e latente não seria fácil, portanto, as crianças foram as escolhidas. Os preceitos educacionais religiosos e europeus foram implantados, e intensificados na colonização, em especial pela Companhia de Jesus, baseada em uma pedagogia tradicional dos princípios *Ratio Studiorum*[50].

Com o objetivo maior de evangelizar, os Jesuítas recomendavam expressamente à conversão dos indígenas a fé católica pela catequese, pela instrução, e partindo da concepção europeia de inferioridade feminina, a mulher foi excluída do processo de escolarização desde a primeira escola de ler e escrever (erguida pelos Jesuítas por volta de 1549), reservada aos filhos homens de indígenas e posteriormente colonos. As mulheres, fossem brancas ricas, pretas pobres ou indígenas não tiveram acesso à leitura e escrita.

Percebendo a discriminação a partir da nítida intenção da formação apenas masculina, os índios solicitaram a coroa portuguesa o acesso das mulheres. Porém, até as mulheres que viviam na corte portuguesa possuíam pouca leitura, e como afirma Ribeiro (2000, p. 81), "[...] pouca leitura destinada apenas ao livro de reza. Porque então oferecer educação para mulheres 'selvagens', em uma colônia tão distante e que só existia para o lucro português".

Reconhecendo o papel companheiro da mulher, os indígenas foram pioneiros na reivindicação do acesso feminino às letras, mas os europeus viam as mulheres e crianças, assim como doentes mentais, como *imbecilitus sexus*, e não aceitaram a solicitação dos indígenas. Assim, nesse período, as mulheres

50 Conjunto de normas criado para regulamentar o ensino nos colégios jesuíticos. Sua primeira edição, de 1599, além de sustentar a educação jesuítica ganhou status de norma para toda a Companhia de Jesus. Tinha por finalidade ordenar as atividades, funções e os métodos de avaliação nas escolas jesuíticas. Não estava explícito no texto o desejo de que ela se tornasse um método inovador que influenciasse a educação moderna, mesmo assim, foi ponte entre o ensino medieval e o moderno A *Ratio Studiorum* se transformou de apenas uma razão de estudos em uma razão política, uma vez que exerceu importante influência em meios políticos, mesmo não católicos. Para seu estudo é obrigatória a leitura da tradução do documento para o português, feita pelo padre jesuíta Leonel Franca (1952). Disponível em: <http://www.histedbr.fe.unicamp.br/navegando/glossario/verb_c_ratio_studiorum.htm>. Acesso em: 21 maio 2019.

não tiveram acesso à educação, e posteriormente, quando passaram a ter acesso à escola, o ensino se restringia às prendas domésticas e vida religiosa pensando em prepará-las para o casamento.

A abertura escolar para o sexo feminino iniciou posteriormente com a Pedagogia Pombalina. Nas "Aulas Régias", que possuíam vertentes religiosa e leiga da pedagogia tradicional, o ensino era feito separadamente, e neste aspecto inicia-se a abertura de um mercado de trabalho para as mulheres, a docência. Por volta de 1755 o governo português determinou a existência de duas escolas para ensinar a ler e escrever, uma para os meninos e outra para as meninas. Tal lei foi originada no norte do país, e posteriormente, em 1758, estendida a todo o território brasileiro.

A partir de uma interpretação histórica, fica evidente, que a nossa sociedade sempre esteve subserviente as vontades de uma elite dominante e exploradora, uma dominação cultural, que emanava de uma ideia básica de uma educação escolarizada apenas para os seus, pois os demais não necessitavam aprender. Pensamento fundamentado na dominação via controle do saber. Romanelli (2002) aponta dois fatores fundamentais na formação do modelo educacional brasileiro: a organização social e o conteúdo cultural vindo das colônias. Assim apenas a minoria tinha direito à educação, eram eles os donos de terra, senhores de engenho, por exemplo. Segundo Konkel, Cardoso e Hoff (2005, p. 52):

> A falta de acesso à alfabetização resultou que poucas mulheres sabiam ler e escrever até o final do século XIX e impediu uma leitura mais precisa do mundo, pois a escrita é um instrumento de manifestação de desejos e de opiniões.

A precária instrução elementar só iniciou efetivamente para as mulheres com a constituição do Império em 1827, que instituiu para as meninas as mesmas instruções dos meninos. E apenas em 1876 se propôs a coeducação de sexos no Ensino Público.

A industrialização no século XIX causou grandes transformações na sociedade e na vida da mulher, que passou a agregar os afazeres domésticos aos profissionais. A escola voltada para o "povo", população menos favorecida, e, por conseguinte, os adultos trabalhadores, homens e mulheres, fora forjada pela necessidade das indústrias, *a posteriori* da revolução industrial, tendo em vista que os trabalhos nas indústrias necessitavam de mão de obra com conhecimentos básicos para operacionalizar algumas máquinas. Em 1920 o Brasil atingiu 72% de analfabetismo e em 1934 o Plano Nacional de Educação passou a prever para os jovens e adultos um ensino primário integral e gratuito, primeiro plano a considerar a educação de jovens e adultos (STRELHOW, 2010), sendo que só em 1945 a Educação de Jovens e Adultos – EJA passou a ser oficial com a aprovação do Decreto nº 19.513, de 25 de agosto de 1945, "Daí por diante novos projetos e campanhas foram lançados com o intuito de alfabetizar jovens e adultos que não tiveram acesso à educação em período regular" (BESERRA; BARRETO, 2014, p. 167).

Até então, modelos europeus eram utilizados, e só após quase 450 anos de colonização/exploração/imposição, começa-se a ensaiar um sistema educativo próprio brasileiro, com a publicação da primeira Lei de Diretrizes e Bases da Educação Nacional, publicada em 20 de dezembro de 1961, que instituiu a obrigatoriedade da educação e passando a definir e regularizar o sistema educacional brasileiro.

Nesse mesmo período inicia-se um levante, tanto por campanhas governamentais, como pelos movimentos sociais e culturais, para enfrentar os altos índices de analfabetismo brasileiro, que apesar de uma queda, ainda circundava os 40%. Foi neste, contexto que surgiram então alguns programas de caráter popular, como o Movimento de Educação de Base (MEB), Centro Popular de Cultura (CPC) e o Movimento de Cultura Popular (MCP) idealizado por Paulo Freire. No final dos anos 1960, Freire escreve Pedagogia do Oprimido, que o inicia dedicando "Aos esfarrapados do mundo, e aos que nele se descobrem e, assim descobrindo-se, com eles sofrem, mas, sobretudo, lutam" (FREIRE, 1987, p. 12).

É possível constatar, após essa breve pontuação de fatos históricos, que a luta por uma educação de qualidade e equânime ainda é intensa, porém ainda sentimos o reflexo da história da educação construída no Brasil. A Educação na atualidade ainda continua sendo pensada pela elite, desconsiderando na maioria das vezes a população de menor renda e ela ainda é meio de disseminação do machismo, da discriminação social e marginalização.

Atualmente vivemos numa sociedade educacional que fragmenta o saber em disciplinas, e isso é replicado nas escolas do campo contrariando os pilares necessários para uma Educação do/no campo, que seja emancipatória. Contudo, tendo em vista as necessidades pedagógicas atuais, é necessário promover uma valorização identitária para e pertencimento dos estudantes, em especial os que são sujeitos da EJA.

A EJA, na atualidade, tem o desafio que vai além de garantir o acesso irrestrito: possibilitar a permanência desses sujeitos jovens e adultos na educação escolarizada. Sua permanência perpassa não apenas pelas dimensões pedagógicas como também por situações que extrapolam os muros escolares. E no contexto feminino esses desafios são ainda maiores.

O ato de conhecer e refletir sobre essa realidade deverá possibilitar ao professor (a) um posicionamento crítico sobre a sua prática. Para Agamben (2009), a contemporaneidade tem as vertebras quebradas, o seu dorso está fraturado e estamos exatamente no ponto da fratura. Ser contemporâneo é fazer dessa fratura o lugar de compromisso e de um encontro de tempo e gerações. E o (a) professor (a) deve "saber escutar"[51] pois se escutar paciente e criticamente ele conseguirá falar com o (a) educando (a)[52], mesmo que precise falar a ele. A escola por sua vez tem um importante papel de percepção desses sujeitos invisíveis, sendo necessário atentar-se para o papel do (a) educador (a) frente a esse (a) estudante jovem e adulto (a) que chegam à sala de aula cheios de conhecimento de mundo (teorias, explicações, hipóteses...).

Lidar com a evasão, nesse sentido, é uma dificuldade que preocupa todos os sujeitos que integram a escola, uma interrupção dos estudos que acontece por vários determinantes (dificuldades socioeconômicas, psicológicas, entre outras), sendo um desafio superá-los. Sobre estas indagações Arroyo (2005, p. 23) explicita:

> [...] a juventude e a vida adulta são tempos específicos de vida de sujeitos históricos que vivenciam, de forma peculiar, seus direitos à educação, ao conhecimento, à cultura, à memória, à identidade, à formação e ao desenvolvimento pleno. Sob o prisma escolar, são vistos como estudantes que foram privados dos bens simbólicos pertinentes ao mundo da escola e que não tiveram acesso na infância e na adolescência, ao ensino fundamental, ou dele foram excluídos ou dele se evadiram.

As razões da evasão escolar extrapolam os muros da escola, caracterizadas por diversos fatores: quando o (a) jovem adulto tem suas condições de acesso e segurança precárias, horário incompatível com suas responsabilidades, e quando mulher e mãe, neste caso específico, ainda mais vulneráveis por precisarem cuidar da casa e da família, como aponta Fonseca (2005). Conhecer e refletir sobre essa realidade são atos que deverão possibilitar ao professor um posicionamento crítico sobre a sua prática.

A luta pela Educação de Jovens e Adultos, tem raízes históricas cravadas nos movimentos sociais de classe, mais especificamente marcada pela busca do direito à educação e terra travada pelo Movimento dos Trabalhadores Rurais Sem Terra (MST), movimento que deixou um legado para além dos preceitos iniciais da alfabetização de seus sujeitos, trazendo à baila a discussão por uma educação que respeite os saberes campesinos, que ampliaram a concepção de educação no campo para a Educação do/no Campo.

A Educação do Campo não é uma proposta de educação, e que segundo Caldart (2009, p. 42):

> E esta retomada vem exatamente da exigência do pensar a especificidade: considerar a realidade do campo na construção de políticas públicas e de pedagogia significa considerar os sujeitos da educação e considerar

51 Ver FREIRE, Paulo. **Pedagogia da Autonomia**. Rio de Janeiro: Paz e Terra, 2016.

52 "[...] Quando se refere a jovens e adultos, nomeia-os não como aprendizes de uma etapa de ensino, mas como educandos, ou seja, como sujeitos culturais e sociais, jovens e adultos" (ARROYO, 2005, p. 224).

> a prática social que forma estes sujeitos como seres humanos e como sujeitos coletivos. E não pretender que a educação/a pedagogia valha e se explique por e em si mesma.

Pensar uma educação do campo é ter sempre as vistas os preceitos que visam uma educação contra-hegemônica. As escolas reproduzem e legitimam formas particulares de vida social; são lugares que representam formas de conhecimento, práticas de linguagem, relações e valores sociais que são seleções e exclusões particulares de uma cultura mais ampla, portanto, elas não são locais neutros e seus sujeitos produzem "atos impuros", já estão carregadas de interesses políticos e ideológicos.

O protagonismo feminino e o surgimento das cirandas

O papel feminino sempre foi bem definido e inquestionável historicamente, responsável pelo lar e cuidado familiar, filhos e marido. Apenas! A sua educação escolar era apenas voltada às "prendas domésticas" (SILVA, 2015, p .93) e atualmente, apesar de conquistas, ainda percebemos no Brasil e em diversas culturas a subjugação da mulher, que é vista de forma inferior. Neste aspecto, Bila Sorj (apud EITERER; DIAS; COURA, 2014, p. 167) apontam que:

> as desigualdades e diferenças de gênero repousam sobre uma norma que associa o feminino à domesticidade e que se expressa na divisão sexual do trabalho, atribuindo prioritariamente às mulheres a responsabilidade com os cuidados da família.

Com a Revolução Industrial e o advento do capitalismo, a figura feminina passou a ser inserida no mercado de trabalho. A mulher passou a agregar afazeres profissionais e domésticos, segundo Eiterer, Dias e Coura (2014, p. 168):

> Na sua dupla natureza, como trabalho remunerado e não remunerado, o trabalho doméstico é, em grande parte, trabalho de natureza reprodutiva. Diferentemente do trabalho produtivo, considerado sincrônico, cuja natureza é definida por ter claramente demarcado um início e um fim, o trabalho reprodutivo é diacrônico, ininterrupto, invisível. Ele transborda fronteiras, frequentemente a mulher-mãe concilia a tarefa de cuidado da prole, monitorando a rotina da casa desde seu trabalho remunerado.

Na contemporaneidade não é diferente, pois a mulher vem procurando cada vez mais sua independência, e a necessidade de estudar vem junto. Isto caracteriza o aumento da escolarização feminina em todas as faixas etárias.

No campo, em especial nos movimentos sociais campesinos, essas diferenças relacionadas à subjugação feminina foram ultrapassadas, e assim como na concepção indígena, a mulher tem um papel protagonista. O papel feminino veio ganhando valorização para além dos afazeres domésticos, sendo importante também para a luta social. Neste contexto surgiram as cirandas para garantir sua participação na luta política, formação social e também de todo processo produtivo.

As Cirandas Infantis nasceram no Movimento Sem Terra – MST, com o intuito de acolher as Mulheres/Mães que desejavam militar e que necessitavam de cuidadores (as) para suas crianças durante as reuniões. O nome Ciranda não surge por acaso, como aponta Bihain (2001), pois configura desejo de expressar os processos educativos às crianças de 0 a 6 anos, como também ao "direito de ser criança, enquanto sujeitos de direito" (BIHAIN, 2001, p. 30).

Seu surgimento decorreu a partir da experiência vivenciada na Cooperativa de Produção Agrícola – COOPAUL (Hulha Negra – Rio Grande do Sul), onde os assentados organizavam os trabalhos de forma coletiva; nele foi criada uma creche para atender as crianças pequenas enquanto seus pais trabalhavam, porém não havia infraestrutura adequada para atender as necessidades das crianças (horários de sono, momentos de lazer e brincar) sem atrativos, ocupações e conforto. Nestes espaços as crianças maiores e jovens educadoras atendiam os pequenos, mesmo com as dificuldades, percebendo-se ali a luta por espaço de direito para que a mulher participasse dos processos produtivos (BIHAIN, 2001).

Partindo das discussões sobre "o grande número de analfabetos nos assentamentos e a dificuldade de inserção da mulher nos processos produtivos sem que houvesse alternativa para a questão do cuidado das crianças pequenas" (CALDART, 1997, p. 354), constitui-se a Comissão de Educação Infantil, com a tarefa de planejar e pensar os "processos de organicidade" na formação de educadores e educadores leigos, e, como primeiro passo, a comissão traçou o Plano de Ação e após constituiu a Ciranda Infantil Nacional do MST (BIHAIN, 2001).

Lembrando criança em ação, o termo "Ciranda" evidencia a importância do momento de brincar, tendo o direito de agir, oportunizando a descoberta, o experimento, e a busca de desafios, de perguntas/resposta. Para Bihain (2001, p. 31):

> este espaço deve ser agradável, afetuoso, seguro, para que possa se sentir segura, amada, atendida e com liberdade. Que nessa ação sejam construídas relações consigo mesma, sejam desenvolvidas as diferenças formas de expressões. Que sejam cultivados e vivenciados valores como o amor, a responsabilidade e a solidariedade para com os outros.

Espaços de acolhimento de crianças durante a formação educativa social de seus pais, apesar nascer nas cirandas dos movimentos sociais, vem ganhando espaço no combate às desigualdades de acesso a escolarização, com o intento de garantir a execução do art. 3º, inciso I, "igualdade de condições para o acesso e permanência na escola". Grande exemplo de política de Estado neste viés, destaca-se a Paraíba, que possui em sua capital João Pessoa uma proposta interventiva de acolhimento infantil, desde o ano de 2006, ação nomeada de Filhos da EJA.

Segundo Silva (2016, p. 32) tal projeto traz estabilidade emocional ao(a) estudante da EJA, e sua tranquilidade enquanto estuda, tendo em vista que seus "filhos" (crianças de 3 a 12 anos que estão sob sua tutela) são acolhidos pelo projeto, numa sala de aula na mesma instituição escolar. Com o objetivo principal de (SILVA 2016, p. 32-3):

> cuidar do(a)s filho(a)s do(a)s estudantes da EJA durante o período das aulas intervindo na evasão escolar na modalidade de ensino EJA, é também a oportunidade que os alunos têm de voltar a estudar ou até mesmo retomar os 33 estudos. Uma vez que os alunos possuem família e filhos. Deste modo, estes alunos (as) EJA procuram a escolas que tenham esse Projeto, permitindo o seu acesso e permanência de forma que se sintam seguros e acolhidos.

Na Bahia temos o exemplo do programa Projovem Campo[53], programa do Governo do Federal e executado pelo Governo Estadual, o que prevê salas de acolhimento para as crianças de 0 a 8 anos, filhos e filhas desses jovens. Estas salas de acolhimento possuem, na teoria, materiais, alimentação e profissional especializado para estar com as crianças enquanto sua mãe e/ou seu pai está em sala de aula.

Ambas as experiências de acolhimento são estratégias com parceria e financiamento do Governo Federal a partir da resolução 13/2017, mas que foi implementada pelo MEC a partir de 2012 para o Projovem Urbano e, em 2014, para o Projovem Campo Saberes da Terra, objetivando o atendimento de uma demanda dos jovens que queriam retomar seus estudos, mas não tinham com quem deixar os filhos. De acordo a Assessoria de Comunicação Social do MEC (BRASIL, 2012):

> esses equipamentos são desenvolvidos por estados e municípios, que fazem adesão aos dois programas. Os recursos são destinados à contratação de até dois educadores para cada sala, aquisição de gêneros alimentícios e de material apropriado, como tapetes, colchonetes, brinquedos pedagógicos e fraldas.

---

53 Projovem Campo Saberes da Terra (Programa Nacional de Inclusão de Jovens) é um programa do MEC, destinado a jovens agricultores familiares com 18 a 29 anos que, por diversos motivos, foram excluídos da escolarização, a fim de reintegrá-los ao processo educacional, elevar sua escolaridade e promover sua formação social e qualificação profissional.

O Projovem é uma iniciativa que não substitui a creche, a educação infantil ou o ensino fundamental, nem há frequência obrigatória. Ele funciona nas escolas onde os pais estejam matriculados e frequentem os cursos, sendo destinado aos jovens na faixa dos 18 aos 29 anos e tem duração de 18 meses.

As ações do Projeto Filhos da EJA e dos programas Projovem Campo e Projovem Urbano possibilitam aos estudantes pais, mais especificamente às mulheres-mães, uma maior possibilidade de acesso à educação, enfrentando os obstáculos das responsabilidades familiares.

Percurso metodológico

Atualmente é comum encontrarmos na rede pública de ensino vários problemas educativos e pedagógicos. Alunos sem perspectiva, professores desanimados, por não serem valorados, por não terem condições mínimas de trabalho decente da docência, sem falarmos da falta de infraestrutura e da violência. A Educação está em crise e sobre isso Arendt (1972, p. 247) aponta que ela é "o ponto em que decidimos se amamos o mundo o bastante para assumirmos a responsabilidade por ele e, com tal gesto, salvá-lo da ruína que seria inevitável não fosse a renovação e a vinda dos novos e dos jovens", e por assumir tal responsabilidade a pesquisa-ação foi a metodologia elegida por saber que o privilegia a melhora da prática e não apenas geram conhecimento cientifico".

As ações interventivas realizadas propunham a melhoria da educação das mulheres mães, que apesar de terem seus direitos à educação escolarizada garantidos pela constituição, não tem oportunidades de acesso e permanência igualitários a outros jovens ou adultos, pois têm obrigações familiares que interferem nesse percurso. Sendo assim a escolha da Pesquisa-ação foi determinada devido ao seu cunho político, e em especial por possibilitar contornar as limitações da realidade, particularidade da modalidade Socialmente Crítica, já que contesta o sistema atual que opera injustamente. Segundo Tripp (2005, p. 458):

> Geralmente, isso é definido na literatura por mudanças tais como: aumento de igualdade e oportunidade, melhor atendimento às necessidades das pessoas, tolerância e compreensão para com os outros, cooperação maior e mais eficiente, maior valorização das pessoas (de si mesmo e dos outros) e assim por diante. Essas são as "grandes ideias" de uma sociedade democrática.

Para garantir a completude cíclica do processo da Pesquisa-ação, diversas técnicas metodológicas foram utilizadas. As ações foram realizadas em duas etapas que estão expressas no quadro resumo a seguir.

Figura 1 – Quadro resumo das ações realizadas na pesquisa-ação – Fase 3 – A) 1º ciclo/etapa: realizado em 2017; B) 2º ciclo/etapa: realizada em 2018

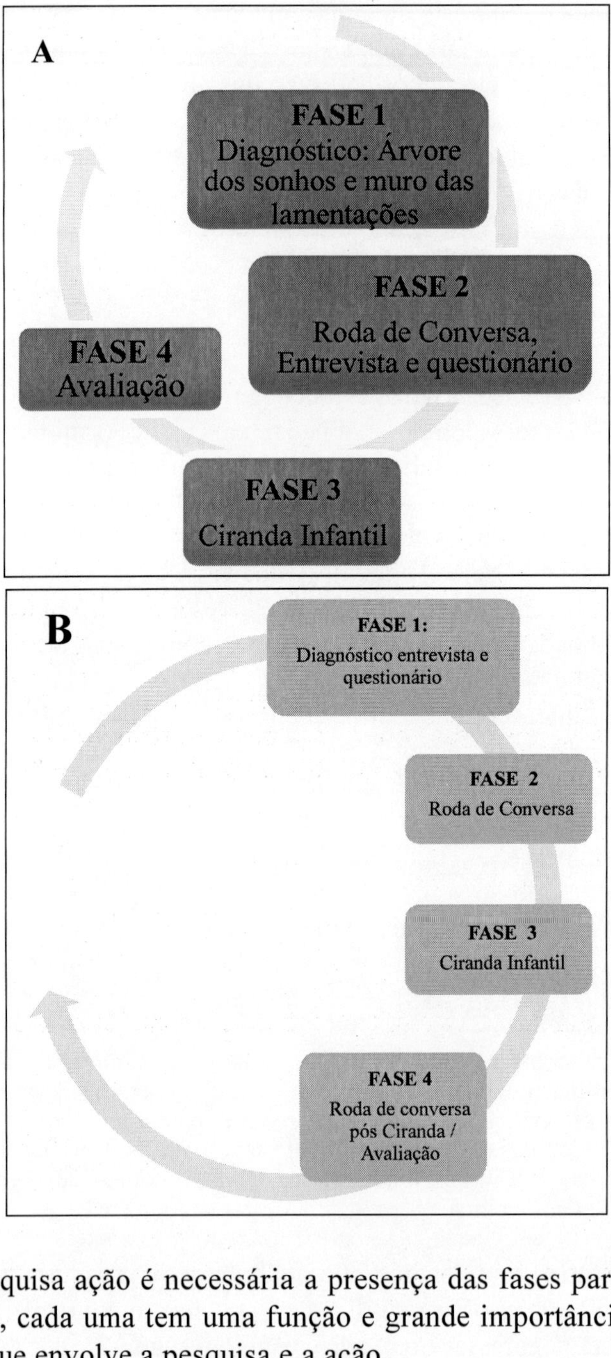

Na pesquisa ação é necessária a presença das fases para a completude cíclica, cada uma tem uma função e grande importância na feitura do estudo que envolve a pesquisa e a ação.

Ações da pesquisa

Thiollent (2011, p. 55) aponta que o planejamento da pesquisa-ação é muito flexível, tendo como ponto de partida a fase exploratória, que aqui trataremos como Diagnóstico, assim como sugere Dionne (2007). Nesta primeira fase, foi realizada uma oficina com todos os estudantes, com a função de fazer uma identificação da situação inicial.

Durante a execução da oficina diagnóstica surgiu o desejo de possibilitar um espaço de acolhimento às crianças das mães estudante da EJA, primeiramente a partir do desejo de trabalhar com as mulheres e apenas posteriormente vem o *insight* de promover oficinas para acolhimento dos filhos das estudantes da EJA, e experienciar a atividade.

Os sujeitos da pesquisa foram dez estudantes-mães[54] matriculadas na EJA (Eixo IV e Eixo V), nos anos de 2017 e 2018, na Escola Municipal João Pereira de Pinho, localizada na comunidade de Tapuio, em Araci-Ba. As cirandas de acolhimento dos filhos (a) das estudantes-mães foram realizadas, em sala específica, na mesma escola em que as mães estudavam.

Na primeira Ciranda, realizada em 2017, houve a participação de três estudantes-mães, apenas duas levaram seus filhos para participar da ciranda, a terceira não levou a filha alegando que a criança era muito pequena, (1 ano e 8 meses), ao ser questionada sobre a possibilidade de levar a criança para a escola ela respondeu: "minha mãe não deixa" e que "eu gostaria, mas... não dá pra trazer não, não dá para estudar não! não dá pra estudar." Nesta oportunidade foram realizadas atividades que exercitaram a criatividade das crianças, como desenho livre, montagem de blocos, uso de tapete pedagógico com as letras do alfabeto, e finalizado com pintura sobre as mães (as crianças gostaram bastante pois tiveram a oportunidade de brincar com brinquedos que não tinham condições, além da atividade de pintura com tinta).

Na segunda Ciranda, realizada em 2018, como primeira atividade foi realizada a montagem de blocos, os blocos de montar; logo depois foi realizada a pintura sobre sua casa e família, sendo que a pintura poderia ser feita de diversos materiais, tinta guache, lápis de cor e de cera, hidrocor (acreditamos que nesta atividade por serem crianças maiores, e por haver um número maior de meninas, diferente da primeira ciranda, demorou bastante e não foi possível a contação de história com fantoches como havia programado).

54 Composto não sintagmático por coordenação, já que ambas pertencem à mesma classe gramatical, são substantivos, em que o primeiro é o determinado e o segundo termo é o determinante já que a estudante carrega a característica de ser mãe, delimita dentro da classe 'estudante' a classe menos ampla que é ser 'mãe', e nessa ótica 'mãe' passa a ser um adjetivo, se tornando assim o melhor termo para a representação significativa dos sujeitos (SANTOS, 2018).

Em ambas as cirandas foram possíveis exercitar os princípios propostos pela Ciranda do movimento social, de criança em ação, possibilitando o momento de brincar, tendo o direito de agir, oportunizando a descoberta, o experimento, e a busca de desafios.

Durante o estudo foi realizada uma roda de conversa anterior à ciranda e outra posterior à ciranda, dentre as falas das estudantes-mães ficaram evidentes as seguintes questões:

- As questões familiares de ser mãe, cuidar da casa, ter que trabalhar para o sustento, compõem a arcabouço de motivos que foram ou são impedimento ou dificuldade para ao acesso e permanência na escola;
- Todas as estudantes-mães relataram precisar de ajuda para cuidar dos filhos, sendo que apenas em 21% o pai fazia esse papel;
- Estreita relação entre a construção da família e o abandono escolar precoce, na adolescência ainda (gravidez precoce);
- Média de sete anos fora da escola (abandono);
- O retorno à sala de aula está intimamente ligado às questões afetivas familiares. Muitas delas se afastaram por terem constituído família, e o seu retorno também se motiva por essas relações;
- Perda de oportunidade de trabalho por não ter estudo, e, por ter filho "foi uma complicação a mais";
- Evidente relação entre a maternidade e a desemprego, ou pelo menos a complicação de acesso a melhores condições de trabalho;
- Necessidade de uma política que garanta não apenas o acesso destas jovens e adultos para que dê condições de permanência das mesmas;
- A ciranda além de possibilitar a segurança de acesso e permanência, possibilita a interação e o desenvolvimento das crianças que participam dela promovendo uma ampliação de laços afetivos.

Trilhando um recomeço

Considerando toda a evolução histórica da mulher na educação, percebe-se que, mesmo havendo muitas conquistas, ainda temos um longo caminho a percorrer, sendo imprescindível haver uma educação que leve em consideração as histórias/peculiaridades da mulher-mãe, jovem ou adulta, ou avó idosa, no contexto escolar. Precisamos de escolas que as acolham, da implementação urgente de Políticas Públicas que possibilitem o acesso e a permanência desses tantas estudantes-mães em potencial, oportunizando-as a ação de uma educação transgressora e emancipatória, pois sabe-se que na contemporaneidade a escolarização é um ponto crucial para se alcançar empregos mais dignos. A escolarização não garante apenas a possibilidade deste acesso, mas possibilita algo ainda mais importante que é o empoderamento feminino e a emancipação do sujeito.

A realização das Cirandas proporcionou verificar na prática os pontos positivos de se ter salas de acolhimento durante as atividades escolares. As questões familiares sempre estão entranhadas nos motivos de abandono e retorno à escolarização, e propiciar que a mulher-mãe tenha uma tranquilidade de ser estudante-mãe, e uma segurança para sua permanência no processo de escolarização.

Promover uma educação que forje no seu cerne os princípios campesinos da educação do campo, captando experiências dos movimentos sociais, como neste caso o exemplo das Cirandas, originárias do MST, possibilitaram a partir de ações a inserção das mães nos processos formativos da comunidade, bem como também das crianças.

Refletir sobre o alcance dos objetivos do projeto de pesquisa que originou este trabalho foi importante pensar sobre a análise que pode ser feita das histórias de vida das estudantes-mães da EJA desta escola, reafirmando a importância de ações que auxiliem na resolução de conflitos que porventura venham a *interferir na efetivação de uma educação emancipatória.*

Os impactos deste trabalho nos fizeram refletir sobre a importância de realização de ações que promovem espaços de acolhimento infantil, para que outras mulheres mães possam se tornar estudantes-mães e assim passem a ter a possibilidade de acesso à escolarização que por ventura lhe tenha sido impossibilitada, além de permitir novas reflexões sobre tantas outras questões que envolvem a Educação de Jovens e Adultos e a Educação do Campo. E neste contexto atual recomeçar, re-existir e resistir são imprescindíveis!

REFERÊNCIAS

AGAMBEN, Giorgio. "O que é o Contemporâneo?" In: O QUE é o Contemporâneo? e outros ensaios. Trad. Vinícius Nicastro Honesko. Chapecó, SC: Argos, 2009.

ARENDT, Hannah. **A crise na educação**. Entre o passado e o futuro. São Paulo: Perspectiva, 1972.

ARROYO, Miguel Gonzales. Educação de jovens-adultos: um campo de direitos e de responsabilidade pública. In: SOARES, José Leôncio Gomes; GIOVANETTI, Maria Amélia; GOMES, Nilma Lino. **Diálogos na educação de jovens e adultos**. Belo Horizonte: Autêntica, 2005. p. 19-50.

BESERRA, Valesca; BARRETO, Maribel Oliveira. Trajetória da educação de jovens e adultos: histórico no Brasil, perspectivas atuais e conscientização na alfabetização de adultos. **Cairu em revista**, ano 03, n. 04, p. 164-19, jul./ago. 2014.

BIHAIN, N. M. **A trajetória da educação infantil no MST**: de ciranda em ciranda aprendendo a cirandar. 2001. Dissertação (Mestrado em Educação). Universidade Federal do Rio Grande do Sul, 2001.

BRANDÃO, Carlos Rodrigues. **O que Educação**. São Paulo: Abril Cultural, 1985.

BRASIL. **Lei 9.394, 26 de dezembro de 1996**. Diretrizes e Bases da Educação Nacional. Brasília: DF, 1996.

______. MEC. SECADI. **Nota Técnica nº 001**. Brasília: 2012.

______. Ministério da Educação. **Indicadores demográficos e educacionais**. Disponível em: <http://portal.mec.gov.br/ide/>. Acesso em: 08 maio 2013.

CALDART, R. et al. (Org.). **Dicionário da Educação do... de uma nova escola**. São Paulo: Expressão Popular, 2009.

CALDART, R. S. Formação de educadores e educadoras no MST: um currículo em movimento. **Contexto & Educação**, Ijuí, v. 11, p. 35-61, 1997.

EITERER, Carmem Lucia; DIAS, Jacqueline D'arc; COURA, Marina. Aspectos da escolarização de mulheres na EJA. **Revista Perspectiva**, p. 161-180, jan./abr. 2014.

FONSECA, Maria Conceição F. R. **Educação matemática de jovens e adultos**. 2. ed. Belo Horizonte: Autentico, 2005.

FOUCAULT, Michel. **Vigiar e punir**: a história da violência nas prisões. Petrópolis: Vozes, 2009.

FREIRE, Paulo. **Pedagogia do Oprimido**. Rio de Janeiro: Paz e Terra, 1987.

KONKEL, Eliane Nilsen; CARDOSO, Maria Angélica; HOFF, Sandino. **A condição social e educacional das mulheres no Brasil Colonial e Imperial**. Roteiro: Unoesc, 2005.

NARVAZ, Martha Giudice; SANT'ANNA, Sita Mara Lopes; TESSELER Fani Averbugh. Gênero e Educação de jovens e adultos: a histórica exclusão das mulheres dos espaços de saber-poder. **Canoas**, n. 23, ago. 2013.

RIBEIRO, Arilda Ines Miranda. Mulheres Educadas na Colônia. In: LOPES, Eliane Marta Teixeira; FILHO, Luciano Mendes de Faria; VEIGA, Cynthia Greive (Orgs.). **500 Anos de Educação no Brasil**. 2. ed. Belo Horizonte, MG: Autêntica, 2000. p. 79-94.

ROMANELLI, O. **História da Educação no Brasil (1930/1973)**. 27. ed. Petrópolis: Vozes, 2002.

SANTOS, Akiko. Complexidade e transdisciplinaridade em educação: cinco princípios para resgatar o elo perdido. **Revista Brasileira de educação**, v. 13, n 37, jan./jun. 2008.

SANTOS, Katiuscia da Silva. **Cirandas na EJA**: estudantes-mães em (re)existência na comunidade Tapuio, Araci (Ba). 2018. Monografia (Especialização). Instituto Federal Baiano, Serrinha, 2018.

SILVA, Kallyne Lygia Ferreira da. **Projeto Filhos da EJA**: uma proposta interventiva da Prefeitura Municipal de João Pessoa – Paraíba. 2016. 66f. Monografia (Graduação em Pedagogia). Universidade Federal da Paraíba, 2016.

Disponível em: <https://repositorio.ufpb.br/jspui/bitstream/123456789/1975/1/KLFS26082016>. Acesso em: 20 nov. 2018.

STRELHOW, Thyeles Bocart. Breve história sobre Educação e Adultos no Brasil. **Revista Hitedbr on-line**, Campinas, p. 49-59, 2010.

TRIPP. David. Pesquisa-Ação: Uma introdução metodológica. Tradução de Lólio Lourenço de Oliveira. **Revista Educação e Pesquisa**, Universidade de Murdoch. São Paulo, v. 31, n. 3, p. 443-466, set./dez. 2005.

ETNOPEDAGOGIA: um diálogo inicial

Selma dos Santos

"[...] *o homem, para conhecer as coisas em si, deve primeiro transformá-las em coisas para si; para conhecer as coisas como são independentemente de si, tem primeiro de submetê-las à própria práxis: para poder constatar como são elas quando não estão em contacto consigo, tem primeiro de entrar em contacto com elas. O conhecimento não é contemplação. A contemplação do mundo se baseia nos resultados da práxis humana. O homem só conhece a realidade na medida em que ele cria a realidade humana e se comporta antes de tudo como ser prático* [...]" (KOSIK, 1989, p. 22).

Introdução

A concepção de educação em que a palavra é dada ao povo, para falar de sua vida, como passo fundamental para o desenvolvimento da autonomia e o engajamento na transformação do mundo a partir de um novo paradigma epistemológico, nos impulsiona a pensar o objeto de estudo que é conceituado e caracterizado como etnopedagogia. O problema, como explicar a complexidade humana da educação, da cultura e da produção de conhecimento através de áreas de conhecimento sem se sobrepor uma à outra? O objetivo: analisar elementos das diversas áreas de conhecimento que possam constituir um corpus teórico de explicação etnopedagógica a complexidade humana da educação, dos sistemas de crenças, da produção de conhecimento.

A etnopedagogia, proposta aqui, tal como a etnometodologia considera o conhecimento do senso comum, as crenças e os comportamentos como constituintes necessários de "toda conduta socialmente organizada" (COULON, 1995, p. 35).

As várias áreas de conhecimento contribuem com seu conhecimento específico, formando um todo complexo indissociável do conhecer humano. Complexo esse que pode ser compreendido a partir da análise do 'etno'[55].

Assim, a interpretação será considerada como indissociável da ação que é compartilhada entre os atores sociais. A interpretação dos conhecimentos

55 Etno se refere a grupos culturais identificáveis, como por exemplo, sociedades nacionais – tribais, grupais, sindicais e profissionais, crianças de uma certa faixa etária etc. – inclui memória cultural, códigos, símbolos, mitos e até maneiras específicas de raciocinar e inferir (D'AMBROSIO, 1998, p. 18).

do povo é o produto de um modo de conhecimento prático reflexivo que, por si só, tornou-se objeto da pesquisa.

Faz-se necessário, durante o estudo, perceber a complexidade como a incompletude do conhecimento. Pois, segundo Morin (1999) o pensamento complexo comporta em seu interior um princípio de incompletude e de incerteza. Ele propõe, ainda, a junção do princípio dialógico ao princípio hologramático no qual, de certa maneira, o todo está na parte que está no todo, como num holograma.

Morin (1999), objetivamente, nos oferece, em oposição ao paradigma clássico da simplificação, os fundamentos do novo paradigma complexo, capaz de ampliar os horizontes da explicação científica, tanto nas ciências físicas e biológicas, como nas sociais. E, assim, tentaremos explicar a etnopedagogia.

Conceito de etnopedagogia

A etnopedagogia pode ser entendida como o conjunto dos estudos na interface pedagógica/antropológica. Essa interface vai além de uma simples relação entre as duas ciências; ela compreende a complexidade que está implícita nas inter-relações educação, homem e sistemas culturais. Do ponto de vista epistemológico, isso é de suma importância, pois começa a configurar-se uma resposta concreta à crise do paradigma cartesiano de disciplinas gerando disciplinas.

A etnopedagogia é um (entre)cruzamento de saberes; procura respeitar os referenciais do "outro" e impõe a presença de uma equipe interdisciplinar em constante interação. A frequência dessa presença é tanto maior quanto mais se manifesta a alteridade. A etnopedagogia serve para mediar o respeito entre as diferentes culturas, como *phronesis*[56] dedicada à compreensão e respeito mútuo entre os povos, entre a escola e o aluno, e utiliza da contribuição de várias disciplinas para explicar o objeto pesquisado – educação, homem, sistemas culturais e paradigma epistemológico.

A etnopedagogia, reafirmando, é um (entre)cruzamento de saberes que reúne pessoas diferentes, com graus variados de competências, conhecimentos e habilidades específicas, em situações de mútua aprendizagem. Ela constitui

56 [...] pretende-se um senso comum esclarecido e uma ciência prudente, ou melhor, uma nova configuração do saber que se aproxima da phronesis aristotélica, ou seja, um saber prático que dá sentido e orientação à existência e cria o hábito de decidir bem. Aproximando-se, embora, da phronesis aristotélica, a nova configuração do saber distingue-se contudo dela. A phronesis combina o caráter prático e prudente do senso comum com o caráter segregado e elitista da ciência, uma vez que é um saber que só cabe aos mais esclarecidos, isto é, aos sábios. A dupla ruptura epistemológica tem por objeto criar uma forma de conhecimento, ou melhor, uma configuração de conhecimentos que, sendo prática, não deixe de ser esclarecida e, sendo sábia, não deixe de estar democraticamente distribuída. [...] (SANTOS, 1989, p. 41-42).

o processo de construção e organização da reflexão coletiva sobre as determinações naturais e histórico-sociais, procura respeitar os referenciais do "outro". As várias disciplinas contribuem com seu conhecimento específico, formando um todo complexo indissociável do conhecer humano. Complexo esse que pode ser compreendido a partir da análise do '*etno*'.

O '*etno*' é a representação do humano nas ações humanas. Compreende-se um objeto cultural relacionando-o à atividade humana e é a atividade que circunscreve a historicidade dos objetos culturais, aos quais atribuem-se significados. O '*etno*' passa a ser a marca do esforço pedagógico de educar uma sociedade por não legitimar uma só cultura e um só padrão cultural, mas diversas manifestações de conhecimento em uma sociedade.

Assim, a interpretação é considerada como indissociável da ação que é compartilhada entre atores sociais. A interpretação dos conhecimentos do povo na pesquisa é o produto de um modo de conhecimento reflexivo que, por si só, torna-se objeto da pesquisa, questionada cientificamente.

A etnopedagogia é um estudo das práticas e das ideias educacionais nas suas relações com o conjunto da vida cultural e social, que resgata a diversidade cultural e a dinâmica das relações 'ser humano de uma dada cultura/escola', se aproximando da realidade sociocultural, sempre diverso do nosso, mesmo em algumas situações fazendo parte da mesma sociedade. O fato de a escola desconsiderar o produto sociocultural do conhecimento que não é produzido em seu interior provoca atualmente sua fragilidade, pois a riqueza está em reconhecer a multiplicidade do pensamento como produto e a singularidade como processo (educar).

A presença de Paulo Freire na etnopedagogia

A pedagogia de Freire tem suas bases no Existencialismo, no Marxismo e no Cristianismo; valoriza o ser homem social, a compreensão, o diálogo, a esperança e o amor. Entende que ensinar não é transmitir mecanicamente o conhecimento. A transmissão de conhecimento exige a consciência do inacabamento (o ser está sempre aprendendo e re-significando o conhecido), o respeito à autonomia do ser do aprendiz, o saber escutar e o reconhecimento de que a educação acontece com o diálogo.

Propondo uma educação problematizadora para discutir os problemas da realidade e não ocultá-los, despertando o indivíduo, libertando-o do medo, para levá-lo à conscientização, a concepção de Freire aproxima da educação formal os valores das pessoas. Pode-se fomentar a existência dos valores das pessoas e da sua aproximação com os estudos científicos, talvez na perspectiva de uma "ciência decente".

Os valores das pessoas podem abrir a possibilidade de uma revisão sobre o senso comum.

O valor é entendido como "a participação na cultura como complexo unitário. Aquilo que se insere nesse complexo e contribui para a sua unidade, para a sua integração, constitui um bem. Deve ser valorizado, adquirido, mantido, transmitido" (BERNARDI, 1978, p. 36). O mundo é um espaço culturalmente partilhado, o conhecimento é sensivelmente socializado: considerados os problemas de origem e de distribuição presentes na socialização do conhecimento.

O conhecimento "é uma capacidade disponível a nós, seres humanos, para que processemos de forma mais adequada a nossa vida, com menos riscos e menos perigos" (LUCKESI et al., 2000, p. 51). Todo o conhecimento é uma prática social de conhecimentos, ou seja, só existe na medida em que é protagonizado e mobilizado por um grupo social, atuando num campo social em que atuam outros grupos rivais protagonistas ou titulares de formas rivais de conhecimento (SANTOS, 1989).

Os seres humanos atribuem valores e importâncias diferentes aos objetos que existem no mundo e com os quais se relacionam, o que determina o *sistema de pertença* que vem sempre acompanhado de um saber. O saber é uma fala verdadeira com explicação objetiva ou subjetiva.

A concepção de educação (partindo da perspectiva dos dominados) de Freire diz que a palavra está com o povo, para falar de sua vida, como passo fundamental para o desenvolvimento da autonomia e o engajamento na transformação do mundo. Freire preocupado com a educação dos adultos insistia em dizer que a palavra é transformar o mundo, pois, ao dizer a própria palavra as pessoas começam a construir conscientemente seus próprios caminhos. Essa construção parte de problemas locais e, detendo-se em esclarecer conceitos e palavras, de maneira a fazer emergir uma tomada de consciência dos problemas busca a superação tanto o individualismo quanto o localismo.

Freire defende o diálogo e a cooperação entre sujeitos na busca de problematizar, compreender e transformar a realidade. Ele busca respeitar e valorizar a cultura do aluno. Tem a pedagogia como prática libertadora.

Com base na concepção de educação que dá a palavra ao povo, pode repercutir numa etnopedagogia entendida como o conjunto dos estudos na interface pedagógica/antropológica. Essa interface vai além de uma simples relação entre as duas ciências. Ela compreende a complexidade que está implícita nas inter-relações entre educação e homem.

As relações humanas estão baseadas nas relações de poder. Relações essas em que um grupo se sobrepõe a outro. Na discussão da etnopedagogia o oprimido supera sua identificação com opressor – "os oprimidos hospedam o opressor em si" (FREIRE, 2002, p. 32) – e avança para a universalização do saber, respeitando as diferenças e vivenciando uma participação igualitária de todas as culturas do reclame social. A dificuldade de compreensão de como se dará tal demanda é decorrente da nossa formação que aceita a opressão com normalidade e, consequentemente a valorização do conhecimento de um determinado setor. Mas, o senso comum esclarecido vai além da identificação com seu opressor – conhecimento científico cartesiano.

A ideia de Freire (2002), o "homem *libertando-se*", é um aspecto crucial para o reconhecimento da etnopedagogia, porque traz o caráter novo para as vinculações pedagógicas, transformando as relações educativas em sentido de horizontalidade, destituindo dessa forma a verticalidade que ocorre nas relações educacionais.

A etnopedagogia é a devolução da palavra ao povo, como tanto apregoava Freire (2002, 2001). O sentido da pedagogia freireana é profundamente contra hegemônico e, a partir daí, essencialmente político (ROMÃO, 2002; SOUZA, 2002, STRECK, 2002). O que Freire propõe no seu trabalho é a transformação paradigmática para a construção do conhecimento e sua universalização a partir de uma concepção de educação partindo da perspectiva dos dominados. Concepção de educação, na qual os princípios, compromissos e estratégias implicam, no limite, uma visão de mundo a partir da perspectiva do oprimido. É um trabalho *com* o povo, libertando-o (ROMÃO, 2002).

A libertação do homem se dá através do diálogo e, implica que os sujeitos saem ao encontro uns dos outros para intercambiar bens, significados, afetos e compromissos.

> [...] Educador e educando (liderança e massas), co-intencionados à realidade, se encontram numa tarefa em que ambos são sujeitos no ato, não só de desvelá-la e, assim, criticamente conhecê-la, mas também no de recriar este conhecimento.
> Ao alcançarem, na reflexão e na ação em comum, este saber da realidade, se descobrem como seus refazedores permanentes. [...] (FREIRE, 2002, p. 56).

O que se pretende com a etnopedagogia é acabar, de uma vez por todas, a concepção de "educação bancária" – "o "saber" é uma doação dos que se julgam sábios aos que se julgam nada saber. Doação que se funda numa das manifestações instrumentais da ideologia da opressão – a absolutização da ignorância, que constitui o que chamamos de alienação da ignorância, segundo a qual esta se encontra sempre no outro" (p. 58) –. Quer se mostrar com a etnopedagogia que todos têm um saber e produzem conhecimento, que pode ser relativizado e que depende da visão de mundo de quem o possui e do uso que é feito desse saber. A educação e o conhecimento são processos de busca, de confronto e de redefinição do outro e do eu onde é expressa a subjetividade.

A proposta etnopedagógica considera a cultura local, tomando-a como ponto de partida para a inserção do sujeito no universo escolar. Essa consideração não deve ser vista aleatoriamente no âmbito educativo, mas como norteadora para abrigar o que há de comum no conhecimento de um país. É a ideia da construção de referenciais comuns ao processo educativo em todas as regiões do país.

Criando condições para que os sujeitos tenham acesso ao conjunto de conhecimentos socialmente elaborados e reconhecidos como necessários à integração social, a escola possibilitará a discussão da cultura oriunda de cada sujeito que faz parte do seu contexto. O conhecimento aprendido gera maior integração e inserção no mundo; a prática escolar, comprometida com a interdependência etnoconhecimentos-escola-sociedade, situará melhor os sujeitos participantes da sociedade, nas relações sociais de mercado de trabalho e de relacionamento humano.

Os sistemas educativos formais, cuja tendência tem sido a de privilegiar o acesso a um tipo de conhecimento, em detrimento de outras formas de conhecer, devem conceber a educação de forma mais ampla, seja ao procederem a reformas educativas, ou ao elaborarem propostas curriculares.

A sociedade brasileira demanda uma educação de qualidade, que garanta os conhecimentos essenciais de cidadãos autônomos, críticos e participativos, capazes de atuar com competência, dignidade e responsabilidade no meio social em que vivem e em que esperam ver atendidas suas necessidades individuais, sociais, políticas e econômicas. Então, é preciso romper com práticas inflexíveis, que utilizam os mesmos recursos independentemente dos sujeitos da aprendizagem. A dúvida entre o desejo da mudança e a certeza da prática pedagógica, desenvolvida a anos, geram o conflito dos profissionais de educação que procuraram romper a inflexibilidade de sua atuação. As tentativas frustradas de contextualizar os alunos levam esses profissionais à descrença de transformar por dentro a escola. Sem radicalizar, mas sem alçar voos para a liberdade, os profissionais de educação sofrem a doença afetiva de incapacidade crônica – eles não conseguem ver seus sonhos realizados, sentido norteador para discussão da diminuição da exclusão social.

Uma nova atuação em educação precisa considerar aspectos sociais, políticos, culturais e psicológicos. Só considerando os distintos aspectos em um todo integrado através da etnopedagogia é que o processo de escolarização formal pode passar de fato a colaborar para a atuação autônoma dos sujeitos, na construção de uma sociedade democrática.

É preciso redefinir um novo paradigma para a escola. Deve ser evitada a abordagem simplista de considerar a educação escolar o fator preponderante para as transformações sociais, mesmo reconhecendo-se sua importância na construção da democracia.

A escola precisa lançar mão do acolhimento dos sujeitos, reconhecendo a diversidade cultural e a diferenciação na demanda. Pois a visão única de padrão cultural faz com que muitos sujeitos evadam-se da escola ou nem sequer tenham acesso da invisibilidade que recebem, a exemplo, as mulheres encarceradas.

A escola deve considerar a questão cultural na sua proposta de sociedade para ser pertinente ao estudo de Freire, que tem como preocupação central "a educação, inclusive a escolar, como um problema cultural, como atividade cultural e um instrumento para o desenvolvimento da cultura, capaz de contribuir para a democratização fundamental da sociedade, da própria cultura e para o enriquecimento cultural de seus diferentes sujeitos, especialmente dos sujeitos populares" (SOUZA, 2002, p. 29).

Fundamentar a etnopedagogia é ter como pontos básicos o relativismo das culturas, a leitura do território, o imaginário, a dimensão histórica, a linguagem e a subjetividade.

A subjetividade

Para discutir a subjetividade e a relação que a mesma tem no universo da produção de conhecimento e saberes trago o sociólogo Santos (1999) por entender que a dupla ruptura epistemológica deve construir um paradigma que produza uma subjetividade emancipatória, capaz de reverter o processo de regulação social, subordinação e o conformismo. Capaz de aspirar à "ressocialização da equação interesse-capacidade" e a multidimensionalidade da própria subjetividade:

> [...] Se o novo paradigma epistemológico aspira a um conhecimento complexo, permeável a outros conhecimentos, local e articulável em rede com outros conhecimentos locais, a subjectividade que lhe faz jus deve ter características similares ou compatíveis [...] (SANTOS, 1999, p. 333).

Essa subjetividade emergente deve se ver e ver o mundo utilizando-se de retóricas e lógicas emancipatórias. Deve conceber e desejar alternativas sociais, buscando transformar as relações de poder em "relações de autoridade compartilhada".

A construção dessa subjetividade deve ser suficientemente competente para atuar junto às "competições paradigmáticas" estimuladas para explorar as alternativas de emancipação social. Santos (1999) propõe três metáforas culturais para guiar essa construção: a *Fronteira*, o *Barroco* e o *Sul*. Esses conceitos são utilizados para significar formas de subjetividade e sociabilidade capazes de explorar as potencialidades emancipatórias na transição paradigmática. Com cada uma dessas metáforas culturais, o autor constrói conceitos da subjetividade fronteiriça, da subjetividade barroca e da subjetividade do sul.

A fronteira "é uma zona híbrida, babélica, onde os contatos se pulverizam e se ordenam segundo micro-hierarquias pouco suscetíveis de globalização. Em tal zona, são imensas as possibilidades de identificação e de criação cultural, todas igualmente superficiais e igualmente subvertíveis" (p. 153). A fronteira permite um pleno potencial emancipatório à subjetividade. "A zona fronteiriça é uma metáfora que ajuda o pensamento a transmutar as relações sociais e políticas" (p. 155).

Santos (1999) acredita que a subjetividade da transição paradigmática é também uma subjetividade barroca. Apoia-se em momentos históricos ocorridos em países que tiveram seu poder debilitado e tentaram ocultar essa fraqueza através de uma *sociabilidade conformista*.

O barroco possibilitou a autonomia e criatividade das margens e das periferias, pois seu momento histórico contou com o desgaste do poder central (nos exemplos das colônias e dos colonizadores Portugal e Espanha). Devido ao enfraquecimento do centro (colonizadores), o controle sobre as margens (colonizadas) foi enfraquecendo e produzindo uma marginalização que possibilitou uma criatividade social e cultural específica, autônoma e criativa.

A terceira metáfora que Santos (1999) propõe, para compor a subjetividade da transição paradigmática, é o *Sul*, o qual produziria um novo ético senso comum. O *Sul* "uma metáfora para designar os oprimidos pelas diferentes formas de poder, sobretudo pelas que constituem os espaços-tempo estruturais acima descritos, tanto nas sociedades periféricas, como nas sociedades semiperiféricas, como nas sociedades centrais" (ib, p. 329).

Assim, Santos (1999), ao propor "revalorizar os conhecimentos e as práticas não hegemónicas que são afinal a esmagadora maioria das práticas de vida e de conhecimento no interior do sistema mundial" (p. 329), oferece as condições para que seja estudado em "horizontalidade" em relação ao conhecimento científico, mantendo uma co-ocorrência epistemológica leal entre conhecimentos. A preocupação do autor está em fazer reconhecida uma subjetividade que esteja sustentada num tópico de emancipação, uma subjetividade que signifique o desejo e a capacidade de exercer a solidariedade. A intenção não é criar um *Sul* que impere nos moldes do *norte*, mas apreender do *Sul* aquilo que ele tem a nos ensinar, valorizar as suas próprias formas de enfrentamento, de sobrevivência, de reconhecer seus próprios limites e criar formas de vencê-los. É preciso desejar ouvir o *Sul*, justamente pelo fato dele ter sido silenciado pelas práticas repressoras do *norte* imperial. Esse epistemicídio, acompanhado pelo linguagicídio que o *norte* imperial empreendeu, excluiu o *Sul* duplamente: não tendo o que dizer e não tendo como dizer (linguagem própria). Para Santos (idem), "aprender do *sul* implica, portanto, eliminar juntamente o *sul*. Na extensão que seja possível ao *sul* pensar-se em outros termos que *sul*, será também possível ao *norte* pensar-se em outros termos que não *norte*".

Para Santos (2000), os topoi da *fronteira*, do *barroco* e do *Sul* contribuirão para uma subjetividade emancipatória se estabelecer inter-relações.

Santos (1999) lembra que somos uma rede de subjetividades formada pelas relações que estabelecemos nos múltiplos contextos cotidianos e, especialmente, em quatro deles: *o doméstico, o da produção, o da cidadania e o da mundialidade*. É exatamente em cada uma dessas redes e na rede de relações entre elas, em sua multiplicidade e complexidade, que *conhecemos*. O reconhecimento e a aceitação desses fatos como parte do cotidiano exige que se afirme a necessidade de se entender, discutir e negociar com os múltiplos conhecimentos tecidos nas e entre as várias redes desses contextos cotidianos que, estão muito além do espaço/tempo do conhecimento escolar ou mesmo científico que desprezam/negam o conhecimento do povo, mas que com ele mantêm relações que estão ainda insuficientemente estudadas:

> Por isso o novo conhecimento, sendo argumentativo, tem um interesse especial pelo silêncio para averiguar até que ponto ele é um silêncio genuíno, ou seja, o resultado de uma opção argumentativa e até que ponto ele é um silenciamento, ou seja, o resultado de uma imposição não argumentativa. Porque o Sul é o campo privilegiado do silêncio e do silenciamento, é esta outra das razões por que o novo paradigma lhe confere uma atenção particular (SANTOS, 1999, p. 330).

Procurar falar a partir do conhecimento do povo e escutá-lo é começar a ensaiar a possibilidade de estabelecer uma nova subjetividade, um novo *sul* no conhecimento.

A Epistemologia do Sul na fala de Boaventura de Sousa Santos

A reflexão desenvolvida por Santos (1989) em relação à ciência moderna implica considerar que o modelo de racionalidade subjacente à primeira ruptura (da ciência moderna em relação ao senso comum) é insuficiente. Esse modelo desqualifica outra forma de conhecimento, avança pela fragmentação do conhecimento e das práticas (relação saber e poder), dicotomiza ciência e ética e se sustenta no princípio da racionalidade formal instrumental.

O paradigma emergente possibilita a democratização e o controle social da ciência e de suas consequências, a apropriação da sabedoria prática de um senso comum esclarecido e uma articulação produtiva, reflexiva, entre ciência e filosofia. A reconfiguração de saberes proposta, sua mútua produção, orienta-se pela transformação da ciência e do senso comum. Essa perspectiva considera certa positividade presente no senso comum.

O senso comum é o modo como os grupos vivem sua subordinação, numa sociedade de classes, conformada pela racionalidade da ciência moderna, seu viés conservador que concilia a consciência com a injustiça, naturalizando as relações sociais. Compreendo que o processo de subordinação, no contexto do senso comum, não é absoluto, contendo fragmentos de resistências que podem se transformar em instrumentos de lutas.

O viés conservador do senso comum tem sido assinalado em determinadas teorias científicas (o Positivismo, o Funcionalismo, o Estruturalismo), tendo uma grande eficácia social em função da legitimação do paradigma dominante e do poder institucional. Esse atributo fixista do senso comum desconsidera a dinamicidade e as potencialidades de transformação do conjunto das relações sociais. Pois, o conteúdo mais ou menos conservador e preconceituoso do senso comum, depende do tipo de sociedade em que ele é produzido. Por exemplo, uma sociedade mais solidária, com a redução das desigualdades sociais e a ampliação de um sistema educacional orientado por uma pedagogia emancipatória produziriam, provavelmente, um senso comum diferenciado.

Outro aspecto a ser considerado é a superação de uma visão maniqueísta de ciência e senso comum, que opõe luz e trevas. Essa ideia asséptica de ciência não reconhece que os preconceitos também compõem o quadro das teorias, tendo um valor positivo na compreensão da realidade. A noção mais ampla de preconceito (pré-noção, distorção, pré-concepção) e sua compreensão têm certa eficácia histórica. "Os preconceitos são constitutivos do nosso ser e da nossa historicidade e, por isso, não podem ser levianamente considerados cegos, infundados ou negativos" (GADAMER apud SANTOS, 1989). Nesse sentido, o desenvolvimento da criatividade, pressupõe o desafio de enfrentar as dificuldades, os equívocos e as limitações de um fazer sempre marcado pela sua incompletude.

A transformação do senso comum e da ciência, na reconfiguração de conhecimentos proposta por Santos (1989, 2000) (senso comum esclarecido e ciência prudente), significa também a construção de algo novo, de novo conhecimento (dupla ruptura). Ressaltar a caracterização alternativa do senso comum, como pragmático, retórico, metafórico e colado às experiências do cotidiano pode contribuir na construção de um projeto de emancipação cultural e social.

A configuração de conhecimentos, sendo prática, é também esclarecida, e deve ser socializada democraticamente, a fim de que se possa repensar o mundo, as relações sociais e a condição humana, estabelecendo, assim, competências cognitivas e afetivas capazes de desconstituir a hegemonia da racionalidade moderna sem, no entanto, perder de vista as expectativas que ela gera.

Dois movimentos orientam a dupla ruptura epistemológica, segundo Santos. O primeiro visa a desconstruir o desnivelamento dos discursos, a fim de que esses possam se comunicar, gerando, assim, práticas permeáveis, flexíveis e menos hierarquizáveis. O segundo busca a superação da dicotomia contemplação/ação, a qual se efetiva, intensamente, no paradigma da ciência moderna, uma vez que nele a observação, a experimentação e a quantificação legitimam os critérios da verdade do processo científico. A verdade da ciência (em si) desconsidera a verdade social da ciência, produzindo uma falsa dicotomia, considerando que "as pretensões de verdade social da ciência são constitutivas do processo de produção da ciência e sobredeterminam, por isso, as pretensões de verdade científica, a tal ponto que não faz hoje sentido distinguir entre ciência pura e ciência aplicada" (SANTOS, 1989, p. 42). A ausência de controle público sobre a produção científica, numa sociedade de classes, é responsável pela redução da práxis à técnica, caracterizando a crise de degenerescência do paradigma da ciência moderna.

Um terceiro movimento que orienta a dupla ruptura epistemológica é a busca de um novo equilíbrio entre adaptação e criatividade. A sociedade de consumo e suas instituições geram práticas de renúncia à liberdade, à autonomia, conformando os sujeitos às múltiplas dependências que reforçam o poder adaptativo do homem, em detrimento de seu poder criativo. O novo equilíbrio proposto será possível num contexto de uma práxis entendida globalmente e sustentada por uma nova concepção de ciência em que a sociologia das ausências (experiências sociais) e a sociologia das emergências (expectativas sociais) tornem-se presentes.

> [...] O elemento subjectivo da sociologia das ausências é a consciência cosmopolita e o inconformismo ante o desperdício da experiência. O elemento subjectivo da sociologia das emergências é a consciência antecipatória e o inconformismo ante uma carência cuja satisfação está no horizonte de possibilidades [...] (SANTOS, 2018, p. 257).

Para fechar essa razão cosmopolita seria necessário acrescentar o trabalho de tradução.

> [...] A tradução é, simultaneamente, um trabalho intelectual e um trabalho político. E é também um trabalho emocional porque pressupõe o inconformismo perante uma carência decorrente do carácter incompleto ou deficiente de um dado conhecimento ou de uma dada prática. Por estas razões, é claro que as ciências sociais convencionais são de pouca utilidade para o trabalho de tradução [...] (SANTOS, 2018, p. 267).

O uso da razão cosmopolita, sociologia das ausências, sociologia das emergências, trabalho de tradução não significa plenamente uma nova visão epistemológica democrática ao saber e conhecimento de todos como reconhecido, pois

> [...] O trabalho de tradução feito com base na sociologia das ausências e na sociologia das emergências é um trabalho de imaginação epistemológica e de imaginação democrática, com o objectivo de construir novas e plurais concepções de emancipação social sobre as ruínas da emancipação social automática do projecto moderno. Não há nenhuma garantia de que um mundo melhor seja possível e muito menos de que todos os que não desistiram de lutar por ele o concebam do mesmo modo [...] (SANTOS, 2018, p. 273).

Assim, vamos construindo uma discussão de contemporaneidade de espaços-tempos não lineares de incompletude de todos os saberes que decorre a possibilidade de diálogo e de disputa epistemológica entre os diferentes saberes e construção de formulação de concepção de homem e concepção de educação outra anunciada pelo povo, no formato atual de ciências.

A ideia de contemporaneidade sustentando a nova concepção de ciências

O homem é uma mistura de elementos diversos que contribuem para formar um todo. Ser sensível que dar significação as coisas, as palavras, aos pensamentos, as representações que estão ancoradas em sensações, toque, massa; vibrações.

Esse ser pode procurar a emancipação das ciências com inclusão da voz do povo, pois, as coisas humildes do mundo, e as desprezadas, e aquelas que não são, para reduzir a nada as que são, pode ter uma solução para os sujeitos oprimidos. Pois, cabe a cada sujeito dos contextos reconhecer-se homem digno. Então, demos-lhes a palavra para que com eles possam pensar, refletir e colocar posto uma visão no campo epistemológico.

No campo epistemológico, a sistematização desse conhecimento reforça definições emergentes e alternativas da realidade, transformando-o por dentro, interpenetrando-se com sentidos produzidos, desnaturalizando-se através da crítica científica. Espero a transformação do sujeito epistêmico (LIMA JÚNIOR, 2012).

Parece-me que pensar um sujeito epistêmico é romper com a linearidade imposta pela racionalidade cartesiana e pelos doutos científicos. Espero aprofundar um tratamento com as subjetividades que vão emergindo nas ações que cada ser humano tem dentro da sociedade. Com isso, é possível compreender que espaço e tempo constituem noções matizes, mas de substancial importância na organização dos processos sociais que podem ser geradores de possível equidade e justiça social. É o novo tempo para pensar a subjetivação do sujeito, ou seja, o processo de tornar-se sujeito com uso do e no espaço da liberdade, autonomia de escolha. Assim como, o tempo com flexibilidade para as ações.

A ciência precisa pensar resposta para o novo homem, com o próprio homem participando sobre a razão e a sua razão de ser. Quando se instaurou a razão na modernidade sólida buscava-se negar as tradições, a metafísica e a transcendência. Esperava-se a objetividade e a objetivação humana. No entanto, o homem tem demonstrado que é um ser também subjetivo, que só a racionalidade não tem dado conta de si, pois rompe com a linearidade espaço-tempo cartesiano, impulsionando a pensar os diversos tempos dentro de um tempo-espaço de construção de saberes e conhecimentos incessantes e inesgotáveis.

A superioridade de quem estabelece o tempo que determina a contemporaneidade gera uma assimetria no viver contemporâneo, pois o presente pode estar escondendo a riqueza inesgotável das experiências sociais no mundo. Para Lima Junior (2015), Contemporaneidade está longe de ser uma ideia de periodização da história.

> [...] Contemporaneidade não como um marco simplesmente cronológico, mas, na condição de categoria lógica que aponta para um real incessante e inesgotável, dinâmico, reinscrito como acontecimento em certas condições materiais e simbólicas; logo, como sendo irredutível à categorização conceitual bem como à historicidade meramente cronológica e, por esta perspectiva, problematizar o que poderia ser compreendido como a contemporaneidade educacional ou de como a Educação pode responder a esta condição de contemporaneidade, também, de forma dinâmica, inesgotável, como um dos nomes do Real, à medida que "não cessa de não se inscrever" (p. 14) [...]
> [...] a Contemporaneidade compreendida, aqui, refere-se à Realidade ou aspectos da Realidade, bem como a qualquer abordagem simbólica destes complexos (Realidade e aspectos da Realidade), que são caracterizados pelo dinamismo, abertura, não linearidade e não identidade, não redução às estruturas formais simbólicas. Por sua vez, são: inerentemente contextuais, singulares e relativos (p. 15) [...].

Ser contemporâneo para além da cronologia histórica é está imerso em uma categoria lógica de pensar o humano e suas próprias condições humanas de elaboração do saber e do conhecimento (LIMA JUNIOR, 2015). Investindo na ideia que o conhecimento deve estar apropriado do saber e manifesto através da linguagem.

A linguagem

O homem é o único animal que se julga capaz de dar sentido à própria vida como animal que pensa, raciocina e projeta-se para um futuro, que ele mesmo tem capacidade de produzir, estabelecer relação e responder as demandas de cada contexto social, que se transformaram ao longo de cada tempo histórico, a partir das ações dos próprios homens. Esse contexto de determinantes históricos permitiu que o homem evoluísse, de ser primitivo, pra ser social, através da relação do mesmo com os princípios que constroem cada sociedade. O homem é um ser histórico que se constitui a partir do contexto sociocultural, a partir do processo de constituição da linguagem. E esse entendimento leva-o a ser o ser do devir, da falta, do está em processo dinâmico de reescrita constante das suas condições humanas, materiais e imateriais.

A linguagem é fator essencial de entendimento racional voltado para o acordo ético e moral competentes, aceito pela maioria dos humanos como a forma de comunicação, de relação social, pois somente na via do diálogo é possível fundamentar uma ética e também uma moral, com pretensão de validez e aceitabilidade por todos os envolvidos e interessados. Com essa pretensão a ética discursiva se dá por meio de um debate aberto disposto a criticar e ser criticado.

Assim, a linguagem permitirá que todos sintam a disposição de reconhecer os interesses dos outros, inclusive quando se opõem ao seu, e agindo dessa forma está adquirindo uma consciência mais ampla de si mesma. Todavia, para a interpretação acima, é importante colocar o papel da linguagem no *modus operandi* de se pensar e comunicar na sociedade observando a textualidade. A linguagem enfatizará a correlação da ética do discurso com a comunicação e a importância do conceito do mundo da vida centrada na razão comunicativa comunitária. O sujeito excluído socialmente tem algo a comunicar e essa comunicação pode ou não interessar ao outro. Contudo precisa ser escutada.

Considerações finais

Encerro, aqui, temporariamente a discussão, pois pretendo dar continuidade explicativa de como fazer uma pesquisa que considere a etnopedagogia. Para próximo texto do estudo pretendo trazer detalhes intitulado "Pesquisa Etnopedagógica: conceitos, métodos e técnicas utilizadas das áreas do conhecimento", a partir do organograma abaixo, pois é com ele que pretendo explicar como realizar uma pesquisa etnopedagógica, ideia que faz parte do meu repertório científico desde 2004, na dissertação de mestrado.

Figura 1 – Pesquisa Etnopedagógica: conceitos, métodos e técnicas utilizadas das áreas do conhecimento

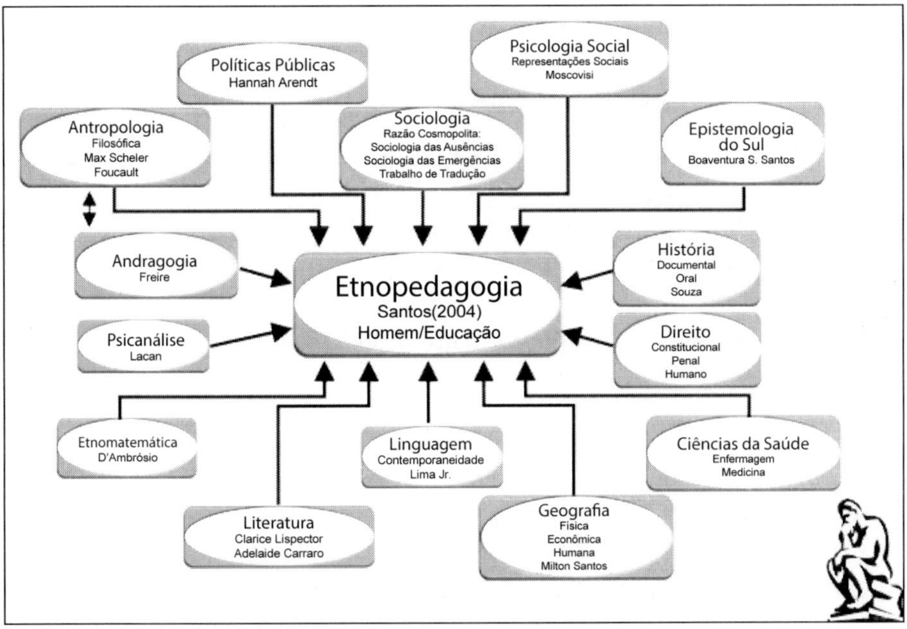

Fonte: Adaptação de figura apresentada por Marques, 2002, p. 35.
Pensador. Disponível em: coolclips.com. Acesso em: 27 jun. 2018

É essa determinação de significados que leva ao horizonte deste estudo a fundamentação de uma **etnopedagogia**.

REFERÊNCIAS

BERNARDI, B. **Introdução aos estudos etno-antropológicos**. Lisboa: Edições 70, 1978.

COULON, A. **Etnometodologia e educação**. Petrópolis, RJ: Vozes, 1995.

D'AMBROSIO. Ubiratan. **Etnomatemática**: arte ou técnica de explicar e conhecer. 4. ed. São Paulo: Ática, 1998.

FREIRE, Paulo. **Educação como prática da liberdade**. 25. ed. Rio de Janeiro: Paz e Terra, 2001.

______. **Pedagogia do oprimido**. 33. ed. São Paulo: Paz e Terra, 2002.

KOSIK, K. **Dialética do concreto**. 5. ed. Rio de Janeiro: Paz e Terra, 1989.

LIMA JÚNIOR, Arnaud S. de. Educação e contemporaneidade In: LIMA JÚNIOR, Arnaud S. de; ANDRADE, Dídima Maria de M. (Orgs.). **Educação e Contemporaneidade**: contextos e singularidades. Cutitiba, PR: CRV, 2015. p. 41-54. v. 2.

______. O dinamismo do sujeito na ciência, tecnologia, inovação e educação. In: LIMA JÚNIOR, Arnaud S. de. (Org.). **Educação e Contemporaneidade**: contextos e singularidades. Salvador: EDUFBA/EDUNEB, 2012. p. 29-66.

LUCKESI, Cipriano et al. **Fazer universidade**: uma proposta metodológica. 11. ed. São Paulo: Cortez, 2000.

ROMÃO, José Eustáquio. **Pedagogia dialógica**. São Paulo: Cortez, 2002.

SANTOS, Boaventura de Sousa. **A crítica da razão indolente**: contra o desperdício da experiência – Para um novo senso comum: a ciência, o direito e a política na transição paradigmática. São Paulo: Cortez, 2000.

______. **Introdução a uma ciência pós-moderna**. Porto: Graal, 1989.

______. "Para uma sociologia das ausências e uma sociologia das emergências". **Revista Crítica de Ciências Sociais** [Online], n. 63, p. 237-280, 2002. colocado online no dia 01 Outubro 2012, criado a 30 Setembro 2016.

Disponível em: <http://rccs.revues.org/1285. DOI: 10.4000/rccs.1285>. Acesso em: 28 jun. 2018.

SANTOS, Boaventura de Sousa. **Pela mão de Alice**: o social e o político na pós-modernidade. 5. ed. São Paulo: Cortez, 1999.

SANTOS, Selma dos. **Mulheres velhas em folhas**: memória e legado etnopedagógico de idosas sobre plantas medicinais Feira de Santana – Bahia. 2004. 241 f. Dissertação (Mestrado em Educação (Aprendizagem e Intervenção Educacional)) – Programa de Pós-Graduação em Educação, Université du Québec à Chicoutimi, 2004.

SOUZA, João Francisco. **Atualidade de Paulo Freire**: contribuição ao debate sobre a educação na diversidade cultural. São Paulo: Cortez, 2002.

STRECK, Danilo R. (Org.). **Paulo Freire**: ética, utopia e educação. 5. ed. Petrópolis, RJ: Vozes, 2002.

PEDAGOGIA DA ALTERNÂNCIA E A SUSTENTABILIDADE NO CAMPO

Jeane Moura Rocha
Luís Geraldo Leão Guimarães
Eduardo José Fernandes Nunes

Introdução

Esse capítulo tem como objetivo contextualizar o que é a PA afim de compreender todo seu processo histórico, desde o surgimento na França até sua chegada no município de Riacho de Santana e seus instrumentos pedagógicos. Discutiremos também sobre a sustentabilidade e a relação dessa com a PA, visto que a mesma foi criada com o propósito de que as pessoas do campo pudessem lá permanecer de maneira sustentável.

Desta forma, descreveremos os instrumentos pedagógicos mais utilizados nas escolas, para que se possa ter uma melhor compreensão de como ele é utilizado e o objetivo de cada um, sendo de fundamental importância para que a PA desenvolva da melhor maneira possível de acordo com a sua premissa.

O presente trabalho está dividido em três eixos: primeiro sobre as Escolas Famílias Agrícola e Pedagogia da alternância, contextualizando-a e descrevendo os instrumentos; no segundo, a sustentabilidade e, no terceiro discutiremos a relação da Pedagogia da Alternância com a sustentabilidade.

As escolas famílias agrícolas e a pedagogia da alternância

A PA é o ensino com uma metodologia que divide o tempo e o espaço dos estudantes em dois. A duração do tempo varia um pouco, logo no seu surgimento era uma semana por mês na escola o restante na propriedade, atualmente esse tempo é dividido igualmente, em algumas escolas são duas semanas em cada espaço, outras apenas uma semana. O espaço é compreendido como o **familiar** (**tempo-comunidade**) e **escolar** (**tempo-escola**). Assim a aprendizagem acontece nesses dois espaços-tempo, proporcionando um ensino que visa a formação integral do sujeito.

Para melhor compreender esse ensino e seu objetivo, a União Nacional das Escolas Famílias Agrícolas do Brasil (UNEFAB, 2016), em sua aba EFAs, aborda que:

PEDAGOGIA DA ALTERNÂNCIA: Uma metodologia pedagógica específica: a Alternância Integrativa, alterando momentos no ambiente escolar e momentos no ambiente familiar comunitário, organizados em três etapas sucessivas:

1. observar/pesquisar (meio sócio-profissional).
2. refletir/aprofundar (meio escolar).
3. experimentar/transformar (meio sócio-profissional).

Assim a [...] formação se desenvolve a partir da realidade específica de cada jovem e na troca de experiências com os colegas, famílias, monitores e outros atores envolvidos.

Esse ensino surgiu em uma época na qual os jovens rurais tinham que deixar a família, deixar de ajudar nos trabalhos rurais, para prosseguir seus estudos. Foi na França em 1935 com a ideia de um padre e a força de vontade de alguns agricultores, que o desejo de uma educação voltada para a população do campo ganhou força. Nesse sentido Estevam (2012, p. 55), afirma que:

> [...] o estado mostrava-se desinteressado pela questão agrícola [...]. Somando a isso, a educação era direcionada para as questões urbanas, tornando o ensino desinteressante para os jovens do meio rural. E a juventude rural, sem opção, vivia um grande dilema: para estudar necessariamente precisava abandonar a família ou permanecia no campo e abandonava a escola: numa época em que educação e trabalho eram contraditórios.

Dessa forma, nasce a PA e consequentemente o espaço em que ela é aplicada. Na França era chamada de Maisons Familiales Rurales (MFR), porém possuem diversas nomenclaturas, vou me referir aqui apenas como EFA.

Assim que essas escolas surgem, primeiramente se pensa em uma educação voltada para pessoas do sexo masculino, em que os conteúdos estivessem ligados à formação religiosa, humana e sobre a vida no campo. Nessa metodologia, os estudantes ficavam um curto período na escola que inicialmente era a casa do padre para o aprendizado teórico e o restante na propriedade familiar para colocar os conhecimentos em prática, juntamente com a família.

Era um método de ensino nascido do desejo de melhoria para a vida daquele povo, porém sem um estudo teórico aprofundado para tal. Diante da percepção de que o meio rural era considerado atrasado, sem perspectiva de crescimento e que os conteúdos trabalhados nas escolas eram voltados para a realidade urbana, surgiu o ensino por alternância.

Para o surgimento dessas escolas, precisa de toda uma organização e assim como toda instituição precisa de uma equipe para fazer sua gestão. A EFA não é diferente, antes do seu surgimento, formam-se as associações que tem por objetivo fazer sua organização tanto do ponto de vista econômico quanto pedagógico. Essas associações contam com a colaboração dos estudantes e apoio da igreja católica, porém, com o passar do tempo e com o reconhecimento da escola por muitas pessoas, o Estado passa a dar sua parcela de contribuição também.

Tendo em vista o fato de que se faz necessária a organização das escolas através da criação de uma associação, é válido destacar que para que a PA fosse implantada no Brasil, foi criado o Movimento de Educação Promocional do Espírito Santo (MEPES), entidade mantenedora da EFA, e "[...] fundou-se também a Associação dos Amigos do Estado Brasileiro do Espírito Santo – AES, [...], criada na Itália, para ajudar no processo de implantação, assinatura de convênios e arrecadação de recursos para a manutenção das referidas escolas" (ARAÚJO, 2005, p. 90).

Sabemos dessa importância da associação, pois quando várias pessoas se organizam em prol de um bem comum, fica mais fácil de chegar ao seu objetivo, viabiliza as atividades e consegue várias conquistas. Desta maneira a associação mantenedora da escola tem como premissa as melhores condições de ensino para os estudantes do campo, elas são formadas geralmente por pais, professores e toda comunidade disposta a participar.

Percebendo que esse ensino nasceu sem base teórica e tem a necessidade de uma grande melhoria, surge a formação para monitores (Professores das EFAs). Uma formação ainda insuficiente que inicialmente, se pautava no pedagógico e posteriormente no técnico agrícola. Nesse sentido Nosella (2012, p. 50) afirma que "Foi justamente em 1942 que surgiu a primeira Escola de Monitores (o Centro de Formação). Inicialmente se tratava de um curso de apenas algumas semanas (o 1º curso não tinha mais que 3 semanas ao todo)".

Assim, podemos perceber que apesar de ter nascido sem uma base teórica sólida aos poucos essas escolas vão se estruturando e se adaptando nas diferentes realidades. A partir das experiências, é possível perceber as carências e as potencialidades, fazendo com que o ensino por alternância aconteça de acordo com seus objetivos.

A PA surgiu na França, se espalhou por vários países e continentes. No Brasil, ela surge em 1968, no estado do Espírito Santo com o auxilio de um padre italiano e por iniciativa do MEPES. Descrevendo um pouco mais sobre a necessidade desse método no Brasil, a UNEFAB (2016) aborda que:

> Os fatores que contribuíram para o surgimento da Pedagogia da Alternância, no Brasil, tiveram relação direta com a economia agrícola baseada na produção de subsistência. [...]. A situação se agravou devido à falta de políticas públicas para atender a grande demanda presente no campo. A Pedagogia da Alternância veio, então, possibilitar que a frequência à escola pudesse ser uma realidade também para quem vive fora dos centros urbanos.

Assim, a situação socioeconômica do país e em especial do estado do Espirito Santo fizeram com que o Padre italiano Humberto Pietrogande pensasse em fundar uma EFA, com o objetivo de que a partir da educação voltada para os jovens do campo, houvesse também o desenvolvimento econômico com o aperfeiçoamento da agricultura familiar. Vale salientar que essa educação, além de ser voltada para as práticas da agricultura, da vida no campo, busca discutir valores sociais, culturais e religiosos.

Surge desta forma a primeira EFA no Brasil em 1968, porém é em 1969 que recebe os primeiros jovens, com a formação voltada para o desenvolvimento econômico, social, cultural e religioso. Uma formação destinada inicialmente para pessoas do sexo masculino, mais tarde, em 1971, no município de Iconha- ES é que surge a EFA destinada para mulheres, como afirma Araújo (2005, p. 91): "A experiência das EFAs aqui implantadas [...] no início, as escolas acolhiam somente rapazes. Somente após alguns anos, em decorrência de várias discussões, implanta-se em Iconha, no mesmo Estado, uma escola para moças, filhas de pequenos agricultores". As escolas para pessoas do sexo feminino eram voltadas para a economia doméstica, mas com o passar dos anos é que vai se destinando também o ensino agrícola.

Assim, surgem algumas Escolas Famílias em alguns municípios do Espírito Santo. A formação para os monitores a partir daí passa a acontecer nesse Estado e não mais na Itália como de início. Nesse sentido, Nosella (2012, p. 67-68), destaca que "[...] A solução "Itália" parecia inviável, quer do ponto de vista prático, quer do ponto de vista pedagógico, já que as próprias EFAs existentes aqui no Espírito Santo seriam agora o fator principal de formação ou qualificação do seu pessoal.". Deste modo, inicia se no Brasil a formação para os monitores das EFAs, visto que com a abertura de novas escolas surge a necessidades de profissionais qualificados para o trabalho com a PA.

Após o surgimento da EFA, no Espírito Santo, elas vão se expandindo para os outros Estados. Na Bahia, ela surge inicialmente em 1974 no munícipio de Brotas de Macaúbas, com funcionamento um ano depois, como aborda Araújo, (2005, p. 99-100): "Na Bahia, a primeira experiência de EFA com sua pedagogia — a Alternância — se deu no município de Brotas de Macaúbas, implantada em 1974 e com início de funcionamento em 1975. Esta iniciativa se deu [...] pelo Padre Aldo Lucchetta [...]".

Dois anos depois da primeira EFA na Bahia, surge na cidade de Riacho de Santana a Associação Beneficente Promocional Agrícola de Riacho de Santana (ABEPARS), e após três anos de intenso trabalho realizado por esta associação é inaugurada a EFA, Moura (2003, p. 31-32) historiciza que: "A EFA – Escola Família Agrícola de Riacho de Santana, foi inaugurada no dia 15 de março no ano de 1980 após um longo trabalho de base realizado nas comunidades do município pela equipe paroquial [...] junto aos agricultores".

A maioria dos jovens precisava ir para a cidade para concluir os estudos, mas como não tinham condições financeiras, ficavam sem estudar. A EFA foi assim, uma grande oportunidade para o acesso a essa educação e por funcionar com o regime de alternância, permitiu ao mesmo tempo em que o jovem estudasse, ajudasse também no trabalho agrícola, permitindo dessa forma que não se desvinculasse de suas raízes.

Inicialmente essa escola foi fundada para atender apenas o ensino fundamental de 5ª a 8ª série, porém com a necessidade de prosseguir os estudos e não precisar deslocar para o Espírito Santo, surge uma segunda escola na mesma cidade para atender o ensino médio como Araújo (2005, p. 102), aborda, "Assim surgiu a Escola Técnica da Família Agrícola da Bahia (ETFAB), Curso Educação Profissional de nível Técnico em Agropecuária, no município de Riacho de Santana, administrada pela Associação das Escolas das Comunidades e Famílias Agrícolas da Bahia (AECOFABA), em março de 1984".

Como uma única escola não era suficiente para atender toda demanda para o nível médio, a partir de 2004 a escola que antes funcionava apenas com o ensino fundamental, passa a ter também o ensino médio com o curso Técnico em Meio Ambiente, e a partir daí o ensino fundamental foi se extinguindo aos poucos, ficando apenas com o curso técnico.

Todas as EFAs do Brasil estão diretamente ligadas a UNEFAB que "foi criada em 1982, através de um processo de discussão e estudo realizados pelas EFAs – Escolas Famílias Agrícolas, buscando ser uma instituição de representação e assessoria a estas escolas, auxiliando no fortalecimento e divulgação da proposta pedagógica da Alternância" (UNEFAB, 2016).

Assim, diante de todo esse histórico podemos perceber o quanto a PA cresceu e tomou seus espaços, isso devido a seu diferencial que visa a formação integral do sujeito. A importância desse método fez com que muitos jovens do campo pudessem se desenvolver, tanto pessoal quanto economicamente através dos estudos nas EFAs.

A seguir elencaremos os principais instrumentos pedagógicos utilizados para a efetivação da PA.

Principais instrumentos da pedagogia da alternância

A PA ao ser sistematizada tem como métodos de ensino vários instrumentos que são de fundamental importância para que o seu objetivo seja alcançado de fato, objetivo este que é a educação para a permanência dos jovens no campo.

São vários os instrumentos da PA, porém neste estudo pretendo citar apenas os mais utilizados pelas EFAs. Inicialmente, vamos falar sobre o Plano de Estudo (PE) que é uma pesquisa realizada pelos alternantes em seu tempo-comunidade, a mesma é realizada em conjunto com a família ou até mesmo com a comunidade, sobre o meio socio-profissional, lembrando que a cada quinzena é sobre um determinado tema. Ele permite o estudante traçar um percurso histórico da sua propriedade e das práticas da sua família, permite observar, refletir e melhorar sua prática futura.

Além disso, desde cedo o alternante aprende a pesquisar, a indagar e a refletir. Os temas, também chamados de "eixo gerador", discutidos a cada quinzena são organizados de acordo a cada época ou necessidade. Assim Gimonet (2007, p. 35), define, "Elaborar o conteúdo do plano de estudo é *provocar o intercâmbio no meio do grupo, deixar que as práticas sejam expressas, as experiências, os conhecimentos, as interrogações* dos alternantes a respeito do tema. [...].". Esse instrumento se inicia com uma breve contextualização do tema e com algumas questões para a partir daí o jovem fazer os próximos passos que são respostas, redação e ilustração relacionados ao tema.

O PE que é constituído por certos questionamentos faz parte do Caderno da Realidade (CR). Para melhor compreendermos sobre este instrumento, Estevam (2012, p. 83) explica, "O somatório de vários planos de estudo formará o Caderno da realidade, em que são agrupados todas as observações, análises, reflexões, comparações e respostas, possibilitando uma formação contínua, em cujo processo o jovem deve estar comprometido".

Assim, este instrumento só faz sentido se estiver integrado a todo esse processo, nesse sentido, em suma, o CR é a organização dos PEs a cada alternância. Ele permite a sistematização da pesquisa e um melhor aprofundamento acerca do assunto por meio de perguntas, respostas, redação, ilustração e síntese sobre o tema pesquisado.

Logo em seguida, vem a Colocação em Comum (CC) que é o momento para a socialização e sistematização do PE, esse é o primeiro momento assim que o alternante retorna à escola. As respostas são discutidas e socializadas entre a turma. Como afirma Gimonet (2007, p. 46) "A Colocação em Comum ajuda cada um a situar e ultrapassar seu caso particular, a não se limitar à experiência de sua família ou de seu empreendimento. [...]. Ela permite [...] adquirir um conhecimento mais amplo do seu meio, das profissões, dos problemas de todo tipo, da sociedade.". Nesse sentido, a CC proporciona a troca de experiências, faz com que o jovem conheça outras realidades, outras práticas diferentes da sua família.

Outro instrumento é o Plano de Formação (PF), que é a organização das disciplinas de acordo os temas do PE para que os conteúdos sejam trabalhados de forma integrada. Para melhor compreensão Frossard (2003, p. 64-65), define que "O Plano de Formação consiste em um grande painel onde estão dispostos todos os processos formativos pelo qual passará o jovem ao longo de um ano. Constando nele temas geradores que nascem de uma interação dos pais com os educadores [...]".

Tem ainda a Visita de Estudo (VE) e a Visita às Famílias e Comunidades (VFC), que também contribuem muito para o enriquecimento da aprendizagem do jovem. As VEs são feitas de acordo com o tema trabalhado, e podem ser em empreendimentos, instituições, outras escolas entre outros, Gimonet (2007, p. 47) salienta que: "As visitas de estudo, como atividades fora do CEFFA, e as *intervenções* no próprio CEFFA propiciam aos jovens *descobertas* de realizações, de empreendimentos, de organismos, de serviços, de lugares [...] *e oportunidades de encontro* com seus atores [...].". Essa visita contribui significativamente no aprendizado do estudante, se, por exemplo, o eixo gerador daquela alternância for sobre agroindústria, comercialização dos produtos entre outros é de fundamental importância que a escola proporcione uma visita dos jovens a empreendimentos que desenvolve esses tipos de atividades.

Já a VFC é uma atividade na qual, monitores acompanham os jovens nas atividades produtivas e sociais. A proposta é ir à propriedade do jovem em certo período de maneira a avaliar e orientar a prática do estudante. Nesse sentido Frossard (2003, p. 68), salienta: "Dentro da proposta técnica da visita está a contribuição da escola para a solução de prováveis problemas encontrados nas atividades rurais da família e que podem ser apresentadas ao técnico da escola que ali se apresenta.". Essa visita é de fundamental importância, pois antes de qualquer coisa faz se necessário o conhecimento da realidade de cada jovem, para assim poder traçar ações mais eficientes.

Por fim, ainda é válido falar do Projeto Profissional do Jovem (PPJ), que é feito no último ano de curso. Este projeto é uma forma do jovem ao sair da EFA, ter uma iniciativa para junto com a sua família promover o desenvolvimento econômico e sustentável. Segundo Frossard (2003, p. 68):

> O projeto pessoal profissional é um elemento pedagógico de formação das EFAS e da Pedagogia da Alternância que funciona como culminância de toda a formação do jovem rural. Após ter estudado o Ensino Fundamental e Médio na EFA, ter recebido várias instruções e orientações que levaram a construção do seu saber, o projeto profissional se estabelece como um projeto de vida para o jovem formando.

Desta forma o PPJ, compreendido também como o projeto de vida do jovem, contribui no sentido de incentivar os alternantes que ao saírem da EFA possibilite o desenvolvimento econômico da família e comunidade, levando o seu aprendizado para a prática contínua.

Como podemos perceber, esses instrumentos funcionam em conjunto, um serve de complemento para o outro, se um deles não for posto em prática como é proposto, a formação do jovem fica comprometida. eles são indispensáveis para o desenvolvimento local, pois, são a partir de diagnósticos, indagações, observações no âmbito da comunidade que se torna possível partir para a ação de maneira mais consciente e ir em busca de melhores condições para o povo do campo.

No próximo tópico, discutiremos sobre a sustentabilidade e sua relação com a PA, visto que elas possuem uma relação direta sendo de fundamental importância para que o egresso da EFA permaneça de fato no campo e tenha uma vida de boa qualidade.

Sustentabilidade

Definir o que é sustentabilidade é complicado, pois, com o passar dos tempos o conceito vai adquirindo algumas mudanças. Até certo tempo, era definida como a capacidade de utilização dos recursos naturais de forma racional, de modo que não comprometesse o uso das futuras gerações, mas, esse conceito foi sendo refletido e buscando se adequar mais à realidade, são discutidas diversas definições por diferentes autores. Camargo (2012, p. 75), define que:

> Em seu sentido mais amplo, a concepção de desenvolvimento sustentável visa promover a harmonia entre os seres humanos e entre a humanidade e a natureza. O objetivo seria caminhar na direção de um desenvolvimento que integre os interesses sociais, econômicos e as possibilidades e os limites que a natureza define — uma vez que o desenvolvimento não pode se manter se a base de recursos naturais se deteriora, nem a natureza ser protegida se o crescimento não levar em conta as consequências da destruição ambiental.

Diante do postulado, é de fundamental importância a preocupação com a qualidade de vida, e que o desenvolvimento ocorra para todos, mas ao mesmo tempo que leve em conta a conservação dos recursos naturais. Assim, a sustentabilidade é compreendida como a utilização dos recursos para uma boa qualidade de vida, em que todos tenham condições mínimas para viver de forma digna, porém evitando ao máximo prejudicar o meio, respeitando a capacidade de renovação/recomposição da natureza.

O termo desenvolvimento sustentável surgiu após o crescimento econômico sucessivo, que fez com que percebessem um consumo maior por parte das pessoas e consequentemente as implicações desse consumo. Esse termo surgiu em 1972, após a Conferência das Nações Unidas sobre Meio Ambiente, que ocorreu em Estocolmo na Suécia. Nessa conferência, os países desenvolvidos propuseram o desenvolvimento zero, enquanto que os países em desenvolvimento queriam o desenvolvimento a qualquer custo, não chegaram, portanto a um consenso. Nascimento (2012, p. 51), postula que:

> Nos embates ocorridos nas reuniões de Estocolmo (1972) e Rio (1992), nasce a noção de que o desenvolvimento tem, além de um cerceamento ambiental, uma dimensão social. Nessa, está contida a ideia de que a pobreza é provocadora de agressões ambientais e, por isso, a sustentabilidade deve contemplar a equidade social e a qualidade de vida dessa geração e das próximas [...].

Desta forma, a discussão sobre a sustentabilidade se faz indispensável, precisamos nos mobilizar e chamar o próximo a pensar sobre e fazer ações conjuntas de reparar alguns impactos negativos já cometidos na natureza, pois ela nasceu da necessidade, de reeducar as pessoas para que elas passem a se relacionar melhor no ambiente em que vivem.

O problema é global, então é imprescindível que haja uma preocupação mais abrangente, para ter responsabilidade e consciência dos nossos atos e que saibamos pensar na humanidade. Para que desta forma aconteça o desenvolvimento econômico local e sustentável, como Buarque (1999, p. 09), discute:

> Desenvolvimento local é um *processo endógeno* registrado em pequenas unidades territoriais e agrupamentos humanos capaz de promover o *dinamismo econômico* e a *melhoria da qualidade de vida* da população. Representa uma singular transformação nas bases econômicas e na organização social em nível local, resultante da *mobilização das energias* da sociedade, explorando as suas *capacidades e potencialidades* específicas. Para ser um processo consistente e sustentável, o desenvolvimento deve elevar as oportunidades sociais e a viabilidade e competitividade da economia local, aumentando a renda e as formas de riqueza, ao mesmo tempo em que assegura a conservação dos recursos naturais.

Deste modo, quando se fala em desenvolvimento sustentável, logo está subtendido o desenvolvimento local também, visto que ele está ligado diretamente à melhoria de vida da população.

Percebemos, assim, que essa discussão compreende um contexto amplo, se tratando em questões econômicas, sociais e culturais. A sustentabilidade não se resume em apenas conservar as nossas riquezas ambientais, mas está integrada a uma sociedade com direitos garantidos, que consiga se sustentar e que sua cultura e modo de vida sejam repensados.

Para que isso aconteça, depende de uma infinidade de fatores, entre eles políticas públicas voltadas para esse foco. Políticas de incentivo para a redução de produtos que agridem o meio ambiente, políticas de geração de renda com base em práticas ecológicas, entre outras, porque como sabemos não se pode ficar apenas na teoria, devemos partir para a prática.

É preciso haja medidas de incentivo, políticas que favoreçam o desenvolvimento econômico dos menos favorecidos, mas que ao mesmo tempo seja de maneira sustentável para que, tanto a geração de hoje como as futuras, também tenham uma vida de qualidade.

É preciso refletir sobre as políticas públicas que são de grande importância para o nosso meio, que elas sejam dialogadas antes de ser implantadas, para que estejam de acordo com a realidade de cada região, para que de fato promovam o desenvolvimento sustentável, melhorando as condições de vida de todas as pessoas. Assim cabe a nós lutarmos para que isso aconteça; nesse mesmo sentido, Freitas e Freitas (2016, p. 40) propõem algumas ações:

> Promover campanhas educativas; institucionalizar programas de educação ambiental, em todos os níveis escolares; estabelecer mecanismos de desenvolvimento limpos; implantar processos de certificação ambiental e consolidar a cultura ecológica centrada nas proteções da cidadania e dos ambientes são determinantes para construir o processo civilizatório comprometido com o futuro da humanidade e do planeta. O que não elimina a contínua e necessária ação pública, coletiva e individual, com a preservação ambiental imediata.

Portanto, de tudo que foi dito, vale a pena salientar que a sustentabilidade abrange um contexto muito amplo, porém de forma integrada. Visa o desenvolvimento econômico, social, cultural, educacional, mas acima de tudo o ambiental. Porque, se não houver a conservação do ambiente em que vivemos o que chamamos de desenvolvimento poderá ficar comprometido.

Relação da PA com a sustentabilidade

A PA anda de mãos dadas com a sustentabilidade, pois ela foi pensada para promover a permanência do jovem no campo. E compreendemos que para se permanecer no campo, usufruindo dos seus recursos é preciso trabalhar de forma sustentável para que eles não acabem, e que sirva para todos, de modo que tenham uma boa qualidade de vida.

Sabemos que a PA surgiu com o objetivo maior de que ao mesmo tempo em que o jovem estudasse, também trabalhasse com a sua família no campo, promovendo o desenvolvimento sustentável local, dessa forma, eles aprendem técnicas de manejo do solo e da água, para que utilizando de forma racional esses recursos, possam ter uma boa qualidade de vida.

Assim, percebemos que a sustentabilidade está junto com a formação integral do sujeito e que é um dos propósitos desse método de ensino formar cidadãos preocupados com o futuro do planeta e que promovam essas práticas em suas comunidades. Para que isso aconteça, a escola deve estar engajada nessa causa, como aborda Gimonet (2007, p. 157):

> [...] a 'plenitude de sentido' do movimento das MFR [EFA] encontrar-se-á na ótica personalista e humanista de sua ação, mas inscrita na corrente da educação planetária, da educação para a cidadania universal, de 'uma pedagogia da terra', de uma 'ecopedagogia' de que já se fala muito no planeta, particularmente na América Latina [...].

Assim, todas as escolas devem discutir a sustentabilidade, pois é um espaço de formação. E é partir da formação crítica que podemos ter cidadãos empenhados na construção de uma vida melhor para todos, respeitando a capacidade de recursos do planeta. Ao se falar em formação, em discussão, em reflexão, Camargo (2012, p. 81), postula que:

> As questões fundamentais que precisam ser consideradas em qualquer discussão relacionada ao desenvolvimento sustentável são: o bem-estar humano, o meio ambiente e o futuro. Desse modo, temas como poluição, biodiversidade, exploração de recursos naturais, efeitos climáticos, entre outros, devem ser relacionados – tanto para análise quanto para a implementação de soluções – o desemprego, pobreza e riqueza, tecnologias, valores culturais, organizações políticas e sociais.

Deste modo, as EFAs tem uma vertente maior voltada à essa preocupação, visto que elas buscam o desenvolvimento do meio através das práticas do jovens em suas comunidades, buscando exatamente a implementação dessas soluções. São tecnologias de manejo do solo, captação e armazenamento da água, armazenamento de alimentos, sementes, produção de defensivos naturais contras insetos, e tantas outras. E essas ações são perceptíveis, pois, após o surgimento da PA, houve um grande desenvolvimento e consequentemente uma maior sustentabilidade do povo do campo.

O campo é muitas vezes considerado lugar atrasado, sem muita perspectiva de vida, porém ele tem muito a nos oferecer e devemos aproveitar essas potencialidades. Os recursos naturais estão ao nosso dispor, cabe a nós sabermos utilizar da melhor forma possível, favorecendo assim o desenvolvimento sustentável.

A EFA tem o papel de orientar os jovens a utilizar essas potencialidades da natureza de maneira a proporcionar o desenvolvimento do seu meio, assim Araújo (2005, p. 95-96) afirma que as EFAs discutem e sugerem "[...] respostas para o desenvolvimento e o fortalecimento da agricultura familiar, através da formação dos agricultores e dos jovens alternantes por ser esta uma fonte de renda e de geração de emprego, evitando assim o êxodo rural, a miséria e a pauperização dos sujeitos que vivem no campo".

Deste modo, com o passar dos tempos vão surgindo possibilidades por meio de uma educação voltada para o campo. Tivemos um grande desenvolvimento, mas ao mesmo tempo, um desenvolvimento que nos leva à destruição da natureza, desta forma devemos ter uma educação que nos leve a uma consciência crítica acerca disso, que possamos refletir o benefício proporcionado por esse desenvolvimento, mas ao mesmo tempo as suas consequências. Assim, o papel das EFAs nos alerta para isso, como salienta Burghgrave (2003, p. 29) que "O papel dos CEFFA's [EFA] não se limita em propiciar o ensino aos jovens do meio rural. A associação, a alternância, provocaram desde o início uma interpelação, um questionamento ao meio rural, uma tomada de consciência dos problemas que cada um enfrenta individual ou coletivamente".

Nesse sentido, é possível observar a preocupação das EFAs com a sustentabilidade do povo do campo, assim a discussão da sustentabilidade com a permanência no campo é inseparável, pois, sabemos que para se permanecer do campo, usufruindo dos seus recursos é preciso trabalhar de forma que eles não acabem, e que sirva para as futuras gerações. É válido salientar que a próximas gerações também tem que ter a mesma consciência, pois como afirma Camargo (2012), o desenvolvimento sustentável não é preocupação para apenas uma geração, uma vez que demanda tempo e empenho de várias gerações.

Porém é válido falar também que a PA tem seu diferencial, ela permite discutir a sustentabilidade em diversos espaços, pois o estudante constrói esse aprendizado na EFA, na propriedade, nas visitas de estudo, entre outros. O conhecimento baseado na experiência adquirido junto à família e refletido juntos com o alcançado na escola contribuirá para o desenvolvimento local. Assim Fonseca (2008, p. 99) afirma que no tempo-comunidade os alternantes "[...] têm a oportunidade de retornar os conhecimentos adquiridos na escola, e também, conviver com a família e comunidade absorvendo conhecimentos empíricos, numa troca de experiências para contribuir no desenvolvimento da propriedade familiar e da comunidade, buscando transformar a realidade local".

Sabemos que a sustentabilidade vai além da conservação ambiental, ela tem como definição maior, que as pessoas se utilizem da natureza para uma boa qualidade de vida. Desta forma conforme Moreira e Miranda (2009, p. 2637), a PA preocupa "[...] também com a melhoria da produtividade e consequente melhoria na qualidade de vida no campo, começou a ensinar a preparar a área para o plantio sem fazer uso das queimadas. Trouxe plantas como o sorgo, a leucena, a algaroba, a palma, que são resistentes a seca e a produção é praticamente certa".

A PA surgiu deste modo para mostrar para o povo do campo que a sustentabilidade é a maneira mais eficaz para melhorar as condições de vida no meio rural, sabemos que as pessoas do campo passam por dificuldades para sobreviver da agricultura familiar e as orientações da EFA contribuíram muito para que essas condições mudassem.

A EFA contribuiu orientando a não fazer queimadas, dar um destino mais adequado ao lixo, controle e combate de pragas por meio de defensivos naturais, preparo do solo de modo a causar menos impacto, modos de captação de água da chuva e inserção de plantas resistentes à seca entre outros. A partir disso, foi possível melhorar na produção da agricultura e pecuária e consequentemente houve uma melhoria de vida de todas as pessoas do campo.

Nesse sentindo, Moura (2003, p. 50), salienta:

> Criar e aplicar tecnologias de aproveitamento das frutas silvestres como o umbu e outras que se perdem às toneladas no período de safra são medidas que, além de ajudar no orçamento familiar [...], cultivar plantas de variedades que exigem pouco volume de água para a sua produção, são entre tantas, algumas medidas capazes de promover o desenvolvimento sustentável da região. Enfim ter em mente que o sertão é viável, apesar dos fatores limitantes. Acreditar acima de tudo na nossa capacidade de criar e recriar mecanismos de desenvolvimento e sustentabilidade.

Assim, fica perceptível que a PA aplicada nas EFAs contribuem de maneira significativa para a sustentabilidade do campo. Porém, essa contribuição não se dá só por meio de orientações nas práticas agrícolas, mas também na maneira de se organizar em grupos com objetivos para o coletivo. Como Moura (Ibid., p. 42) afirma:

> A segunda metade da década de 80 [...] é também a época em que a EFA conclui as suas primeiras turmas de alunos. Como a economia se tornou muito dinâmica, quase a totalidade dos ex-alunos e de suas famílias passam a viver em função do algodão. A cooperativa que nasce sem ter ao menos uma sala para se reunir, adquire a sua sede própria e uma algodoeira (máquina de beneficiamento do algodão), ao mesmo tempo em que triplica o número de seus associados, ultrapassando a casa dos 500.

Desta forma, o ex-alternante passou a disseminar os conhecimentos adquiridos na EFA pela comunidade e as pessoas passaram a se organizar. Compreendemos deste modo que a sustentabilidade é isso: a luta das pessoas para uma boa qualidade de vida, evitando prejudicar seu meio.

Portanto, a PA oferece subsídios para que a formação do alternante seja integral, na qual se propicie a permanência no campo, mas de forma saudável, sustentável e duradoura. Que saibam usar o aprendizado em favor dos benefícios, conseguindo driblar as dificuldades que não são poucas. E a EFA de Riacho de Santana, espaço da nossa pesquisa, como seu curso é Técnico em Meio Ambiente, tem como premissa básica essa formação baseada na sustentabilidade.

Conclusão

Este trabalho teve o objetivo de traçar compreensões acerca da PA, abordando sua contribuição para a permanência do egresso no campo de forma sustentável. Discutimos como é a metodologia da PA e sua ligação indissociável com a sustentabilidade. Deste modo, procuramos compreender inicialmente o surgimento dela através de uma contextualização desde as primeiras escolas na França, até a sua implantação no município pesquisado.

A PA foi de grande importância para que os jovens estudassem mas permanecessem em seu meio, favorecendo o desenvolvimento econômico, social e ambiental. Mas, para que isso aconteça se faz necessário a colaboração de órgãos como o governo, parceria entre as entidades que colaboram com o pessoal do meio rural, como sindicatos, associações, igrejas e também de uma maior interação da família com a escola ou vice e versa.

O que impede na maioria das vezes que essas ações aconteçam é a falta de condições financeiras, a falta de incentivo no sentido de políticas públicas que ofereçam melhores condições para o campo, e de atividades que facilitem a relação família e escola.

Assim, este estudo permite compreender que a EFA propõe situações para o aperfeiçoamento, e consequentemente melhor aprendizado como espaços para estágios e visitas, amplia e melhora os espaços para práticas como pomar, hortas, viveiro de mudas, plantas medicinais, jardins, apiário e espaço para criação de animais, entre outros.

Este trabalho nos mostrou que a metodologia adotada pelas EFAs é de muito valor, não só para a permanência no campo, mas para a visualização das necessidades de mobilização, do trabalho em equipe, entre outros. Ficou evidente também o quanto ela contribui para a permanência do jovem no campo de maneira sustentável, levando em conta os princípios econômicos, sociais, religiosos e ambientais.

REFERÊNCIAS

ARAÚJO, Sandra Regina Magalhães de. **Escola para o trabalho, escola para a vida**: o caso da Escola Família Agrícola de Angical. Dissertação (Mestrado em Educação e Contemporaneidade). Universidade do Estado da Bahia. Salvador. 2005. Disponível em: < http://www.ppgeduc.com/dissertacoes/turma_3/2003_12_sandra_regina_m_de_araujo.pdf>. Acesso em: 30 jun. 2016.

BUARQUE, Sérgio C. **Metodologia de planejamento do desenvolvimento local e municipal sustentável**: material para orientação técnica e treinamento de multiplicadores e técnicos em planejamento local e municipal. Brasília: MEPF, INCRA, IICA, jun. 1999. Disponível em: <http://www.iica.org.br/Docs/Publicacoes/PublicacoesIICA/SergioBuarque. pdf>. Acesso em: 8 set. 2016.

BURGHGRAVE, Thierry de. **Autoformação e participação no meio sócio-profissional**: abordagem biográfica de dois agricultores do Movimento das Escolas Famílias Agrícolas. 2003. Dissertação (Mestrado em Ciências da Educação) – Universidade Nova de Lisboa/Universidade François Rabelais, Salvador, 2003.

CAMARGO, Ana Luiza de Brasil. **Desenvolvimento sustentável**: dimensões e desafios. 6. ed. Campinas: Papirus, 2012. Disponível em: <http://www.scielo.br/pdf/ea/v26n74/a05v 26n74.pdf>. Acesso em: 01 jun. 2016.

ESTEVAM, Dimas de Oliveira. **Casa familiar rural**: a formação com base na pedagogia da alternância. 2 ed. rev. ampl. at. Florianópolis: Insular. 2012.

FONSECA, Aparecida Maria. **Contribuições da Pedagogia da Alternância para o desenvolvimento sustentável**: trajetórias de egressos de uma Escola Família Agrícola. Brasília, 2008. Dissertação (Mestrado) – Universidade Católica de Brasília. Disponível em: <https://docs.google.com/file/d/0B07bZlN7afpJ MUpad3dMMG8xOGc/edit>. Acesso em: 05 ago. 2016.

FREITAS, Marcílio de; FREITAS, Marilene Corrêa da Silva. **A sustentabilidade como paradigma**: cultura, ciência e cidadania. Petrópolis: Vozes, 2016.

FROSSARD, Antônio Carlos. **Identidade do jovem rural confrontando com estereótipo de Jeca Tatu**: um estudo qualitativo com os jovens da EFA Rei Alberto I. 2003. Dissertação (Mestrado em Ciências da Educação) – Nova

Friburgo: Universidade Nova de Lisboa/Universidade François Rabelais/ UNEFAB, 2003.

GIMONET, Jean-Claude. **Praticar e compreender a pedagogia da alternância dos CEFFAs**. Petropólis: Vozes; França: AIMFR, 2007.

MOREIRA, Edna Souza; MIRANDA, Joseval dos Reis. A Escola Família Agrícola em Riacho de Santana: um exemplo de educação para a convivência com o semi-árido e a inclusão social. In: IX CONGRESSO NACIONAL DE EDUCAÇÃO – EDUCERE E III ENCONTRO SUL BRASILEIRO DE PSICOPEDAGOGIA. Paraná: 26 a 29 de outubro de 2009- PUCPR. p. 2631-2642. Disponível em: <http://www.pucpr.br/eventos/educere/educere2009/anais/pdf/2488 _1320.pdf>. Acesso em: 12 set. 2016.

MOURA, David Rodrigues de. **Contribuição das Escolas Família Agrícola de Riacho de Santana para o desenvolvimento do meio**: um estudo com os ex-alunos. 2003. Dissertação (Mestrado em Ciências da Educação) – Universidade Nova de Lisboa/Universidade François Rabelais/UNEFAB, Brasília, 2003. Disponível em: <https://run.unl.pt/bitstream/10362/396/1 /moura_2003.pdf>. Acesso em: 20 jun. 2016.

NASCIMENTO, Elimar Pinheiro do. Trajetória da sustentabilidade: do ambiental ao social, do social ao econômico. **Estudos Avançados**, v. 26, n. 74, p. 51-64, 2012.

NOSELLA, Paolo. **Educação no campo**: origens da pedagogia da alternância no Brasil. Vitória: EDUFES, 2012.

UNEFAB. União Nacional das Escolas Famílias Agrícolas do Brasil. **Histórico**. Disponível em: <http://www.unefab.org.br/p/historico.html#.VyePMzHXkdU>. Acesso em: 02 maio 2016.

REPRESENTAÇÕES SOCIAIS, EDUCAÇÃO E TERRITÓRIO RURAL: faces e interfaces das identidades da roça

Reinaldo Alves de Santana

Nos parágrafos seguintes trilharemos os "caminhos da roça" para descobri-los. Peço licença aos/as leitores/as para em alguns momentos traçar linhas que, por instante, soem poéticas. O faço não para romantizar esse território, mas para deixar fluir nosso campo de debates, de compreensões; para deixar mais leve e suave o que é visto como rústico. Pois é a ROÇA o lugar de homens e mulheres que escrevem no cotidiano as suas mais diversas ruralidades, poetizando suas vidas através das mais diversas "místicas"[57], desse modo identificando o imaginário social desse território. Por isso, traçamos nosso debate na concepção de uma Educação do Campo baseada nas diretrizes Operacionais Para a Educação do Campo, cuja percepção pedagógica aponta para a propositiva de uma educação emancipadora e libertária que considere a identidade dos povos do campo, das relações socioambientais, das representações sociais destes sujeitos e da organização política do campo.

Tais caminhos ora parecem-nos familiar, ora estranhos. De fato, não é um terreno que não tenha sido percorrido, compreendido, analisado e desvendado, haja vista que outros estudos vêm sendo construídos ao longo de muitas décadas. Mas, apesar disso tudo, a ROÇA[58] continua a ser um lugar estranho e o é porque, muitas vezes, os estigmas construídos historicamente em nossa sociedade, remetem-nos a conceber este território de forma preconceituosa. É-nos estranho porque continua a ser visto de fora, da cidade. Mas, nossa inquietação busca vê-lo doutro prisma, levando-nos ao descortinar desse ranço que ainda persiste em permanecer no bojo dos discursos do cotidiano escolar.

Esse texto, portanto, é fruto dos estudos do mestrado em Educação no Programa de Pós Graduação em Educação – PPGED/UESB[59], pautados na Teoria das Representações Sociais – **TRS** (MOSCOVICI, 1978) e nos estudos que ampliam tal teoria (JODELET, 2001, 2013). Tal pesquisa, dentre

57 Símbolos que mediatizam as relações dos homens/mulheres do campo com o mundo.

58 Insistimos usar o termo ROÇA. Fazemos assim para remeter a uma identidade de um lugar específico, com sujeitos diversos, também específicos, ou seja, não de um lugar qualquer, mas de um território cujos sujeitos pensam e produzem conhecimento; que não são nem mais e nem menos, apenas distintos.

59 Universidade Estadual do Sudoeste da Bahia.

outras discussões, objetivou compreender a roça como um território a ser conhecido, haja vista as experiências docentes ao longo de alguns anos em escolas rurais. Partiu das inquietações das experiências docentes em um ambiente que no imaginário social se apresenta como estranho e que precisava ser conhecido, compreendido.

De igual modo, nossos interesses estão pautados na maioria das escolas localizados no meio rural, cuja concepção de educação está alicerçada na organização escolar urbanizada, ou seja, em escolas que não fazem parte dos movimentos sociais do campo, por isso são administradas e pensadas pelas secretarias municipais de educação que não atendem aos interesses dos povos do campo. Nessa conjuntura, a organização pedagógica dessas escolas sempre esteve pautada na "imposição" de conteúdos que atendem a um currículo pensado para a classe burguesa urbana. Desse modo, tal estrutura pedagógica segrega e elimina os interesses culturais e sociais desses sujeitos. Portanto, para compreender esses fatos, trilhamos os caminhos dos estudos das representações sociais como elemento chave para compreender as faces e interfaces da realidade educacional de escolas localizadas no meio rural.

Mas, afinal o que é uma representação social? Para Moscovici (1978, p. 28):

> [...] é um corpus organizado de conhecimentos e uma das atividades psíquicas graças às quais os homens tornam inteligível a realidade física e social, inserem-se num grupo ou numa ligação quotidiana de trocas, e liberam os poderes de sua imaginação.

Ou, como melhor definido por Jodelet (2001, p. 22), cuja característica a comunidade científica concorda, a de que a representação social é "uma forma de conhecimento, socialmente elaborada e partilhada, com um objetivo prático, e que contribui para a construção de uma realidade comum a um conjunto social".

Dessa forma, a TRS surge para compreender como esse coletivo estabelece e define seus objetivos e os procedimentos específicos de suas ações, elaborando a organização do funcionamento cognitivo do grupo. Assim, as representações sociais (RS) se estabelecem como formas de interpretar e pensar a realidade cotidiana, como os indivíduos e os grupos formam a sua atividade mental. Esse coletivo/social intervém tanto pelo contexto concreto, quanto pela comunicação, pelo campo cultural, pelos códigos, símbolos, valores e ideologias, ou seja, a representação social é um conhecimento prático, preocupado em explorar uma diversidade de ideias coletivas formuladas nas sociedades modernas. Desse modo, tal estudo é muito significativo para compreendermos as faces e interfaces do processo pedagógico das escolas, bem como das identidades dos povos da roça.

Nesse percurso de pesquisas, ao longo do mestrado, cujo objeto era o ensino de leitura, pontuamos o papel importante da escola no que diz respeito a este "conteúdo" e o papel deste na formação do sujeito do campo. Compreendemos, efetivamente, que o trabalho com a leitura pode proporcionar aos indivíduos a capacidade de pensar em si como elemento de transformação social do meio no qual está inserido. Nesse quesito, a escola tem que ser efetiva e eficaz. E como ela pode, a partir desse trabalho, desmistificar o ensino da leitura para além do mero decodificar? E, dessa maneira, como é possível, a partir deste trabalho com a leitura, pensar a estrutura pedagógica das escolas da roça.

Entendemos a leitura como um processo de transformação e emancipação dos sujeitos, como bem apontado por Paulo Freire (1994). Nesse contexto, para o entendimento do percurso do nosso trabalho, a partir das representações sociais do ensino que são absorvidas e construídas pelo(a)s professore(a)s nesse território rural, partimos do pressuposto da importância de compreender os elementos que o constituem: os valores, as ideias, imagens, crenças, desejos, entre tantos outros, ou seja, um arcabouço de saberes que são historicamente construídos e compartilhados por esse grupo social.

Partindo-se desse contexto, atento ao processo de escolarização de escolas localizadas no território rural, bem como o processo pedagógico desenvolvido nelas, debatemos acerca da necessidade histórica de reverter essa situação de abandono e/ou de subserviência aos interesses da cidade, compreendendo-se a necessidade de valorização das identidades dos sujeitos da roça. Para isso, analisamos o trabalho desenvolvido pelas professoras de Língua Portuguesa do Ensino Fundamental II, no tocante ao ensino de leitura como elemento de emancipação do sujeito leitor, e como essa ferramenta de ensino pode contribuir para que o mesmo seja sujeito da transformação do meio onde vive.

Este trabalho (ensino de leitura) em escolas do campo/ROÇA pode contribuir significativamente para o fortalecimento não só do processo de ensino-aprendizagem dos alunos/as no contexto das salas de aula, bem como na constituição e fortalecimento dos debates acerca da Educação do Campo. Desse modo, o ensino de leitura pode ser uma ferramenta para falar das ruralidades do povo do campo, ou seja, transformar o contexto das salas de aula em um movimento de compreensão e transformação social.

Frente a tantos desafios, tanto de ordem tecnológica quanto social/econômica e até cultural do mundo moderno, constituir as escolas da roça como território de emancipação é fortalecer as lutas e conquistas dos movimentos sociais do campo, possibilitando que estas escolas saiam do anonimato para serem protagonistas de uma nova história da educação brasileira do/no campo.

Nessa conjuntura, é importante compreender que a roça é um lugar de muitos valores para a existência da sociedade. A cidade não vive sem a roça. A roça não existe sem a cidade. Somos partes de um todo que se aproxima e que se completa. Não há qualquer distinção que coloque um ou outro em um patamar acima. Por isso, todo e qualquer processo de aprendizagem na escola tem que considerar os valores, as riquezas de cada realidade social. Escola tem que ser um lugar do ensino do conhecimento, e esse conhecimento tem que estar alicerçado nos mais diversos mecanismos de valorização da cultura dos sujeitos que estão na sala de aula. Nesse sentido, é importante compreender o valor das identidades da roça, pois compartilhamos da ideia de que a ruralidade é "um modo de ser e um modo de viver mediados por uma maneira singular de inserção nos processos sociais e no processo histórico" (MARTINS, 2001, p. 10).

Por isso nossa preocupação e inquietação de falar da roça. Discutimos sobre a ROÇA porque este território se tornou ao longo de muitos anos invisível, ocultado, marcado pelo processo imanente da industrialização e da tentativa de urbanização, como bem apontado por Ferreira (2014):

> [...] com o advento da industrialização, a cultura dominante passou a ser a urbana. Isso promoveu, ou melhor, ascendeu no meio rural uma invisibilidade social. O meio rural já vem, há algum tempo, sofrendo um processo de ocultação. A sua cultura vem sendo silenciada nos currículos, por exemplo, que são eminentemente urbanos; na formação de professores, que são formados a partir de uma cultura urbanocêntrica; na modernização, que sempre chega por último naquele contexto etc. (p. 53).

Nesse sentido, falar da ROÇA e de sua identidade é compreendê-la enquanto **signo linguístico** e **espaço simbólico**, ou seja, o modo como esse território é representado e como isso reverbera no contexto das escolas. Parece-nos evidente uma crise de identidade que emerge no espaço rural, fruto de um contexto atual híbrido, multifacetado, multicultural, cujo processo de expansão do agronegócio tenta tornar urbano o que é rural. Tal evidência remete ao debate acerca dessa identidade e como, a partir disso, dialogamos com o conceito de identidade do sujeito do CAMPO[60].

Em *Identidade Cultural na Pós-modernidade*, Stuart Hall (2005) apresenta-nos uma concepção acerca dessa identidade cultural multifacetada, híbrida. Para ele, o sujeito moderno, constituído na relação com os outros sujeitos, dá-se na mediação dotada de "valores, sentidos e símbolos", ou seja, "formada e transformada continuamente em relação às formas pelas quais somos representados ou interpelados nos sistemas culturais que nos rodeiam" (HALL, 1987 apud HALL, 2005, p. 11-12).

É partindo dessa realidade que pontuamos ao longo dos nossos estudos: **QUANDO O ESTRANHO É A ROÇA**. Tomá-la nesse debate identitário é

60 Aqui remetemos aos conceitos debatidos acerca da dicotomia entre Educação Rural e Educação do Campo.

compreendê-la enquanto **familiar** e **não familiar**, evidenciando o que está ou não em evidência, revelando, desse modo, a necessidade de compreendê-la. Mas, por que nos preocuparmos em falar da roça, do meio rural? Procuramos fazê-lo porque, "apesar da importância que tem para a economia do País", o meio rural ainda é "'esquecido', quanto ao atendimento das populações que nele atuam, geralmente marcadas por preconceitos que a desqualificam e excluem" (DEMARTINI, 2012, p. 10).

Nosso intuito, *a priori*, não é acentuar a dicotomia entre o urbano e o rural, evidenciando esse ou aquele, mas, em tese, entendendo que esse território ROÇA/CAMPO, enquanto coletivo social, produz e compartilha saberes e que este conhecimento prático, produzido no quotidiano, são observáveis e reverberam no espaço da sala de aula. Desse modo, para compreender as **representações sociais da roça imbricadas nas práticas do(a)s professore(a) s** nesse território é:

> [...] lançar *olhares* sobre os sujeitos da escola rural; aos modos como o trabalho pedagógico se forja no cotidiano das escolas e como as instituições escolares rurais se presentificam e constroem marcas de subordinação ou resistência frente à formulação e implementação de políticas públicas voltadas para os povos que habitam o meio rural, considerando o ambiente identitário dos sujeitos que dão vida às produções culturais próprias desses espaços (SOUZA, 2012, p. 18).

Compreender e valorizar esses saberes nos permitem admitir que historicamente esse território rural fora esquecido, banido das políticas públicas educacionais ou apenas pensado "pelo"/ "para" e não pensando "no/do", como deve ser. Só recentemente, mais precisamente a partir dos anos 1990, que as discussões e debates acerca da Educação do Campo no Brasil, alimentados no bojo dos movimentos sociais (MST, Vias Campesinas etc.), tomam forma e corpo e se estabelecem como agenda permanente no contexto educacional brasileiro. Nesse seguimento, as discussões acerca de identidade, cultura e linguagem, tão bem observáveis nesses autores estão em consonância com a Teoria da Representações Sociais (TRS), tendo em vista que as representações sociais estão circunscritas nesses campos.

Assim, *familiarizar* as representações que são construídas nesse espaço, parece-nos um caminho interessante a ser percorrido, sobretudo no campo educacional, haja vista que, conforme Arroyo et al. (1999, p. 13-14), existem dois fatos importantes em relação ao território campo:

> 1º fato – existe um movimento social do campo. [...] que hoje a imprensa, as elites, a sociedade, todos reconhecem que o campo não está parado, o campo está vivo. Há mais vida na terra do que no asfalto da cidade e este me parece um ponto fundamental: termos a consciência de que onde

> há mais vida no sentido de movimento social, onde há mais inquietação é no campo.
> O 2º fato [...]: não só há no campo uma dinâmica social, ou movimentos sociais no campo, também há um movimento pedagógico.

Portanto, há um movimento do campo que traz ao debate nacional questões inerentes à educação dos povos do campo/roça. Esse debate tem sido permanente e possibilitado diversos avanços significativos nessa área no Brasil, o que significa um permanente ciclo de políticas educacionais que valorizem e atendam as demandas dos povos desse território.

A Educação do Campo/ROÇA no cenário dos debates educacionais no Brasil: uma realidade que se empodera

Esse movimento social e pedagógico do campo, que surge fortemente no Brasil a partir dos movimentos sociais, contribui para observamos, nesse contexto, algumas mudanças significativas e nos remete à compreensão da educação no meio rural, suas demandas e desafios, e entender que, historicamente, as escolas rurais estiveram em piores condições do que as da cidade. Desse modo, observamos, claramente, a maneira como essas escolas foram esquecidas, deixadas à própria sorte, fruto do que já expomos anteriormente – desse estigma de que o campo/roça é arcaico, cujos povos são ignorantes, assim não precisando de uma escola física e humanamente decente.

De igual modo, pensar sobre as escolas rurais é compreendê-las a partir da trajetória da Educação Rural no Brasil que tem seu início na década de 1930, cuja demanda era o processo de industrialização o que provocava o êxodo rural. É justamente nesse período que o discurso de modernização do campo ganha força, e com ele, também, o discurso de adaptação do camponês aos padrões de agricultura, os quais seriam imprescindíveis para o fortalecimento do modelo industrial que ora iniciava. Nesse contexto, observa-se que muitas propostas educativas para o meio rural nascem, porém, sabemos que essas propostas não tinham muita consistência, eram fragmentadas, não correspondendo e nem atendendo às demandas desse território, sobretudo atender aos interesses dessas comunidades, muito menos valorizá-las e com isso conter o êxodo rural.

Conforme dados apresentados por Molina; Freitas (2011, p. 18), há um descaso educacional nesse território, ou seja, dentre as muitas carências, destacam-se:

> [...] a taxa de analfabetismo da população de 15 anos ou mais, que apresenta um patamar de23,3% na área rural, três vezes superior àquele da zona urbana, que se encontra em7,6%; a escolaridade média da população de

> 15 anos ou mais, que vive na zona rural, é de 4,5 anos, enquanto no meio urbano, na mesma faixa etária, encontra-se em 7,8anos; as condições de funcionamento das escolas de ensino fundamental extremamente precárias, pois 75%dos alunos são atendidos em escolas que não dispõem de biblioteca,98% em escolas que não possuem laboratório de ciências, 92% em escolas que não têm acesso à internet.

Estes dados demonstram o retrato da Educação Rural pelo Estado. Não há uma preocupação por parte dos órgãos responsáveis por políticas efetivas para a melhoria da qualidade dos espaços escolares, da formação dos/as trabalhadore(a)s para a construção/efetivação de uma educação com os povos do campo. Não há condições para que essa educação debata/atenda os interesses e as identidades desses sujeitos, reproduzindo, desse modo, os mecanismos dos espaços urbanos que excluem, limitam e alienam. O que está posto é que a escola no meio rural é vista e discutida a partir dos olhares urbanocêntricos, cujo currículo não atende as demandas e anseios dos sujeitos da roça. Na verdade, a escola é pensada para efetivar as políticas curriculares que só dão conta de atender aos interesses de alguns em detrimento dos interesses de todos.

Partindo-se disso, pensar a educação do/no campo é compreender que "qualquer proposta educativa só acontece se enxertada em uma nova dinâmica social. A educação rural está em questão [...] porque o campo está em questão. A educação faz parte da dinâmica social e cultural mais ampla" (ARROYO; FERNANDES, 1999, p. 15). Assim, podemos, enquanto educadores, perceber as mudanças que vem ocorrendo a partir das diversas tensões, das lutas e debates que estão sendo travados. Fato que credencia a importância de discutir e fortalecer o debate acerca da Educação do Campo, uma educação que parta da realidade desses espaços, dos anseios e perspectivas dos sujeitos desse território, que seja, portanto, "do/no" e não "pelo/para", entendendo que:

> Um dos traços fundamentais que vêm desenhando a identidade deste movimento por uma educação do campo é a luta do povo do campo por políticas públicas que garantam o seu direito à educação, e a uma educação que seja no e do campo. No: o povo tem direito a ser educado no lugar onde vive; Do: o povo tem direito a uma educação pensada desde o seu lugar e com a sua participação, vinculada à sua cultura e às suas necessidades humanas e sociais (CALDART, 2002, p. 18).

Dessa maneira, quando nos propomos, a partir do campo empírico, pesquisar um fenômeno que não nos é, ao menos em parte, conhecido, faz-se necessário percorrermos o contexto onde este está situado. Outrora falávamos das ruralidades as quais são distintas, compõem e são compostas por traços singulares, de maneira que é imprescindível compreender a especificidade de sua heterogeneidade. Assim, falar de práticas pedagógicas (no nosso caso acerca do ensino de leitura) no campo é falar de uma aprendizagem significativa, ou seja, de um saber que, de fato, tenha sentido e que dialogue com estes sujeitos do campo, com suas realidades distintas, com a dignidade de viver, trabalhar e estudar na roça, uma educação que os emancipe como sujeitos e não objetos da história. Portanto, falamos em qualidade na Educação do Campo e também:

> [...] da produção do conhecimento, implicando outras lógicas de produção e superando a visão hierarquizada do conhecimento própria da modernidade capitalista. [...] Esta compreensão sobre a necessidade de um "diálogo de saberes" está em um plano bem mais complexo do que afirmar a valorização do saber popular, pelo menos na discussão simplificada que predomina em meios educacionais e que na escola se reduz por vezes a um artifício didático vazio. O que precisa ser aprofundado é a compreensão da teia de tensões envolvida na produção de diferentes saberes, nos paradigmas de produção do conhecimento (CALDART, 2010a, p. 112 apud MOLINA; FREITAS, 2011, p. 25).

Na direção dessa concepção, os movimentos sociais do campo, em especial o MST (Movimento dos Trabalhadores Rurais Sem Terra), surgem como movimento para dar voz e vez aos chamados "excluídos do campo". Esses movimentos nascem com a premissa de (re)significar um novo caminho para que as famílias tenham uma vida digna no campo e que não haja a existência de classes nesse território. É nesse contexto que surge o movimento pela Educação do Campo. Falar desse paradigma educacional é compreender a luta contra o agronegócio, contra as forças hegemônicas do capitalismo. É, sobretudo, compreender os sujeitos do campo como protagonistas da sua própria história, capazes de (re)significar as suas realidades.

O movimento de Educação do Campo, nessa perspectiva, compreende a continuação da Pedagogia Popular dos anos de 1960, inspirada nos ideais da Pedagogia do Oprimido de Paulo Freire (MUNARIM, 2008), desse modo,

> [...] trata de um movimento pela renovação da qualidade pedagógica e política da até aqui chamada Educação Rural. Conforme a visão dos sujeitos dessa ação que se engendra, historicamente e em consonância coma a ideologia dominante, a educação oficial rural, quando não relegada, tem sido usada como instrumento de subordinação estrutural dos povos que vivem no campo (MUNARIM, 2008, p. 1).

A passagem para o novo milênio trouxe em seu bojo dois valiosos processos políticos que afetam a Educação do Campo. O primeiro deles é o

Plano Nacional de Educação (PNE), aprovado em 2001 e o segundo são as Diretrizes Operacionais para a Educação Básica nas Escolas do Campo, pelo Conselho Nacional de Educação, que resultou na Resolução CNE/CEB nº 1, de abril de 2002. No primeiro caso (PNE), pode-se observar que o mesmo foi blindado de tal modo que impediu todo e qualquer mecanismo de influência ou de inclusão de propostas por parte do Movimento de Educação do Campo. Na verdade, as propostas do PNE acerca do rural são rejeitadas pelos movimentos do campo, haja vista que estas não atendem as necessidades do campo e estão, grosso modo, convergentes à "visão urbanocêntrica, preconceituosa e excludente do campo" (MUNARIM, 2008, p. 9).

As *Diretrizes Operacionais para a Educação do Campo*, embora na prática necessite de uma "boa vontade" de quem está à frente do Executivo, representa um avanço significativo, no sentido de fruto da luta/conquista dos movimentos e organizações sociais, em "articulação nacional", na discussão e concretização dos direitos dos povos do campo à educação. A elaboração do parecer nº 36/2001 de 04 de dezembro de 2001, bem como do "projeto de Resolução que fixa as Diretrizes Operacionais para a Educação Básica do Campo" – pela Câmara de Educação Básica/ Conselho Nacional de Educação – CEB/CNE nº1 (cf. MUNARIM, 2008, p. 9), significou um marco nas discussões acerca de políticas voltadas para a Educação do Campo no Brasil.

Embora tudo isso seja significativo, lembremos que a efetivação desses direitos nas instâncias executivas só será possível mediante os interesses de quem esteja no comando do Poder Executivo. Assim, cada ação demonstra a necessidade das lutas por uma Educação do Campo que respeite e valorize o homem do campo, suas singularidades, anseios e desejos, ou seja, suas identidades. Portanto, falar sobre Educação do Campo é compreender as representações que são atribuídas pelos sujeitos que fazem parte dessa realidade educacional, dos saberes que são construídos e compartilhados no quotidiano desses territórios.

É nesse debate, portanto, que tomamos a ROÇA enquanto categoria de análise dentro do debate da Educação do Campo, ou seja, tomamos os povos da ROÇA a partir do entendimento dos povos do campo, atentando-se para as diretrizes que apontam uma educação que seja no/do campo, construída e compartilhada com os povos do campo. Nesse sentido, pensamos esse território e a educação desses povos, pensada com eles, cujo conhecimento é, efetivamente, construído e compartilhado com esses sujeitos, renegando, desse modo, todo e qualquer mecanismo de "doutrinamento" até então estabelecido.

Considerações

Na ROÇA, a educação continua tomando os rumos das velhas práticas urbanocêntricas, cujo exercício pedagógico permeia os trabalhos executados nas salas de aula. As categorias representativas estabelecidas nas narrativas dos sujeitos que estão diretamente ligados à educação da roça/campo demonstram e evidenciam a necessidade de conhecer e de considerar as identidades culturais distintas dos sujeitos do território rural, compreendendo que as escolas têm sido palco de discriminação e segregação dessa população. Dessa maneira, romper com os paradigmas que colocaram essas escolas à margem e preparar os/as alunos/as para os desafios de uma sociedade seletiva e excludente deve ser o caminho a ser percorrido.

O papel fundamental do fazer pedagógico nessas escolas deve estar alicerçada nas bases de uma educação emancipadora e libertária, cujo elemento transformador deve ser estabelecido na relação entre a escola e o aluno. E a sala de aula é, e deve ser, o centro dos debates e da emancipação desses sujeitos. É necessário combater todo e qualquer mecanismo de opressão e segregação que exclui e relega às escolas da roça o mero papel de coadjuvante.

É claro e evidente os avanços e as conquistas ao longo das últimas décadas no que diz respeito à educação do campo. Mas, é importante que esses avanços contemplem não apenas as escolas que estão localizadas sob a tutela dos movimentos sociais. Que possam contemplar todas as escolas, atendendo dessa maneira as demandas dos diversos povos do campo. Atendendo as mais diversas faces e interfaces da identidade da roça.

REFERÊNCIAS

ARROYO, M. G.; FERNANDES, B. M. **A educação básica e o movimento social do campo**. Brasília, DF: Articulação nacional por uma Educação do Campo, 1999. (Coleção Por Uma Educação Básica do Campo, n. 2). Disponível em: <http://portal.mec.gov.br>. Acesso em: 15 dez. 2018.

CALDART, R. S. por uma educação do campo: traços de uma identidade em construção. In: CALDART, R. S. et al. (Orgs.). **Educação do Campo**: Identidade e Políticas Públicas. Brasília: Articulação nacional por uma Educação do Campo, 2002. p. 18-25. (Coleção Por uma Educação do Campo, n. 4).

DEMARTINI, Z. de B. F. Prefácio. In SOUZA, E. C. de. (Ed.). **Educação e ruralidades**: memórias e narrativas (auto) biográficas. EDUFBA: Salvador, 2012. p. 9-14.

FERREIRA, L. G. **Professoras da zona rural**: formação, identidade, saberes e práticas. Curitiba: CRV, 2014.

FREIRE, P. **A importância do ato de ler**: em três artigos que se completam. 29. ed. São Paulo: Cortes, 1994.

HALL, S. **A identidade cultural na pós-modernidade**. Trad. Tomaz Tadeu da Silva. 8. ed. Rio de Janeiro: D&PA, 2005.

JODELET, D. **Loucura e representações sociais**. Trad. Lucy Magalhães. 2. ed. Petrópolis: Vozes, 2015.

______. Representações sociais: um domínio em expansão. In: JODELET, D. (Org.). **As Representações Sociais**. Trad. Lilian Ulup. Rio de Janeiro: EdUERJ, 2001. p. 17-44.

MARTINS, J. de S. O futuro da sociologia rural e sua contribuição para a qualidade de vida rural. **Estudos Avançados**, Rio de Janeiro, v. 15, n. 43, p. 31-36, out. 2001. Disponível em: <http://www.scielo.br>. Acesso em: 10 dez. 2018.

MOLINA, M.; FREITAS, H. C. de A. Avanços e desafios na construção da Educação do Campo. In: MOLINA, Mônica; FREITAS, H. C. de A. (Org.). Educação do Campo. **Revista em Aberto**, Brasília: INEP, v. 24, n. 85, p. 17-31,

2011. Disponível em: <htpp:// www.emaberto.inep.gov.br>. Acesso em: 21 dez. 2018.

MOSCOVICI, S. **A representação social da psicanálise**. Rio de Janeiro: Zahar Editores, 1978.

_____. **Representações sociais**: investigações em psicologia social. Trad. Pedrinho Guareschi. 10. ed. Petrópolis: Vozes, 2013.

MUNARIM, A. Movimento Nacional na educação do campo: uma trajetória em construção. In: 31ª REUNIÃO ANUAL DA ANPED, GT03. **Anais**... 2008. p. 1-17. Disponível em: <htpp://www.anped.org.br/>. Acesso em: 10 dez. 2018.

SOUZA, E. C. de Souza. A caminho da roça: olhares, implicações e partilhas. In: SOUZA, E. C. de Souza (Org.). **Educação e ruralidades**: memórias e narrativas (auto) biográficas. EDUFBA: Salvador, 2012.

_____. (Org.). **Educação e ruralidades**: memórias e narrativas (auto) biográficas. EDUFBA: Salvador, 2012.

ÍNDICE REMISSIVO

SOBRE OS AUTORES

Alfredo Eurico Rodrigues Matta
Professor titular da Universidade do Estado da Bahia (UNEB), filiado ao Programa de Pós-Graduação em Educação e Contemporaneidade – PPGE-DUC, Mestrado Profissional em Educação de Jovens e Adultos – MPEJA e ao Doutorado Multi-institucional e Multidisciplinar em Difusão do Conhecimento – DMMDC. Líder do grupo de pesquisa: Sociedade em Rede. E-mail: alfredomatta@gmail.com

Ana Cristina Leal Ribeiro
Graduanda no Bacharelado Interdisciplinar em Humanidades da Universidade Federal da Bahia (UFBA/BA). Membro do Grupo de Pesquisa Observatório da Vida Estudantil (OVE) UFBA/UFRB. Bolsista de graduação sanduíche do Programa de Desenvolvimento Acadêmico Abdias do Nascimento CAPES/SECADI, vinculada ao Projeto de cooperação entre a UFBA/Brasil e Centro de Estudos Sociais (CES) da Universidade de Coimbra/Portugal. Educadora Social. Pesquisadora nas áreas de Ensino Superior, Ações afirmativas, Relações étnico-raciais, Gênero, Educação popular. E-mail: ana.clribeiro@yahoo.com.br

Anaie Leite
Pesquisadora. Mestranda em Educação, Gestão e Desenvolvimento Sustentável do Programa de Pós-Graduação em Educação e Contemporaneidade – PPGEduC, da Universidade do Estado da Bahia – UNEB. E-mail: anaieleite.social@gmail.com

Antonio José de Souza
Doutorando do Programa de Pós-Graduação em Família na Sociedade Contemporânea (PPGFSC – UCSal). Mestre em Educação e Diversidade (UNEB). Especialista em Desenvolvimento Sustentável no Semiárido com Ênfase em Recursos Hídricos (IF Baiano/Senhor do Bonfim). Possui graduação (bacharelado) em Teologia pela Faculdade Católica de Fortaleza. Licenciado em História pela Faculdade de Ciências da Bahia. Atua como Coordenador Pedagógico Geral pela Prefeitura Municipal de Itiúba/BA. Professor colaborador da Especialização em Educação do Campo (IF Baiano/Serrinha). Integrante do Grupo de Pesquisa Família, (auto)biografia e poética (FABEP/UCSal),

do Laboratório LaPPRuDes – Políticas Públicas, Ruralidades e Desenvolvimento Territorial (IFBaiano) e da Associação Brasileira de Pesquisadores/as Negros/as – ABPN. Agradece o apoio da Fundação de Amparo à Pesquisa do Estado da Bahia – (FAPESB) pela concessão da Bolsa de Estudo vinculada ao desenvolvimento do Projeto de Pesquisa que resultará na tese de doutorado. E-mail: tonnysouza@gmail.com / antoniojose.souza@ucsal.edu.br
Agradece o apoio da Fundação de Amparo à Pesquisa do Estado da Bahia – (FAPESB) pela concessão da Bolsa de Estudo vinculada ao desenvolvimento do Projeto de Pesquisa que resultará na tese de doutorado.

Avelar Luiz Bastos Mutim
Possui Licenciatura em Ciências Agrárias pela Universidade do Estado da Bahia (1979), mestrado em Educação pela Universidade Federal da Bahia (1996) e doutorado em Educação pela Universidade Federal da Bahia (2000). Professor Titular Permanente nos Programas de Pós-Graduação em Educação e Contemporaneidade/PPGEduC (Mestrado e Doutorado) e o Programa de Pós-Graduação Stricto Sensu em Gestão e Tecnologias aplicadas à Educação /GESTEC (Mestrado Profissional). No PPGEduC está vinculado à Linha de Pesquisa Três – Educação, Gestão e Desenvolvimento Local Sustentável atuando como Coordenador desta Linha de Pesquisa que integra oito grupos de pesquisa e no GESTEC está vinculado à área de concentração 1 – Gestão da Educação e Redes Sociais direcionada para análise e aplicação de medidas de gestão, voltadas para o desenvolvimento de políticas, planos, programas, projetos e avaliação educacional. Fundador e coordenador do Grupo de Estudos e Pesquisa em Educação Ambiental, Políticas Públicas e Gestão Social dos Territórios/GEPET.

Davi da Silva Costa
Doutor em Ciências Sociais/ Desenvolvimento, Agricultura e Sociedade (UFRRJ). Mestre em Cultura e Sociedade (UFBA); Especialista em Agricultura; Familiar Camponesa e Educação do Campo (UFPB),Engenheiro Agrônomo (UFBA). E-mail: davi.costa@serrinha.ifbaiano.edu.br

Eduardo José Fernandes Nunes
Professor Adjunto da Universidade do Estado da Bahia (UNEB – Departamento de Educação). Professor-pesquisador do Programa de Pós-Graduação em Educação e Contemporaneidade/UNEB. Líder do Grupo de Pesquisa Teoria Social e Projeto Político Pedagógico. Atua na área de Sociologia e Análise Geográfica Regional, com ênfase em Sociologia e Geografia da Educação, Educação e Território, Desenvolvimento Local Sustentável, Sociologia Urbana e Educação

Ambiental. Coordenador do Observatório de Educação de Jovens e Adultos do Territtório do Sisal (UNEB/CAPES). Possui graduação em Ciências Sociais pela Universidade Federal da Bahia (1981), mestrado em Ciências Sociais pela Universidade Federal da Bahia (1989) e doutorado em Análise Geográfica Regional pela Universidade de Barcelona (2003).

Fernanda Costa Steen
Mestre em Educação Especial na Universidade de Oslo – Noruega (Master in Special Needs Education – Universitetet i Oslo- UIO). E-mail: nandasteen@gmail.com

Francisca de Paula Santos da Silva
Professora titular da Universidade do Estado da Bahia (UNEB), filiada ao Programa de Pós-Graduação em Educação e Contemporaneidade – PPGEDUC, Mestrado Profissional em Educação de Jovens e Adultos – MPEJA e ao Doutorado Multi-institucional e Multidisciplinar em Difusão do Conhecimento – DMMDC. Líder do Grupo Multidisciplinar de Estudo e Pesquisa: Sociedade Solidária, Espaço, Educação e Turismo – SSEETU. E-mail: fcapaula@gmail.com

Heron Ferreira Souza
Doutor em Educação pela Universidade Estadual de Campinas (Unicamp). Mestre em Educação e Contemporaneidade pela Universidade do Estado da Bahia (UNEB). Licenciado em Geografia pela Universidade do Estado da Bahia (UNEB – Campus V). Professor-pesquisador do Programa de Pós-Graduação Mestrado Profissional em Educação Profissional e Tecnológica – ProfEPT / IF Baiano. Pesquisador nas áreas de Políticas Educacionais, Trabalho e Educação, Educação do Campo. E-mail: heron.souza@ifbaiano.edu.br

Jamille Santos de Araújo
Mestre em Educação e Contemporaneidade (PPGEdu/Uneb) Especialista em Gestão Pública (Uneb). Especialista em Gestão de políticas públicas de Gênero e Raça (Neim/Ufba). Assistente Social (Ucsal). Docente e coordenadora do curso de Serviço Social da Faculdade São Salvador.

Jeane Moura Rocha
Graduada em pedagogia pela Universidade do Estado da Bahia (UNEB) Campus de Bom Jesus da Lapa e Técnica em Meio Ambiente pela Escola Família Agrícola de Riacho da Santana (BA.). E-mail: jeannerocha98@gmail.com

Juliana Andrade do Carmo Martins
Mestranda em Educação pelo Programa de Pós-Graduação em Educação e Contemporaneidade pela Universidade do Estado da Bahia – UNEB. Graduada em Pedagogia (UNEB). Membro dos Grupos de Pesquisa Sociedade Solidária, Espaço, Educação e Turismo – SSEETU e Sociedade em Rede. E-mail: jule.ac@gmail.com

Katiuscia da Silva Santos
Mestre em Educação e Contemporaneidade pela UNEB. Especialista em Educação do Campo – IFBAIANO. Graduada em Letras. Professora da Rede Municipal de Araci. Pesquisadora do Observatório de Educação de Jovens e Adultos- OBEJA/UNEB. Membro do Grupo de Pesquisa Teoria Social e Projeto Político Pedagógico – TSPPP/PPGEduC – UNEB. E-mail: katymssantos@gmail.com

Leandro Souza Martins
Membro do grupo de Jovens Mobilizadores do Povoado Alto. E-mail: leandro.smj25@gmail.com

Losângela da Cunha Araújo
Doutoranda em Estudos Interdisciplinares sobre Mulheres, Gênero e Feminismo – UFBA. Mestre em Ciências Sociais, Cultura, Desigualdade e Desenvolvimento – UFRB. Especialista em Interdisciplinar em Estudos Sociais e Humanidades – UNEB. Especialista em Políticas Públicas para Gênero e Raça – UFBA. Especialista em Docência do Ensino Superior – Instituto Pró-Saber. Especialista em Gestão em Serviços Sociais e Politicas Públicas – Instituto Pró-Saber. Graduada em Comunicação Social com habilitação em Rádio e TV – UNEB. Graduada em Serviço Social – UNOPAR Ead. Licenciada em Sociologia – Faculdade de Educação Regional de Candeias.

Luís Geraldo Leão Guimarães
Doutorando em Educação e Contemporaneidade pela Universidade do Estado da Bahia (UNEB/ Programa de Pós-Graduação em Educação e Contemporaneidade). Mestre em Educação e Contemporaneidade pela UNEB. Especialista em Ensino Fundamental e Médio pela UNEB / Campus de Bom Jesus da Lapa. E Graduado em Pedagogia pela UNEB/Campus de Bom Jesus da Lapa. Pesquisador nas áreas de Educação Ambiental, Educação do Campo, Desenvolvimento Rural e Agricultura Familiar. E-mail: luisppgeduc@gmail.com

Marcelo de Jesus Arouca
Mestrando no Programa de Pós-graduação em Educação e Contemporaneidade da Universidade do Estado da Bahia (UNEB/BA). Membro do Grupo Interdisciplinar de Pesquisa em Representações, Educação e Sustentabilidade (GIPRES). Graduado em Pedagogia pela Universidade do Estado da Bahia (UNEB). Educador Social. Pesquisador nas áreas de Educação Juventude e Periferias Urbanas, Relações Étnico-Raciais, Representações Sociais.

Maria do Socorro da Costa e Almeida
Professora da Universidade do Estado da Bahia. Licenciada em Pedagogia (UFBA). Mestre em Educação (UFBA). Doutora em Educação e Contemporaneidade (UNEB). E-mail: costaealmeidafortuna@gmail.com

Mateus Santos Souza
Mestrando em Educação pelo Programa de Pós-Graduação em Educação e Contemporaneidade – PPGEduC na Universidade do Estado da Bahia – UNEB; Especialista em Política e Relações Internacionais pela Fundação Escola de Sociologia e Política de São Paulo – FESPSP; Graduado em Administração pela Universidade Ibirapuera – UNIB; Membro do Grupo Interdisciplinar de Pesquisa em Representações, Educação e Sustentabilidade-GIPRES, investigando a tríade: movimentos sociais, sujeitos, processos educativos com ênfase nas representações sociais. E-mail: teutato1@gmail.com

Nadja da Cruz Silva
Professora da Educação Básica. Mestre em Educação e Contemporaneidade – UNEB. Especialização em Gestão e desenvolvimento de Pessoas pela Fundação visconde de Cairu (2010). Especialização em Alfabetização e Letramento pela Universidade Estácio de Sá(2017). Gaduada em Pedagogia – UFBA. Integrante do Grupo de Pesquisa TSPPP/PPGEduC – UNEB. Professora de Rede Municipal de ensino de Salvador – BA. E-mail: nadjacruzsilva@yahoo.com.br

Natanael Reis Bomfim
Pós-Doutor em Educação Geográfica pela Universidade de Paris I, Sorbonne. Doutor em Educação pela Universidade do Quebec em Montreal (UQAM). Mestre em Educação pela Universidade Federal da Bahia (UFBA/BA). Especialista em Geografia Física pela Universidade do Oeste do Paraná (UNICENTRO/PR). Professor Pleno da Universidade do Estado da Bahia (UNEB/

BA). Departamento de Educação, atuando como Secretário de Relações Internacionais (SERINT). Professor permanente do Curso de Pós-graduação em Educação e Contemporaneidade (PPGEDUC-UNEB/BA). Professor permanente do Curso de Pós-graduação em Gestão e Tecnologia Aplicadas à Educação (GESTEC-UNEB/BA). Líder do Grupo Interdisciplinar de Pesquisa em Representações, Educação e Sustentabilidade (GIPRES-UNEB/BA).

Patrícia Rosas Porto
Mestranda em Educação pela Universidade Estadual da Bahia – UNEB, Salvador – Bahia – Brasil. Programa de Educação e Contemporaneidade – PPGeduc. Linha de Pesquisa III: Educação, Gestão e Desenvolvimento Local Sustentável. Vinculada ao Grupo de Pesquisa: Educação Ambiental, Políticas Públicas e Gestão Social dos Territórios (GEPET) sob a coordenação do Professor Dr.º Avelar Mutim e da Professora Dra. Célia Tanajura. E-mail: pat.rosas@yahoo.com.br. Vice Gestora, Coordenadora Pedagógica e Professora da Educação Básica Pública. Graduada em Pedagogia pela Universidade Católica do Salvador. Especialista em Planejamento e Gestão da Educação pela Universidade do Estado da Bahia.

Paulo José Pereira dos Santos
Mestrando em Educação e Contemporaneidade pela UNEB. Especialista em Educação do Campo – IFBAIANO. Graduado em Pedagogia. Professor da Rede Municipal de São Francisco do Conde – BA. Pesquisador do Observatório de Educação de Jovens e Adultos- OBEJA/UNEB. Membro do Grupo de Pesquisa Teoria Social e Projeto Político Pedagógico – TSPPP/PPGEduC – UNEB. Bolsista da Fundação de Amparo à Pesquisa do Estado da Bahia – (FAPESB). E-mail: pjcazuza@gmail.com

Raqueline de Almeida Couto
Mestranda em Educação pelo Programa de Pós-Graduação em Educação e Contemporaneidade pela Universidade do Estado da Bahia – UNEB, professora da rede pública Municipal e de Madre de Deus/BA e da rede Estadual de Ensino/BA. Integrante do Grupo de Estudo e Pesquisa em (Multi)Letramentos, Educação e Tecnologias (Geplet). E-mail: raq.kelly2@gmail.com

Reinaldo Alves de Santana
Mestre em Educação pelo Programa de Pós-graduação em Educação/PPGED-UESB. Membro do Grupo de Pesquisa Linguagem e Educação – GPLED/UESB. E-mail: reisan@bol.com.br

Selma dos Santos
Membro do Grupo de Pesquisa Teoria Social e Projeto Político Pedagógico (TSPPP). Professora Assistente do Departamento de Educação da Universidade Estadual de Feira de Santana (UEFS). Membro do Núcleo de Estudos e Pesquisas sobre Formação de Professores (NUFOP). E-mail: selmapibiduefs@gmail.com

Taise Passos Cilindro
Mestranda em Educação e Contemporaneidade pela Universidade do Estado da Bahia (UNEB). Graduada em Pedagogia pela Universidade do Estado da Bahia (UNEB). Pesquisadora nas áreas de: tecnologia digital; educação e práticas pedagógicas. E-mail: taisepassos2012@hotmail.com

Tereza Verena Melo da Paixão Sampaio
Mestranda em Educação pelo Programa de Pós-Graduação em Educação e Contemporaneidade pela Universidade do Estado da Bahia – UNEB. Bolsista pela Capes e o grupo de pesquisa – GEPET – Grupo de Pesquisa Educação Ambiental, Políticas Públicas e Gestão Social dos Territórios. E-mail: verena_sonho@hotmail.com

Thais Maia dos Santos
Mestranda em Educação e Contemporaneidade (PPGEduC/UNEB). Possui especialização em Estudos Culturais, História e Linguagens (UNIJORGE) e graduação em Letras Vernáculas (UFBA). É professora da Educação Básica, onde atua em projetos sobre inovações metodológicas Growup. É membro do Grupo de Estudo e Pesquisa em Multiletramentos, Educação e Tecnologias (GEPLET/UNEB) e desenvolve pesquisas sobre tecnologias digitais e hipermídias, ao foco dos Multiletramentos e dos Letramentos Multi-Hipermidiáticos. E-mail: thaismaialetras@gmail.com

Wânia Dias da Cruz
Mestranda em Educação e Contemporaneidade (PPGEduC/UNEB). Possui especialização em Jornalismo Cultural (2010) e graduação em Comunicação Social – Jornalismo (2007). É membro do Grupo de Estudo e Pesquisa em (Multi)Letramentos, Educação e Tecnologias (GEPLET/UNEB), onde desenvolve pesquisas sobre Multiletramentos, Letramento Político, Juventudes, Redes Sociais na Internet e Cibercultura. E-mail: waniadc@gmail.com

Wellington Sales Silva
Mestrando em Educação e Contemporaneidade pela Universidade do Estado da Bahia (UNEB). Bacharel em Optometria. Especialista em Ortóptica e Reabilitação Visual. Pesquisador no Campo do Currículo, Tecnologia e Educação, ligado ao Grupo de Pesquisa Educação e Humanidades – UMANITÀ da UNEB. E-mail: wellsal21@gmail.com

SOBRE O LIVRO
Tiragem: 1000
Formato: 16 x 23 cm
Mancha: 12,3 X 19,3 cm
Tipologia: Times New Roman 11,5/12/16/18
Arial 7,5/8/9
Papel: Pólen 80 g (miolo)
Royal Supremo 250 g (capa)